福建师范大学省重点学科建设项目

思想政治教育研究专辑

专辑主编 苏振芳

马克思主义理论与现实研究文库

MARXISM

主编◎李建平

廖志诚/著

Dilemma and Transcend

困境与超越

——当代大学生精神需求研究

社会科学文献出版社

SOCIAL SCIENCES ACADEMIC PRESS (CHINA)

　　本书为 2011 年度教育部人文社会科学研究专项任务项目（马克思主义中国化时代化大众化）（立项编号为11JD710094）和福建省教育厅人文社科规划重点项目"文化大发展视野下大学生精神生活研究"（立项编号为JA12083S）的最终研究成果。

马克思主义理论与现实研究文库
总序

　　神州大地风雷激荡，海峡西岸春潮澎湃。福建师范大学省重点高校建设项目《马克思主义理论与现实研究文库》与大家见面了。

　　本文库以坚持、发展和弘扬马克思主义为宗旨。这既是神圣的使命，又是历史的责任。马克思主义问世已经一个半世纪了，尽管她遭遇到各种各样的围攻、谩骂、禁锢、歪曲……但仍顽强地成长、广泛地传播、蓬勃地发展；尽管也有成百上千种理论、学说来与之较量，企图取而代之，但都无法得逞。"苏东剧变"虽然使世界社会主义遭受严重挫折，但无损马克思主义真理的光辉。马克思主义者在认真总结"苏东剧变"的教训后，将使马克思主义理论变得更纯洁、更成熟，朝着更健康的方向发展。

　　当20世纪即将结束的时候，英国广播公司在全球范围内举行过一次"千年风云人物"网上评选。结果，马克思被评为千年思想家，得票高居榜首。中国共产党人80多年来，坚持以马克思主义为指导，取得了革命和建设一个又一个的胜利，开创了中国特色社会主义道路，把一个贫困落后的中国，变成一个初步繁荣昌盛、欣欣向荣的中国。在进入21世纪后，中国共产党人再次庄严宣告，马克思主义是我们立党立国的根本指导思想，是全党全国人民团结奋斗的共同思想基础，并且以极大的决心和气魄，在全国实施马克思主义理论研究和建设的宏大工程，在马克思主义发展史上留下光辉的篇章。

　　马克思主义之所以具有如此强大的生命力和竞争力，在于她具有以下五个突出的品格。

　　一是科学性。一种理论、观点能称为科学，它必须满足两个条件：一是合理地解释历史的发展，特别是其中的一些难题、怪象；二是有效地预见未来，并为尔后的实践所证实。列宁在评价马克思一生中的两大发现之一唯物史观时这样写道："马克思的历史唯物主义是科学思想中的最大成果。过去在历史观和政治观方面占支配地位的那种混乱和随意性，被一种极其完整严密的科学理论所代替。这种科学理论说明，由于生产力的发展，从一种社会生活结构中发展出另一种更高级的结构，如何从农奴制度中生长出资本主义。"① 中国改革开放 20 多年的实践已向世人有力地证明中国所选择的建设中国特色社会主义道路及其指导思想马克思主义是完全正确的，而西方一些别有用心的人士所鼓吹的"中国崩溃论"等论调则是完全错误的。

马克思主义是科学，这就要求我们以科学的态度对待马克思主义。针对林彪、"四人帮"肆意割裂、歪曲毛泽东思想，邓小平提出要完整、准确地理解毛泽东思想，这是十分正确的。同样，我们对马克思主义的主要创始人马克思的学说也要完整、准确地理解。在这方面，由于种种原因，我们还做得不够理想。例如，对马克思主义哲学，我们主要通过恩格斯、列宁，甚至斯大林的著作来了解，而对马克思在《资本论》中所应用的十分丰富的辩证法思想，则研究得不多。《资本论》虽然主要是研究资本主义的这一特殊的市场经济，但同任何特殊事物中都包含着一般一样，透过资本主义市场经济这一"特殊"，马克思也揭示了市场经济的"一般"，这个"一般"对社会主义市场经济也是同样适用的。因此，我认为要从现时代的观点重新解读《资本论》，发掘那些有益于建设社会主义市场经济的东西。学术界有人提出要"回到马克思"、"走近马克思"、"与马克思同行"，但最重要的是要完整、准确地理解马克思。恩格斯在《资本论》第二卷序言中写道："只要列举一下马克思为第二卷留下的亲笔材料，就可以证明，马克思在公布他的经济学方面的伟大发现以前，是以多么无比认真的态度，以多么严格的自我批评精神，力求使这些发现达到最完善的程度。"② 因此，我们对待马克思的著作，对待马克思的一系列"伟大发现"，也要采取"无比认真的态度"和"严格的自我批评精神"。只有以科学的精神和科学的态度才能产生科学的结论。

二是人民性。列宁指出："马克思学说中的主要的一点，就是阐明了无产阶级作为社会主义社会创造者的世界历史作用。"③ 马克思主义从来没有

---

① 《列宁选集》第 2 卷，人民出版社，1995，第 311 页。
② 《马克思恩格斯全集》第 24 卷，人民出版社，1972，第 4 页。
③ 《列宁选集》第 2 卷，人民出版社，1995，第 305 页。

隐讳，她是为无产阶级服务的，是无产阶级认识世界和改造世界的思想武器。但是，无产阶级又是人民群众的一部分——当然是核心部分。无产阶级的利益和广大人民群众的利益是相一致的，而且，无产阶级只有解放全人类，才能最后解放自己。可以说，马克思主义不仅是反映无产阶级利益的学说，同时也是反映最广大人民群众利益的学说。阶级性和人民性本质上是相一致的，只不过在不同的时期强调的侧重点有所不同罢了。在革命战争年代，强调马克思主义的阶级性，是完全必要的，也是十分正确的；在社会主义建设时期，随着社会主要矛盾的转换，在坚持马克思主义阶级性的同时，应该强调她的人民性，强调马克思主义反映最广大人民群众的根本利益要求。"三个代表"重要思想以及科学发展观、"执政为民"、"以人为本"、构建和谐社会、开展荣辱观教育等理论，一经问世就广为流行，受到了人民群众的热烈拥护，就是因为它们具有鲜明的人民性。过去很长一段时间中，由于受"左"的思潮的影响，我们把人权看成是资产阶级的观点，采取回避、批判的态度，结果在国际政治斗争中经常处于被动境地。这一情况在20世纪90年代发生了根本变化。1991年11月1日中国正式公布了《中国的人权状况》（又称《中国人权白皮书》），高度评价人权是一个"伟大的名词"、"崇高的目标"，是"长期以来人类追求的理想"。以此为开端，中国掀起了研究人权、关心人权、维护人权的热潮，人权理论成了马克思主义理论体系的一个重要组成部分。从人权理论在我国所发生的变化，说明人民性的确应该成为马克思主义的一个重要特征。

三是实践性。"强调理论对于实践的依赖关系，理论的基础是实践，又转过来为实践服务。判定认识或理论之是否真理，不是依主观上觉得如何而定，而是依客观上社会实践的结果而定。真理的标准只能是社会的实践。"①毛泽东同志在将近70年前讲的这段话，至今仍十分正确。马克思主义是放之四海而皆准的普遍真理，因为她揭示了人类社会发展的客观规律，为人类进步、社会发展，为全人类的最后解放指明了正确方向；但在实际运用马克思主义的理论时，又要同各国的具体实践相结合，不能生搬硬套，不能搞教条主义。实践在发展，马克思主义本身也要随着实践的发展而发展。马克思主义虽然诞生于19世纪，但她没有停留在19世纪。作为一个开放的理论体系，150多年来，她始终与时代同行，与实践同步。党的十六大把"与时俱

---

① 《毛泽东选集》第1卷，人民出版社，1991，第284页。

进"作为中国共产党新时期思想路线的重要内容，把能否始终做到实践基础上的理论创新当做我们必须长期坚持的治党治国之道，正是对马克思主义实践性的高度重视和深刻体现。

社会实践是检验科学与非科学、真理与谬误的巨大试金石。当苏联解体、东欧剧变时，西方一些人兴高采烈，并且迫不及待地兜售所谓的"华盛顿共识"，把它当成是解决各国社会经济危机、走向繁荣富强的灵丹妙药。但实践表明，推行"华盛顿共识"的国家非但没有摆脱危机，反而陷入了更深重的灾难，"华盛顿共识"不得不宣告失败。与之形成鲜明对照的是，中国坚持和发展马克思主义，走中国特色社会主义道路，取得了令世人瞩目的伟大成绩。中国的成功实践已在国际上逐步形成了"北京共识"，这既是中国 20 多年来改革开放实践的胜利，也是中国化的马克思主义的胜利。

四是战斗性。马克思在《资本论》第一卷的序言中写道："在政治经济学领域内，自由的科学研究遇到的敌人，不只是它在一切其他领域内遇到的敌人。政治经济学所研究的材料的特殊性，把人们心中最激烈、最卑鄙、最恶劣的感情，把代表私人利益的复仇女神召唤到战场上来反对自由的科学研究。"[1] 由于马克思主义公然申明是为无产阶级和广大人民群众谋利益的，所以从她一问世，就受到了敌人的百般攻击，在其生命的途程中每走一步都得经过战斗。马克思一生中的主要著作大多是和资产阶级思想家进行论战的记录，就连《资本论》的副标题也是资产阶级"政治经济学批判"。"正因为这样，所以马克思是当代最遭嫉恨和最受诬蔑的人。"[2] 可是，当马克思逝世的时候，在整个欧洲和美洲，从西伯利亚矿井到加利福尼亚，千百万战友无不对他表示尊敬、爱戴和悼念。恩格斯十分公正地说："他可能有过许多敌人，但未必有一个私敌。"[3]

在我国，马克思主义已经处于意识形态的指导地位，在马克思主义的指引下，全党全国人民正在为实现第三步战略目标、推进现代化建设而努力。但是，也要清醒地看到，在新的历史条件下，巩固马克思主义在意识形态领域的指导地位面临的形势是严峻的。从国际看，西方敌对势力把中国作为意识形态的主要对手，对我国实施西化、分化的图谋不会改变。从国内看，随

---

① 《马克思恩格斯全集》第 23 卷，人民出版社，1972，第 12 页。
② 《马克思恩格斯选集》第 3 卷，人民出版社，1995，第 777 页。
③ 《马克思恩格斯选集》第 3 卷，人民出版社，1995，第 778 页。

着社会主义市场经济的发展和对外开放的扩大，社会经济成分、组织形式、就业方式、利益关系和分配方式日益多样化，人们思想活动的独立性、选择性、多变性和差异性进一步增强。在这种情况下，出现非马克思主义甚至反马克思主义的思想倾向，也就不可避免了。面对这种挑战，我们不能回避，不能沉默，不能妥协，更不能随声附和、同流合污。苏联、东欧的前车之鉴，我们记忆犹新。我们应该表明态度，应该奋起反击，进行有理有据有说服力的批判，以捍卫马克思主义的科学尊严。例如，有人肆意贬低、歪曲、否定马克思的劳动价值论，企图动摇马克思主义政治经济学大厦的基石，难道我们能听之任之吗？有人千方百计地要把"华盛顿共识"推销到中国来，妄图使中国重蹈拉美、俄罗斯、东欧和东南亚一些国家的覆辙，我们能袖手旁观吗？当然不能！这不仅是党性立场所致，也是科学良知使然！在这一点上，我们应该向德国工人运动的老战士、杰出的马克思主义理论家弗朗茨·梅林学习，他在一个世纪前写的批判各种反马克思主义思潮的论文（已收入《保卫马克思主义》一书中，苏联 1927 年版，中文版为人民出版社 1982 年版），今天读来仍然感到新鲜和亲切。

五是国际性。1848 年，当马克思、恩格斯出版《共产党宣言》，发出"全世界无产者，联合起来"的号召时，就注定了马克思主义是一种超越地域、肤色、文化局限的国际性的思想理论体系。当今，方兴未艾的经济全球化浪潮正深刻地影响着世界各国的经济社会进程，尽管这种影响有其积极的一面，但也会给许多发展中国家造成消极的甚至是严重的后果。这已为许多事实所证明。如何在经济全球化进程中趋利避害，扬善去恶，除了以马克思主义作指导外，别无其他更好的主义。因此，马克思主义的国际化，现在比以往任何时候都显得重要和迫切。西方垄断资本出于维护其根本利益的考虑，竭力反对马克思主义的国际化，也就不足为奇了。

中国共产党人把马克思主义普遍真理与中国具体实践相结合，产生了中国化的马克思主义，指引中国的革命与建设不断取得新的胜利。随着中国改革开放的不断深入、综合国力不断强大、人民生活不断改善、国际地位不断提高，世界各国对中国的兴趣日益浓厚。因此，"北京共识"、"中国模式"逐渐成为国际论坛的重要议题。看来，中国化的马克思主义正在走向世界，这不仅是马克思主义在中国 85 年发展的必然，也是当今世界经济社会形势发展的必然。作为中国的马克思主义者，应该感到自豪，因为对马克思主义的发展作出了自己的贡献；应该要有广阔的国际视野，不仅要关注世界的风云变幻，也要了解和研究国外马克思主义研究的动态。要积极推进国际的学术交流与合作，让中国化的马克思主义为世界各国朋友所了解，并与他们一道，共同推进马克思主义的发展。

以上所述马克思主义的五大品格，也是本文库所遵循的指导思想。福建师范大学历来重视马克思主义理论的教学与研究，20 多年来在本科生、研究生中坚持开设《资本论》和其他马克思主义原著课程，出版、发表了许多用马克思主义立场、观点和方法分析问题、解决问题的论著。学校把马克思主义理论研究和学科建设紧密结合起来，迄今已获得理论经济学、历史学、中国语言文学等一级学科博士点、博士后科研流动站和马克思主义原理、马克思主义中国化、思想政治教育等二级学科博士点，培养了一大批有志于马克思主义理论教学和研究的学术骨干。2006 年初，学校整合相关院系师资，成立了马克思主义研究院。本文库是学校学习、研究、宣传马克思主义理论的重要阵地，也是开展对外学术交流的重要平台。

本文库初步安排 10 辑。大体是：马克思主义哲学研究；《资本论》与马克思主义经济理论研究；中国社会主义市场经济研究；马克思主义中国化研究；思想政治教育研究；马克思主义发展史研究；社会主义经济发展史研究；国外马克思主义研究；西方经济学与当代资本主义研究；建设海峡西岸经济区研究等。每辑出若干本著作，计划用 10 年左右的时间，出版 100 本著作。本文库的出版得到福建省重点高校建设项目的特别资助和社会科学文献出版社的大力支持，在此表示衷心感谢！

胡锦涛同志十分重视实施马克思主义理论研究和建设工程，勉励参与这一工程的学者要进一步增强责任感和使命感，满腔热忱地投身这一工程，始终坚持解放思想、实事求是、与时俱进，大力弘扬理论联系实际的马克思主义学风，深入研究马克思主义基本原理，深入研究邓小平理论和"三个代表"重要思想，深入研究重大的理论和实际问题，为马克思主义在中国的发展，为全面建设小康社会、开创中国特色社会主义新局面作出新的更大的贡献。这段语重心长的话，也是本文库所追求的终极目标。

是为序。

李建平

2006 年 3 月 31 日

目　　录

中 篇

下　篇

自　序

　　本书的灵感源于一次博士同门茶叙。记得在四年前，四位师从全国著名思想政治教育专家苏振芳教授的弟子——杨建义博士、李辽宁博士、谢宏忠博士和笔者，齐聚于杨博士（当时任职于福建师范大学学生工作部副部长）的办公室闲聊。谁曾想，原本是同门师兄弟难得的把茶言欢的机会，却变成一场关于"大学生精神需求"的学术讨论会。我们四人都供职于高校，长期从事马克思主义理论与思想政治教育的教学与研究工作。我们不仅追踪学术研究的前沿，而且密切关注现实，尤其关切高校学子的精神生活。

　　话题先由李博士挑起。他从近年来我国高校发生的一些典型恶性案件（如云南大学马加爵杀人案、中国政法大学学生杀害老师案等）谈道：高校招生制度改革以后，高校校园的环境发生了重大变化，导致一些大学生的心理状态和精神状况也发生相应变化。这些年高校典型恶性案件的一再发生说明我们的应对措施明显滞后，作为高校理论工作者，尤其是思想政治教育工作者应当及时反省，自觉地加强这方面的研究，为学校有关部门的决策提供智力支持。杨博士随即接过话题，从一个长期分管大学生思想政治工作的管理者的角度，用翔实的数据说明了自2000年以来大学生在求学、求职和日常生活中的种种变化，他的介绍将高校校园环境的变化清晰地展现在我们的眼前，使得我们对校园环境变化的认识顿时从感性上升到了理性。谢博士是一名"最受学生喜爱的好老师"，经常深入学生生活，与学生打成一片，对学生的情况了如指掌。他从与学生密切接触所获得的第一手资料出发，对当代大学生在恋爱、求知、尊师重教、娱乐消费等方面所体现出的行为态度都表达了丝丝的忧虑。他认为，我们应当加强对当代大学生的教育和引导，引领他们用正确的态度过好大学生活，并为积极面对未来的职业生活奠定坚实的思想基础。身处热烈讨论中的笔者显然是无法置身事外。一方面，认真地倾听着师兄弟们的高见，他们的观点不断地在我思想深处激起阵阵涟漪；另一方面，一系列关于大学生成长过程中的精神需求问题迅速聚拢过来。这些问题有：什么是精神需求？大学生的精神需求与一般人的精神需求有何异同？不同时代的大学生精神需求有何异同？当代大学生精神需求有何特点？思想政治教育与大学生精神需求有何契合点？精神需求与大学生成长成才之间是什么样的关系？如何引导大学生的精神需求走向？怎样才能满足大学生的精神需求？

作为曾经的大学生，我们对大学生的精神需求感同身受。但是，时光飞逝，到了 21 世纪，虽然我们的大学生身份早已经褪下，关于大学时代的印象也早已淡化，但是，我们依然生活在大学生身边，与他们为伍，伴他们成长。因此，对于 21 世纪大学生的精神需求，可以说，我们了如指掌。

"渴望活出精彩"是大学生的普遍愿望。大学生是时代骄子。毛泽东同志曾经指出："青年是整个社会力量中的一部分最积极最有生气的力量。他们最肯学习，最少保守思想，在社会主义时代尤其是这样。"习近平同志在 2014 年 5 月 4 日北京大学师生座谈会上说："青年是标志时代的最灵敏的晴雨表，时代的责任赋予青年，时代的光荣属于青年。"在迅速发展的社会转型期，站在时代大潮前端的青年大学生们面临经济全球化、文化多元化以及人才交流国际化等多层面的机遇与挑战，他们的求知渴望被强烈地激发起来。求知渴望是社会转型期大学生为实现成长成才而主动地接受学业；求知渴望更是怀揣"中国梦"的当代青年"渴望活出精彩"而发自内心的呐喊；求知渴望是一种自我启蒙且照亮自我内心的责任行为。对于刚刚结束高考迈入大学校门的大一新生来说，大学好似一个小型的社会实践场所，无论是在寒暑假的社会实践活动中，还是在每周三下午的"第二课堂"活动中，都让他们感受到课本中无法学到的知识，更重要的是参加社会实践活动使新生们能更快融入大学生活，在快乐中掌握社会交往能力与社会适应能力。大二和大三的学生随着专业课的不断深入，开始注重知识的适用性，且获取知识的主体意识逐渐增强，更热衷于从本专业出发，增强就业的能力。对于面临就业或者继续升学的大四毕业生，他们则更加渴望获取实用性知识或专业性知识，他们也深刻地意识到求知的本质不仅是接受职业培训，而且是把自己培养成能辨别、会思考、讲文明、能继承的全面性人才。正如法国思想家帕斯卡尔所言，人是能思想的苇草，精神上的需求构成了人存在的独特属性。

大学生的求知需求即构成其存在的独特个性。

"自我人际伪装"的大学生心系情感需求。心理学家曾指出，青年面临着"心理性断乳"的人格再构期。大学生多数为青年，他们既有独立思考和自觉追求幸福人生的强烈意识，但又对自己该怎样追求幸福，缺乏思想上的鉴别力和行为上的控制力，所以，部分大学生喜欢进行"自我人际伪装"。"自我人际伪装"是大学生面对陌生人和陌生环境时的一种心理防御机制。面对熟悉的亲人和朋友，大学生们表现出活跃的思维和语言表达能力，正如目前日渐流行的"屌丝""高富帅""白富美""黑木耳"等词就是他们的"语言标签"。然而，面对陌生的环境和陌生的交流对象，哪怕是亲戚来访，他们也表现得异常淡定和寡言少语，手机或者电脑成为他们避开陌生人群的工具。因此，在不熟悉的环境中总会有许多"低头党"，顾名思义，他们是一群忙着刷微信、织微博、看空间动态以避免与陌生人交谈的大学生。在现实生活中，在"自我防御"的同时，绝大部分的大学生仍然心系情感需求，尤其是爱情需求更是旺盛。爱情需求不仅反映当代大学生的一种情感状态，更是"自我人际伪装"的真实表现。相关研究表明："一个人的心理健康与社会适应有着密切的联系，是社会适应程度和结果的具体体现。如果一个大学生经常与别人，特别是同伴脱离交往，或者被同伴排斥在群体之外，就会发生心理变态和心理疾病。"所以，大学生需要改变"自我人际伪装"的心理，尝试获取情感需求的正确方法，从而满足爱情需求和人际交往需求，提升个人的人格魅力。

"自我中心凸显"的大学生在乎尊重需求。奥地利心理学家阿德勒指出，"人多多少少都有些自卑，为了解除这种自卑感，人们在心理上就会产生需要凌驾别人的感觉，于是构成补偿作用的优越情绪"。事实上，这种"需要凌驾别人"且感觉"自我优越"是部分大学生的真实写照。社会转型期的大学生多数为独生子女，他们是家里的"掌上明珠"和"一家之宝"，家长多以他们为中心；他们也渴望自己有所爱和被人爱，都希望得到他人和社会的尊重与认可。大学生们步入大学后，总是希望身边的老师、同学、朋友能围着他们转，倘若遭遇一些冷漠或者不经意的批评，他们就会产生挫败感和失落感。在当今的社会中，大学生个人的实力与成功固然重要，但是对他们的认可与尊重也不可或缺，这是毋庸置疑的事实。

"追随时尚潮流"的大学生向往休闲娱乐需求。2011 年，一部名为《宫》的穿越剧在各大卫视热播，且"穿越"成为大学生热议的话题之一。

2012 年，中影集团和优酷网联合推出的微电影《老男孩》异常火爆，让许多大学生感慨青春并致敬青春。2013 年，无论在何处，总能听到大学生对"都教授"的议论，这就是源于火爆荧屏的韩剧《来自星星的你》。而引发热潮的"钢丝粉"大多是大学生，他们是追随时尚和紧跟潮流的一批青年人。大学生作为社会的"晴雨表"，是最开放、最活跃、最少保守思想的群体，是各种时尚潮流的积极追随者、传播者和实践者。从他们身上可以较为准确地把握整个社会潮流的走向和娱乐焦点。据中国互联网络信息中心（CNNIC）发布的《第 33 次中国互联网络发展状况统计报告》，截至 2013 年 12 月，我国网民规模达 6.18 亿人，手机网民规模达 5 亿人，占总网民数的 81.0%，超过 2 亿博客（包括微博和微信等新媒介）用户。所以，往往一个短信或者微博发出，转帖和转发的速度就极为惊人。青年大学生是网民队伍中举足轻重的部分，大学生"网君"就是给予社会转型期大学生休闲娱乐的代名词。大学生同时也是社会的敏感层，他们关注时髦的服装，畅想流行歌曲，发表新思想，这都决定了大学生对休闲娱乐的向往。无论是亲子类节目《爸爸去哪儿》《宝宝来啦》，还是《我是歌手》《中国好声音》，大学生注定是最为忠实的追逐者，甚至出现了许多年轻的辣妈，还有部分大学生结婚生子。大学生们在时尚潮流中"出格"和"出位"总是令人惋惜。

"向往真正成熟"的大学生关注价值观需求。自新中国成立以来，关于大学生价值观的讨论甚多且具有时代性。其中 1979 年《中国青年》刊登了《潘晓来信》，文章中的主人公潘晓发出这样的感慨："人生的路啊，为什么越走越窄？"这引起了大规模的关于"人生的意义究竟是什么"的讨论，《潘晓来信》也因此成为高校思想政治教育的典型案例。转眼间，30 多年过去了，时代在进步，社会在发展，我国社会正处于社会转型的关键时期，传统的计划经济体制已然解体，市场经济体制尚未建成；陈旧的农业社会结构分崩离析，现代工业社会结构形式初现；自我封闭的藩篱已被拆得七零八落，但自由开放的秩序尚未真正建立……我国社会正处于风险不断积聚的时代，正如德国社会学家乌尔里希·贝克所说："当代中国社会因巨大的变迁正进入风险社会，甚至将可能进入高风险社会。"风险社会必然带来一系列的不确定性，其中，最为致命的是全社会价值标准的不确定性，物本取向、器本取向、人本取向和神本取向等各种取向的价值观念轮番冲击着大学生们的头脑，不断考验着年轻的他们。于是，一些大学生在面对风险时就不知不觉地陷入到价值选择的困惑中，出现信仰对立的现象，他们有的既崇尚马克思主义可又相信各种宗教，有的既崇尚科学技术可又相信封建迷信，有的既崇尚真理的力量可又相信金钱至上，如此等等。

"长大成人"本是顺理成章的过程。但是，断裂和冲突不断的社会却让大学生的成长过程显得有些艰难，潜藏在他们思想、心灵和灵魂深处的精神需求一次又一次地撞击羁绊的牢笼，他们声嘶力竭地呐喊，渴望被发现，渴望得到尊重，渴望得到满足，一如久旱龟裂的大地渴望甘霖，一粒粒深埋地下的种子也期待浇灌。我们深信，在这样一个"最坏也是最好"的年代里，大学生们一定可以凭借"天下兴亡匹夫有责"的敢于担当的主人翁精神和"天若负我我不负天下"舍我气势，成就自我，造梦中华。

廖志诚

2014 年 6 月 16 日于中山大学康乐园

上　篇

人们的精神需求是人完善自身的核心内容。人们的物质存在和精神存在决定了人们的物质需求和精神需求，而物质需求和精神需求又进而决定了人们必须拥有自己的物质生活和精神生活。没有物质生活条件的满足，没有强健的体魄，人们的存在与发展就失去了物质载体；而没有精神生活的充实和精神素质的提高，人们的生活就会片面化，也不会有人的全面发展。因而，从一定意义上来说，物质需求及其满足，对于人们的存在来说，只具有"前提"的意义，并不具有"目的"的意义。因为物质只是人们存在的外在形式，但绝非是根本形式，人们不会因为它的存在而存在，而只有当人们具有了"根本性"的存在方式的时候，也就是当人们真正领会到"灵魂往何处去"的时候，人们才成为了实实在在的"人"。由此看来，与人们的精神需求相比较，物质需求只是形式，精神需求才是内核，其对人们的自身完善更带有本质的意义。

第一章
满足精神需求是人的本质需要

马克思指出:"人双重存在着,主观上作为他自身而存在着,客观上又存在于自己生存的这些自然无机条件中。"① 这就表明,人具有双重存在的特性,一方面,作为经验层面上的肉体存在物,人是自然的一部分,有作为自然生物所具有的形态、特征和本能,如有食欲、性欲、趋利避害、趋乐避苦等属性,必须与外部世界进行物质、能量和信息交换,以维持自身的生命过程。这是人的现实的一种生存方式,属于物质生活过程。另一方面,人又有自己的内在世界。人之所以为人,更重要的是人具有自身的内在精神活动,人的内在尺度要求人不能如自然界其他动物那样仅依靠本能而生存,必须通过自我意识把自身从自在世界中提升出来。这种"自我意识"形成和发展的过程亦即人的精神世界的活动,是人独有的精神生活过程。就人的生存方式来说,人对精神生活的渴求和对精神世界发展的向往,在根本上就是人类实现自身解放的一种内在驱动力。人自身的生理条件和人的内在意识活动都决定了人必须不断充实自己的精神世界才可能在自然界中生存。人通过精神活动把自身从自在世界中提升出来。精神活动是人所特有的能力。"一个种的全部特性、种的类特性就在于生命活动的性质,而人的类特性恰恰就是自由的有意识的活动。"② 人和动物都生存在物质世界,而只有人类同时生活于两个世界。物质世界是人认识和改造自然的天地,精神世界是人寻求自身解放的内在家园。

---

① 《马克思恩格斯全集》第 46 卷(上),人民出版社,1979,第 491 页。
② 马克思:《1844 年经济学—哲学手稿》,人民出版社,1985,第 53 页。

一　需要是人的本性

需要是人类活动的内在动机和力量源泉。人类的一切活动都是由人的需要引起的，都是围绕人的需要进行的。"人们为了能够'创造历史'，必须能够生活。但是为了生活，首先就需要吃喝住穿以及其他一些东西。"① 在这些基本的社会条件满足之后，人们才可以在生存与发展中创造着自己的"历史"。但是，人类的历史却不仅仅是"物质生产的历史"，人类社会发展由于人的需要的不断变化而呈现出丰富多彩的特点，从而使得人类的历史变得复杂有趣。著名的美国心理学家马斯洛认为"人是一种不断需求的动物，除短暂的时间外，极少达到完全满足的状态。一个欲望满足后，另一个迅速出现并取代它的位置；当这个满足了又会有一个站到突出位置上来。人几乎总是在希望着什么，这是贯穿他整个一生的特点。"② 正是由于人不断出现新的需求，所以人们总是想方设法地去满足这些需要，这些努力最终促进了人类历史发展的进程。透过对人类社会发展的历史的考察，我们不难发现，需要就是人的属性，也是人的本性。马克思、恩格斯在《德意志意识形态》中曾言明："他们的需要即他们的本性。"③ 心理学家也指出"人的需要的发展……开始于人为了满足自己最基本的活体的需要而有所行动；但是往后来这种关系就倒过来了，人为了有所行动而满足自己的活体的需要。"④ 人的物质需要的满足，使得人类实现了作为物质载体的单个生命体的存续以及作为类存在的生命体的繁衍，为人类社会的发展奠定了物质基础。而人的精神需求的满足，则使得人类对自身所处的环境和自身命运有了更加全面的认识，因而在处理各种复杂的关系中变得更加聪明和能干，这就为人类过上更加和谐幸福的生活奠定了精神基础。总之，没有需要就没有人类自身的发展，没有满足需要的社会生产活动就不会有人类社会的产生，人类在不断满足自身需要的同时推动人类社会不断实现完善和发展。

需要是人对自身生存和发展的外界条件的依赖性和渴求状态，它表现着

① 《马克思恩格斯选集》第1卷，人民出版社，1995，第78～79页。
② 〔美〕马斯洛：《动机与人格》，许金声等译，华夏出版社，1987，第29页。
③ 《马克思恩格斯全集》第3卷，人民出版社，1960，第514页。
④ 〔苏〕阿·尼·列昂捷夫：《活动·意识·个性》，李沂等译，上海译文出版社，1980，第144页。

人和外界的实际联系。这一定义表明了人的需要一方面和外界物质条件这个客体相联系，不能脱离外界条件，没有这个客体就没有人的需要的产生和发展，就没有需要本身；相对主体而言的需要的产生并不是随心所欲的，而是受社会历史条件的制约，体现出满足需要条件的客观制约性。因为，人的需要首先是从客观实在中来的，不论主体是否意识到，是否承认其存在，它都实实在在存在着。另一方面人的需要又和人这个主体相联系，需要是人的需要，与人本身作为一体存在，是人的活动积极性的源泉。在人和外界的关系中，需要揭示主体对客体的依赖与渴求状态，这成为沟通和联络主体与客体的中介和桥梁。也就是说，需要的产生源于人的内在愿望与欲求，彰显出主体内在需求的外在向度，有什么样的主体结构，就产生什么样的需要，主体自身结构的每一规定，人同周围世界普遍联系的每一环节，都产生一定的需要，在主体需求外向化过程中，人的性格、欲望、能力等心理要素发挥了巨大的作用，而能力是沟通主体的需要与需要对象的必要条件，缺乏一定的能力常常就不可能产生相应需要。在人的社会实践和交互活动中，主体因诸种原因产生出形态各异的能力差异，在不同的能力范围内产生出不同的需要层次。因此，如何调节内心的不平衡，消除内心的烦恼是人的各种需要产生的一个直接动因。如果没有需要，没有需要引发的欲求、愿望，外界条件就不会被人们所关注。马克思从需要、消费和生产的关系中对这一问题作了阐述。他说："消费在观念上提出生产的对象，把它作为内心的图像、作为需要、作为动力和目的提出来。……没有需要，就没有生产。而消费则把需要再生产出来。……消费，作为必需，作为需要，本身就是生产活动中的一个内在要素。"① 消费创造出新的生产需要，创造出生产的动机，正是人的生产劳动使人的需要得到满足，也为人的其他一切活动提供了前提。

人的需要具有多样性。生物的需要主要是满足其生存，而人则由于劳动和思维开拓出一个无限的实践与认识的世界，"在现实世界中，个人有许多需要，"② "人以其需要的无限性和广泛性区别于其他一切动物。"③ 与动物只有单纯性需要（物质需要）相比，人的需要呈现出无穷多样性。人们现实生活的丰富多彩本身就意味着人的需要是多种多样的，无论从质上还是从

① 《马克思恩格斯选集》第2卷，人民出版社，1995，第9~12页。
② 《马克思恩格斯全集》第3卷，人民出版社，1960，第326页。
③ 《马克思恩格斯全集》第49卷，人民出版社，1982，第130页。

量上来看，人的需要都是不可穷尽的。著名的美国心理学家马斯洛的"需要层次理论"，把人的需要分为生理需要、安全需要、归属和爱的需要、自尊的需要和自我实现的需要。在他看来，这些需要是由低级向高级方向发展，生理需要是最基本的，而自我实现的需要是最高级的形式，一个需要得到满足后就会向更高一级的需要递进，最终达到自我实现的目的。我们认为，按需要的起源分，有自然性需要和社会性需要；马克思曾把人的需要区分为"社会创造的需要和自然的需要。"① 按需要的对象或社会功能特征分，有物质需要和精神需要；按需要的主体特征分，有个体需要和群体需要；按目的或结果分，有主观需要和客观需要；按需要的性质分，有生活的需要、活动（劳动）的需要、知识的需要、交往的需要、信息的需要等；按需要满足的方式分，有直接需要和实践活动本身的需要；按需要的本性分，有异化的需要和人性的需要；按需要实现的时间分，有长远需要和当前需要，等等。

人的需要具有发展性。人的需要是在社会中产生、发展和实现的，离开现实的社会生活，任何需要都将不存在。人的需要的变化发展取决于人的本质的变化发展。因为人的社会实践活动是不停地进行着、发展着的，人和自然之间的关系，以及人与人之间的社会关系都在实践过程中不断改变和发展。可见，人的本质的变化决定了人的需要的变化和发展，既没有凝固不变的人性，也没有永恒不变的人的需要。马克思指出："我们的需要和享受是由社会产生的；因此，我们在衡量需要和享受时是以社会为尺度的"。② 需要随着社会的发展而逐步发展，并且受一定历史条件的制约，在不同的历史时期，人的需要对象、内容和水平都是不同的，因而它又具有社会历史性。同时，需要也受到人自身因素的制约。在人的一生中需要都处在不断地变化和发展中，随着人的活动及对象范围的扩大。人的需要也在逐步扩大。需要的发展离不开人的发展，人的发展主要是指个体的发展和种群（或类）的发展。从个体的发展来看，一个人从出生到死亡，从婴幼儿到青少年、从中青年到老年，随着人的成长和发展，除了最起码的衣、食、住、行等基本生存需要外，他还有诸如接受教育、训练、得到爱、受到尊重和自我实现的需要，在不同的时期，其需要的侧重点以及强烈程度也不同。从种群（或类）

---

① 《马克思恩格斯全集》第 12 卷，人民出版社，1962，第 744 页。
② 《马克思恩格斯选集》第 1 卷，人民出版社，1995，第 350 页。

发展的历史维度来考察，其需要也是逐步由低级向高级方向发展的。从早期的似动物的本能需要到现在我们谈论的物质需要和精神需要，都是随着人类的发展和进步而体现出来的。"由于人类自然发展的规律，一旦满足了某一范围的需要，又会游离出、创造出新的需要。"①

人的需要具有层次性。马克思主义认为人的需要包括生存需要、享受需要和发展需要三个层次，在《德意志意识形态》中这种观点已见端倪；在《〈雇佣劳动与资本〉导言》和《自然辩证法》中，恩格斯明确地按人的需要层次把生活资料分为生存资料、享受资料和发展资料。在三个层次需要中，生存需要是人类最基本的需要。马克思、恩格斯明确指出："我们首先应当确定一切人类生存的第一个前提，也就是一切历史的第一个前提，这个前提就是：人们为了能够'创造历史'，必须能够生活。但是为了生活，首先就需要吃喝住穿以及其他一些东西。因此，第一个历史活动就是生产满足这些需要的资料，即生产物质生活本身。"② 在这里，马克思、恩格斯不仅指明了"吃喝住穿以及其他一些东西"等物质生活资料是人类最基本的生存需要，而且还将物质生活需要列为人类历史发展的前提条件。马克思、恩格斯从纷纭多变的社会现象中发现了人类历史的发展规律，揭示了繁茂芜杂的意识形态所掩盖着的一个简单的事实：人们必须首先吃、喝、住、穿，然后才能从事政治、科学、文化、艺术、宗教等活动，简言之，生存资料的满足是人类社会生存和发展的物质前提，而发展需要在人类需要层次中居最高层次。在人类需要的三个层次中，如果说生存需要是为了维持人的生命及延续后代，享受需要则为了提高生活质量，旨在优化人的生存环境和条件，令人过舒适、幸福和美好的生活。它是人类在生存需要得到基本的和较为恒定的满足的基础上逐步发展起来的。这两种需要仅是人类生活的手段，只有发展需要才是人类生存的真正目的。发展需要是在生存、享受等需要得到满足的基础上产生的最高层次需要。人不仅是一个享受性动物，而且是一个创造性动物，这种创造本身也是人的一种需要。同享乐主义主张"快乐和痛苦永远是支配人的行动的唯一原则"③ 不同，马克思主义认为，人有比享受更高级的需要，这就是表现和发展自己的生命力——智力和体力的需要。创造

---

① 《马克思恩格斯全集》第47卷，人民出版社，1979，第260页。
② 《马克思恩格斯选集》第1卷，人民出版社，1995，第78～79页。
③ 北京大学哲学系外国哲学史教研室编译《西方哲学原著选读》下卷，商务印书馆，1982，第179页。

活动是人最高层次的享受，创造性活动是人的本质力量的体现，恩格斯说："动物仅仅利用外部自然界，简单地通过自身的存在在自然界引起变化；而人则通过他所作出的改变来使自然界为自己的目的服务，来支配自然界。"① 人只有在实践活动中才能发展自我，实现个人的价值。随着人类历史的发展，生产力的不断提高，追求发展就越发上升为人的更重要的需要。"在劳动已经不仅仅是为谋生的手段，而且本身成了生活的第一需要之后；在随着个人的全面发展，他们的生产力也增长起来，而集体财富的一切源泉都充分涌流之后……社会才能在自己的旗帜上写上：各尽所能，按需分配！"② 马克思把人的全面发展作为人的最高层次需要并作为共产主义社会的本质特征，认为劳动成为人们自觉自愿的行为和个人自由全面发展的实现、集体财富的充分增加是实现共产主义社会的基本条件，因此，人的发展需要就成了个体追求的理想和社会进步趋向的目标。

马斯洛认为，人的需要是分层次的，这些需要又是依次递进的。1943年时，他把人的需要分为生理需要、安全需要、社交需要、尊重需要和自我实现的需要五个层次。到1954年，他又把人的需要分为七个层次，即生理需要、安全需要、社交需要、尊重需要、求美需要、自我实现需要和超越的需要。在他看来，第一层次是生理需求，主要指衣、食、住、行、性等人类基本的需求；第二个层次是安全需求，主要指人们对人身安全、社会治安、健康保障、失业救助等的需求；第三层次是爱和归属的需求，主要指人们对爱情、亲情、友情、良好社会风尚和对团队依附的需求；第四层次是获得尊重的需求，主要指人们在社会中为人做事，总希望他人多给予正面的评价以维护自尊心的需求；第五层次是自我实现的需求，主要指人们渴望在有限的人生中，把自身的潜力和价值加以发挥和实现，以取得社会认可的需求。到了晚年，经过认真的思索，马斯洛又修正、补充了他的需求层次论，他认为在第五个需求层次之上，还应该再加上两个层次的需求，即第六个层次是审美的需求，主要指人们对文化、艺术、自然美景和人类美德的需求；第七个层次是超越的需求，主要指人们对终极目标、虚拟世界、梦想情景或神圣与宗教的需求。马斯洛同时认为，人们的需求层次是逐级进行满足的，只有低层次的需求满足以后，高层次的需求才会变得迫切起来，需求层次的满足不

---

① 《马克思恩格斯选集》第1卷，人民出版社，1995，第383页。
② 《马克思恩格斯选集》第3卷，人民出版社，1995，第305～306页。

仅要考虑单一的层级，更要着重考虑整体层级的系统性。从马斯洛的需求层次论中我们可以看出，人类的需求满足是一个各个层次相互联系的复杂的有机系统，既包括低层次的需求，更包含高层次的需求，仅想办法去满足低层次的需求而忽略了高层次需求就会迷失发展的方向。科学的方法是，在制定目标时，以马斯洛的需求层次论为理论参照，从生理需求、安全需求、爱和归属的需求、获得尊重的需求、自我实现的需求、审美需求、超越需求等七个层次出发，制定整体、系统的目标，既要有对应于每个层次建设的具体目标，又要有各个子目标的有机关联和经过整合的目标体系。

二　物质需要的满足促进了精神需要的发展

所谓物质需要，是指处于一定社会历史阶段的人们对于维持和发展自身的衣、食、住、行和其他生活享受的物质方面的需要，即人们通常所说的硬件设施与硬环境。物质需要是人们最基本的需要，是人们的第一需要。任何社会或者个人，只有当物质生活的需要得到最低限度的满足时，才能生存和发展。正如马克思所指出的："我们首先应当确定一切人类生存的第一个前提，也就是一切历史的第一个前提，这个前提就是：人们为了能够'创造历史'，必须能够生活。但是为了生活，首先就需要吃喝住穿以及其他一些东西。因此，第一个历史活动就是生产满足这些需要的资料，即生产物质生活本身。"[①] 人们首先必须吃、喝、穿、住，然后才能从事政治、科学、文化、艺术、宗教等活动，才能创造历史。因此，物质需要也是人们从事一切活动的最原始动因。一般情况下，在生产力水平低下、物质资料的生产欠发达的条件下，人们对物质需要表现得尤为迫切和强烈。因为时常发生的饥荒、严寒、贫困、灾难、疾病等，时常威胁着人们的生存，所以，这时物质需要的满足不仅成为人的第一需要，而且也是最重要的需要。

人们的物质需要推动了实践活动的发展。人们在什么时候进行哪些方面以及在哪里进行实践活动，总是最先根据自身的物质需要决定。需要的内容发生变化了，实践活动也必然跟着变化，需要的内容五花八门，所进行的实践活动也就丰富多彩。人们的物质需要不是凭空产生的，它是历史的产物。不同历史时期的人们的物质需要是不一样的，而且每个时期人们的物质需要

---

① 《马克思恩格斯选集》第 1 卷，人民出版社，1995，第 78～79 页。

不会满足于已经达到的水平，总是会以先前达到的程度为出发点，呈现出一个由低到高的发展过程，所以，人们的实践活动的内容和方式也在不断地发生着变化，总体呈现出由低级到高级，由简单到复杂的态势。在原始人那里，他们的物质需要很简单，因此，他们所进行的实践活动也只是诸如钻木取火、采摘果实和狩猎等简单的体力劳动。当生产力有了初步发展，人类的认识能力有了提升之后，古代人的实践活动就变得相对复杂了，他们有意识地将畜牧业从农业中分离出来，进行分工合作的实践活动。当生产力有了大发展，人类的认识能力大幅度提升，物质需要的水平大大发展之后，社会分工逐步细化，工场手工业和现代工业也就发展起来了，人们的实践活动也就慢慢地从以农业和畜牧业为主过渡到以工业为主，纺织、印染、酿酒、皮革、采掘、冶炼、化工、造船、筑路等实践活动也就如火如荼地开展起来。随着资本原始积累的大量增加，国内市场已经无法满足资本逐利的需要，资本的海外逐利行动开始了，人们的实践活动便由陆地进入到了海洋，国际贸易也就应运而生了。及至今天，生产力的发展已经达到空前的水平，人类的认识能力也已经达到前无古人的地步，第四产业、第五产业欣欣向荣，经济全球化、信息网络化成为社会生活的常态，当代人的社会实践活动借助科学技术手段，已经实现由传统的现实社会进入到了现代的虚拟社会，"数字化"生存逐渐成为人们的生活方式。如果说，在野蛮人和蒙昧人那里，由于他们的物质需要还处在低级阶段，因而实践活动的范围还很狭小的话，那么，在当前文明人社会，无论是衣、食、住、行、用等物质方面，还是文化、卫生、体育等已经物化了的精神方面，其需要程度都要比以往任何时候高级得多。因此，现代人所进行的实践活动比野蛮人和蒙昧人的实践活动更为广泛、更为深刻。由于人类自身发展的物质需要不断变化，不仅埋藏在地壳深处的煤炭、石油和各种矿物先后被开采、被利用；而且由于需要，海洋、冰山、原始森林以及其他未被开垦的处女地也不断被纳入人们的实践活动范围。总之，由于需要，沉睡了亿万年的大自然被人类唤醒了，尽管，自然的过度开发未必是好事。

由于满足人们物质需要的实践活动发生着范围和方式的变化，人们的思维能力和认识能力也就随之逐步地完善和提高。恩格斯指出："人在怎样的程度上学会改变自然界，人的智力就在怎样的程度上发展起来。"[1] 在古代，人

---

① 《马克思恩格斯选集》第4卷，人民出版社，1995，第329页。

们的物质需要比较简单，因此对自然界的改变无论从范围还是程度来说都比较狭小，人们对自然界的认识主要依靠生理感官去进行直接的观察和简单的逻辑推理，他们由此知道了要灌溉庄稼就要认识河流；要放牧牛羊就要认识草原；要发展工业就要认识各种原材料。后来，由于人们的物质生活资料有了相应的改善，生存能力也逐步增强，他们便在天文学、数学和力学领域开始进行了一些初步的研究，观察、归纳、演绎等方法也相应得到发展，实验的方法也开始萌芽。从 15 世纪下半叶到 18 世纪中叶，资本主义生产在欧洲兴起，作为资本主义生产直接结果的物质资料大大地丰富起来，与此相适应，人们的思维能力有了相当大的进步，人们开始广泛地采用实验的方法来研究自然现象，并且使实验的方法逐步地和数学的方法相结合。这一时期，观察的方法、数学的方法、逻辑的方法都有重大的突破。20 世纪以来，人类历史发生了重大的变化，人们又提出了新的物质需要，人类的思维能力和认识能力进一步提升，过去从未被注意的微观领域里的各种基本粒子，宇宙太空中的各种物质、太阳能、原子能，以及地热、潮汐、冰川、雪原等，都逐渐成为人们认识的对象。如果说，19 世纪只有少数自然科学家能够自觉地运用马克思主义的辩证唯物论这一全新的世界观和方法论来观察自然现象的话，那么，到了 20 世纪，辩证唯物论已经越来越广泛地成为人们认识自然和改造自然的思想武器。与 20 世纪这种情况相适应，观察、实验等传统方法呈现出了新的面貌，数学方法的广泛应用使整个科学技术日益数学化，各门学科研究方法的相互渗透和移植更加突出，一些新的科学方法随之应运而生，信息论、控制论、系统论、突变论、协同论和耗散结构理论等科学方法广泛应用于科学研究和社会管理等领域，极大地促进了人类文明的进步。由此可见，人类的实践活动不仅满足了人类的物质需要，而且还不断地推动着人类精神需要的发展。

三　精神需要是人全面发展的关键

黑格尔说："人生活在两个世界中：在一个世界中具有他的现实性（实在性），这方面是要消逝的，这也就是他的自然性、他的舍己性、他的暂时性；在另一个世界中人具有他的绝对长住性，他认识到自己是绝对的本质。"① 这表明，人既是一种在一定时空范围内有限的、有条件性的生物存

_____

① 见张世英《论黑格尔的精神哲学》，上海人民出版社，1986，第 273 页。

在，又是一种能无限地超越自身和周围世界的无限的、无条件性的精神存在，因而，对人而言，物质生活和精神生活都是生命所需的。人类作为自然界唯一有思想、有情感的能动存在物，吃、喝、住、穿、行等物质需要，当然是不可或缺的，但绝不局限于此，他们在实践中产生并且日益发展着尊重、友谊、爱情、审美、知识、能力、理想等多方面的精神需要，并为着这些需要而不懈努力。"已经得到满足的第一个需要本身、满足需要的活动和已经获得的为满足需要而用的工具又引起新的需要。"① 人们在满足自身生存的最基本的物质需要之后，必然会凸显其精神方面的强烈需求。诚然，在人的需要系统中，物质需要是人类生存的前提和基础，离开人的物质需要去谈精神需要及其作用，必然陷入唯心主义的旋涡。但是，人的精神需要一经产生，便作为相对独立的因素，作为内心的意向，作为动力和目的，从而强烈地影响和制约着人的行为，也影响和制约包括物质在内的其他需要。所以，在一定的条件下，精神需要对人的行为的支配作用比物质需要的作用更大，精神上的享受比物质上的享受更使人感到快乐。

所谓精神需要，是指人们受社会环境和条件的影响，对社会生活、社会秩序、社会安全等重大问题所产生的精神方面的强烈要求。精神需要是人类生活特有的和不可缺少的，"人的精神需要就像人体需要维生素一样，没有意识、理性、意志等精神活动的生命就是缺乏人性的动物的生命。"② 关于这一点，我国古代的思想家们已有充分认识。古人说"人为天下贵"，并说这是因为"贵之有德"，"德"是人与禽兽区分的根本标准。道德作为规范人类社会秩序维护社会和谐的手段成为精神生活中的重要内容，被认为是人之为人的根据。孟子说："人之有道也，饱食、煖衣、逸居而无教，则近于禽兽。"③ 当然，人类的精神需要绝不仅仅限于道德的需要，思维的力量也是不可忽视的。"人之所以为人，全凭他的思维起作用。"④ 思维以其独特的方式唤起人类的自我意识，为丰富人类的精神生活开辟道路。除此之外，"对科学的向往、对知识的渴望、他们的道德力量和他们对自己发展的不倦的要求"⑤ 也是人类精神生活的重要内容，它包括对"学说、交往、联合、

---

① 《马克思恩格斯选集》第1卷，人民出版社，1995，第79页。
② 袁贵仁：《人的哲学》，工人出版社，1987，第102页。
③ 《孟子·滕文公章句上》。
④ 黑格尔：《小逻辑》，商务印书馆，1981，第38页。
⑤ 《马克思恩格斯全集》第2卷，人民出版社，1957，第107页。

叙谈、真情的需要"以及"为自身利益进行宣传鼓动，订阅报纸，听课，教育子女，发展爱好等等"① 的需要。这些活动为满足人类自身精神生活的需要和促进精神素质的提升发挥着各自的作用，成为人类自身发展的重要内容，因此，马克思认为：精神需要是"人的本质力量的新的证明和人的本质的新的充实"②，"只有精神生活才是人的真正的本质。"③ 因为，人是一种以"意义"为生存目标的高级动物，人的精神生活，在一定程度上是较之物质生活更为重要的方面，"人的生活意义全部在于人的精神的高贵性，是精神给予生命以崇高的价值和意义，这一给予关系是不能被颠倒的。"④对于任何人而言，马克思认为，精神活动是最使人向往的一个活动领域，是人的全面发展的一个主要方面，是人的身心获得更高层次发展的最有效途径。缺乏人的精神价值追求，人的全面发展便是畸形和虚无的，是永远也达不到目标的海市蜃楼。如果把人在情感、审美、道德、知识等领域的充分发展从"全面发展"中排除出去，是完全违背马克思本意的；倘若人没有精神需求，缺乏了精神领域的发展，纵使人在物质领域获得了较为充分地享受，在马克思的眼里也只不过是"片面的、抽象的个人"，是"作为单纯的劳动人的抽象存在"。

人的精神需要具有鲜明的特性。

第一，人的精神需要具有受社会制约的个体性。虽然从人类群体来看，精神需要是类本质，但是，从单个个体来看，精神需要就直接表现为个人的需要，精神需要反映了人们渴求的东西，不同的主体因着自身条件的不同而有着不同的精神需要，即使处于同一时代，不同的人也有不同的精神需要。有些精神需要积极向上，如对锻炼身体、学习知识、休闲旅游的需求等，不仅促进个体的健康成长，还优化了社会风气；有些精神需要则是消极堕落的，如吸毒、嫖娼、赌博、疯狂宣泄等，不仅消磨了个体意志，还败坏了社会风气。但是，马克思强调："人的本质不是单个人所固有的抽象物，在其现实性上，它是一切社会关系的总和。"⑤ 作为社会的人，精神需要从总体上看都是一种社会性的精神需求，它的满足和发展都离不开社会、离不开他

---

① 《1844 年经济学—哲学手稿》单行本，人民出版社，2000，第 129、55 页。
② 《马克思恩格斯全集》第 42 卷，人民出版社，1979，第 132 页。
③ 《马克思恩格斯全集》第 3 卷，人民出版社，2002，第 319 页。
④ 薛晓阳：《学校精神文化建设的新视野》，《教育研究》2003 第 3 期，第 28 页。
⑤ 《马克思恩格斯选集》第 1 卷，人民出版社，1995，第 56 页。

人。精神需要的满足是要通过劳动才能实现的，而人总是在一定的社会关系主要是生产关系中从事劳动的。人的精神需要也是通过精神生产和精神消费来满足，精神生产也是一种生产形式，它主要受制于当时社会生产力水平，反映着当时社会政治、经济、文化的水平。就个人的精神需要来看，也是由他在该社会中所处的经济、政治地位，所受的文化教育以及家庭环境等各种因素决定的。而人类个体的精神需要必然上升为社会的精神需要，同时也就成为社会的精神需要。尽管人的精神需要是由个体的精神需要组成，但个体的精神需要也必须通过社会形式来满足，必须形成社会性的精神需要。社会性精神需要是个体精神需要的有机总和，它制约着个体的精神需要的内容及其满足程度。

第二，人的精神需要具有无限发展性。这里指的"无限发展性"有两层含义，第一层含义是指人的精神需要不会永远停留在一个固定的水平上，它会随着社会历史条件的变化和主体自身条件的变化而有所不同。一般而言，一方面，人的精神需要会随着生产力的发展和社会的进步变得越来越丰富。从人类历史发展规律来看，人的精神需要的水平经历了由低到高的发展历程。在最初漫长的原始社会，原始人的精神需要附着在物质需要上，它的表现形式并不明显。这是由于原始人为生计奔波，几乎把所有的精力都用在了获取食物方面，甚至还意识不到精神需要，如果说有一点精神需要的萌芽的话，那就是他们为了战胜强大的大自然而不得不通过想象的方式而与外界"神灵"的沟通，如原始的宗教、原始的巫术、图腾等。到了阶级社会，随着生产力的发展，脑力劳动从体力劳动中分离出来，一些人脱离物质生产和体力劳动去专门从事社会管理和精神创造，这就为人们满足精神需要和享受精神生活创造了条件。但是，在阶级社会里，人的本质属性受制于阶级性，人的精神需要往往以阶级的精神需要作为其存在和发展的形式，并在阶级的精神需要实现中实现自己，事实上，真正得到实现的是统治阶级的精神需要，并作为该社会精神需要的形式反映出来。在这个时期，精神生产和满足精神需要并没有真正地实现内在一致，精神生产的异化现象，使得大多数精神生产者无法满足自己的精神需要，即使是用自己生产的产品。更为悲惨的是，这些生产者甚至成为自己产品奴役的对象。所以，在这个时期，精神生产带有明显的商品化性质和阶级性质，影响了精神产品的质量，也使精神需要片面、畸形地发展，造成了阶级社会的精神危机。只有到了社会主义和共产主义社会，奠基于生产资料公有制基础上的精神生产才真正为满足人们精神需要提供了充分的条件。社会主义的精神生产的目的是为了满足广大人民群众日益增长的精神文化的需求，精神生产的手段和目的真正实现了统一。人们不仅是精神产品的生产者，同时也成为精神产品的消费者，人们在进行生产的同时也不断地满足着自己的精神需要，从而为自身的全面发展创造条件。人的精神需要具有"无限发展性"的第二层含义是指人们的某些精神需要可以跨越时空，成为人类永恒的精神需要。一如人们对知识的渴求，随着认识世界和改造世界能力的不断提升，人们也在不断地开辟着自己前进的道路，同时也在为探求新知识提出了新任务。只要人类一天不停止改造世界的实践，探求新知识的精神活动就永远不会完结，因此，对知识的渴求就成为一种永恒。

第三，人的精神需要具有无限丰富性。人们一直从事多方面的生产，一方面不仅生产其本身；另一方面还通过人类自身的生产重新构建自身所处的环境。由于人的需要的无限发展必然导致需要的日益丰富和全面，因而人的精神需要也就无限丰富起来。随着人类社会的发展，人们在满足衣、食、住、行等物质需要的同时，也会自觉或不自觉地加入自己的一系列的精神活动，譬如，探求知识、艺术审美、社会交往、情感交流、文化教养、自我实现和获得社会尊重等活动，正是通过这些活动使得人类自己不断地远离动物界，成为真正意义上的"人"。正如马克思所说："人以其需求的无限性和广泛性区别其他一切动物。"① 人的精神需要的无限丰富性是以物质生产实践和其他实践的全面发展为基础的，没有物质生产实践和其他实践的全面发展，并创造丰富的物质精神产品，人的精神需要的满足就是画饼充饥；只有人们的精神需要得到满足才能使人们充满活力，反过来促进物质生产及其他社会实践的全面发展。由此看来，虽然人的物质生活是丰富多彩的，但其物质需要是要受到物质条件限制的。虽然人的精神需要也要借助一定的物质手段如广播、电视、书籍和网络等来满足，但是相对来说，精神需要可以跨越时空，能永恒地满足人们无限与多样的需求；同时，人的精神需要对于不同的人有不同的表现，而且对爱的需要、社会交往的需要、尊重的需要、自我实现的需要、发展的需要等精神需要，总有一个轻重缓急、程度深浅的问题。从这一角度来说，人的精神需要也是无限丰富的，需要不断地发展精神生产来满足不同人的不同精神需要。

---

① 《马克思恩格斯全集》第 49 卷，人民出版社，1979，第 130 页。

第二章
人的精神需求具有多样性

精神需求受制于主体自身的条件和客观外在的社会历史条件，因而，不同的人有不同的精神需求，不同时代人们的精神需求也不尽相同。总的来看，人们的精神需求具有层次性和多样性。骆郁廷教授认为，人们的精神需求可以分为：精神适存需求、精神发展需求和精神完善需求。① 精神适存需求是人们成为社会成员或个体角色所必备的精神需求，是最基本的精神需求，如亲情、友情、爱情、自尊与被尊重、归属感等。精神发展需求就是人们在精神上不断充实和发展自己，实现精神进步的需求。如通过读书看报、看电影、看电视、听音乐、画画、上网、旅游等获得新知识与充实情感等。精神完善需求就是指满足人们对生活、生命、人生价值及自我实现与自我超越的精神需求，是最高层次的精神需求，包括文化创造、个性发展、精神信仰等需求。人们的精神需求总是由低级到高级逐步形成与满足的，不同层次的精神需求不断满足的过程也就是人们的精神动力不断增强的过程。

一 理想信念是人们的精神支柱

理想信念是人们内心世界的核心，是大学生自身成长成才的现实需要，更是培育和践行大学生核心价值观的客观要求。理想信念是由"理想"和"信念"两个概念有机结合而形成，但其内涵不是两个概念的简单相加，它是人们在政治层面的最高坚持和追求，统领着人们在学习、生活、职业和道德等层面上的理想和信念。

---

① 骆郁廷：《精神动力论》，武汉大学出版社，2003，第88~89页。

（一）理想信念的内涵及其本质

理想信念对于个人思想品德的形成具有巨大的动力支持和方向指引的作用，是人们世界观、人生观与价值观的最集中的体现。其中理想作为一种社会意识，是精神范畴，是人们所特有的存在方式，正如《辞海》中解释的："同奋斗目标相联系的有实现可能性的想象。"[①] 可见，理想是人们所追求的一种奋斗目标，它不同于那种虚无缥缈的幻想和不切实际的空想，"它是人们在实践中形成的、有可能实现的、对未来社会和自身发展的向往。"[②] 很显然，理想不仅仅是人们对自身的需要和目标的追求的外在表现，更重要的它是一种客观必然性与人们内心的主观自觉性和能动性的有机融合，是人们生活中的坚强支柱和精神动力。

当理想已存在于人们心目中，并且要付诸行动而形成的精神状态，称为信念。正如在《现代汉语规范词典》中所说的，信念是"认为正确而坚信不疑的观念。"[③] 信念是一个人认识、情感以及意志的有机融合，是人们心目中深信不疑的坚定理念，德国著名哲学家恩斯特·卡希尔认为："人用以与死亡相对抗的东西就是他对生命的坚固性、生命的不可征服、不可毁灭的统一性的坚定信念。"[④] 可见，信念是人们在社会实践中，在一定的认识基础上确立的、对某种理想和观念深信不疑并且能够付诸实践的思想状态。

信念与理想是紧密联系的，人们在现实生活中追求一种理想，说明坚信的这种理想是科学可行的，而这种坚信本身就是一种信念，因此，理想信念是相连通的。理想信念包含理想和信念两个相互联系的概念，理想信念不仅指个人理想信念，而且还包括社会理想信念。"社会理想信念的表现形式是社会组织、团体或党政在共同的价值观基础上形成的具有一定指导意义的思想理论，并加以实践的过程；个人理想信念是某种社会理想信念的内化，外在表现是一个人在世界观、人生观、价值观基础上，树立人生信念和人生目标并不断为之奋斗的过程。"[⑤] 理想信念是人们对未来的向往以及对思想理

① 辞海编辑委员会编《辞海》，上海辞书出版社，1979。
② 吴潜涛：《正确理解理想信念的科学含义》，《教学与研究》2011年第4期，第6页。
③ 吕叔湘：《现代汉语规范词典》，外语教学与研究出版社，语文出版社，2004，第1453页。
④ 〔德〕恩斯特·卡希尔著《人论》，甘阳译，上海译文出版社，1985，110页。
⑤ 郑承军：《理想信念的引领与建构——当代大学生的社会主义核心价值观研究》，清华大学出版社，2010，第47页。

论的科学性和实践行为的合理性与可行性的坚信与确认，是人们活动的动机，是人之为人的内在规定性和原则性。

理想信念是人们持久的活动动机。首先，理想信念本身是人们内心的一种需求和满足。人们的任何社会活动都具有一定动机和需要，正如马克思所说："人们奋斗所取得的一切，都同他们的利益相关。"[①] 人们之所以会在现实生活中建构理想信念并且践行理想信念，是因为他们自身有这样的需求，而后发挥自身的主观能动性并且通过实践满足这些需要，这是人们内心深处的需求和满足。从社会心理学角度分析，理想信念属于成就动机，我们的共产主义理想就是共产党人的最高层次的成就动机。其次，崇高的理想信念对人的社会生活具有明确的指向性作用。在理想信念的动机推动下，产生了主体的需求，但这不仅是主体的一般需求，而且是有着鲜明指向性的目标和追求。所谓的理想信念，它是与人们的奋斗目标紧密联系的，是合规律性和合目的性的有机统一，同时也是人们"内在尺度"与"外在行为"的有机融合。因此，越是面对物欲横流的社会，越是需要崇高理想信念的指导与引领，因为，只有理性信念的精神激励才是持久的和永恒的。

理想信念是社会核心价值观的内核。首先，理想信念是人们价值意识的最高形式，是价值观的最高层次。一个人理性信念的形成意味着他的价值观念从感性层面上升到了理性层面，从人们的理性层面出发，进而以个人和社会所追求的价值目标和价值选择为未来最高形象，虽然这些未来形象会受到一定社会历史条件的制约和社会文明状况的影响，但是，理性信念仍然是人们前进的价值动力。其次，理想信念是核心价值观的内核。价值观作为人们道德行为和社会实践活动的思想基础，决定了人们的价值取向和价值标准。核心价值观在社会多元价值观念中起决定的和支配的作用，是具有十分重要的影响力和感召力的价值观。而"理想信念是在各种价值观念中居于支配、统摄作用的价值观念，是核心价值观的内核，是核心的内核。"[②] 可见，理想信念是最重要的价值观念，是主宰人们主观世界的精神支柱，对人们的思想和行为具有决定性的影响。

---

① 《马克思恩格斯全集》第 1 卷，人民出版社，1956，第 82 页。
② 郑承军：《理想信念的引领与建构——当代大学生的社会主义核心价值观研究》，清华大学出版社，2010，第 130 页。

理想信念是人们精神生活的导向。首先，理想信念使人们的精神生活具有完整的导向。内心有了理想信念，就会使人们在精神生活中具有完整的导向，这种导向功能可以调动各种精神因素为它服务。理想信念从形成到确立，从培育到追求，属于人们精神生活的最高层次，同时也是人们精神世界的最高要求。这样的要求可以指导人们形成一个自觉自愿并且相对完整的思想与观念系统，同时，与我们平日积累的知识和理想思维相结合，形成指导和推动我们社会实践活动的力量源泉和精神动力。其次，理想信念是人们精神生活的重要组成部分。理想信念在人们精神生活中是不可或缺的，一方面体现在它是社会经济发展的不可缺少的价值因素和精神需求。精神需求和价值追求是社会进步和经济发展永恒的精神动力，此外，也是经济社会发展的崇高目标和最终诉求；另一方面体现在它对人们的精神世界具有引导思想、激发斗志、凝聚力量的支柱作用。根据中国共产党成立以来，我国革命和建设的经验可以看到，坚定的理想信念历来都是凝聚人心、战胜困难险阻的强大精神支柱。

此外，理想信念是人们生活的最高精神追求。理想信念在人们的生活中起着举足轻重的作用，是"把一种未来的社会蓝图视为最高价值，高度地信服和敬仰，并以之统摄自己的精神生活，作为自己的精神寄托，矢志不渝、自觉追求的精神状态，它是对于一定社会理想的自觉认同和执着追求。"[1] 可见，理想信念促进人们对精神生活的追求，这种追求不仅包括对当前现实生活理想的坚持，而且包括对未来生活的希望和憧憬。在崇高理想信念的指导下，秉持一种积极向上的心理态度，追求一种更加高尚的精神境界。

（二）理想信念为人们提供前进的动力

理想信念既是人们追求的目标，也是人们内心深处的精神支柱，不仅对人们的道德情操的陶冶具有重要作用，而且对社会发展也具有十分巨大的意义。习近平在党的群众路线教育实践活动第一批总结暨第二批部署会议上发表重要讲话时指出："理想信念就是共产党人精神上的'钙'。"没有理想信念，理想信念不坚定，精神上就会"缺钙"，就会得"软骨病"。不仅共产党员如此，寻常百姓亦如此。现实生活中，一些人出这样或那样的问题，说

---

① 江舟：《大学生理想信念教育实效性研究》，中国地质大学硕士学位论文，2013，第13页。

到底是信仰缺失、精神迷失。所以，我们必须充分认识理想信念对于个人成长成才的重要作用，自觉加强理想信念建设。

（三）理想信念是指导个人前进的目标方向

首先，理想信念激励个人人生目标的实现。理想信念本身就是对奋斗目标的追求和向往，崇高的理想信念是人们向往的最美好的愿望，是人们世界观、人生观和价值观的集中反映。崇高的理想信念可以振奋人的精神，激发人们的奋斗热情，鼓励人们的斗志，形成人们高尚的道德情操，进而可以确立人们正确的人生目标。苏格拉底认为："世界上最快乐的事情，莫过于为理想而奋斗。"可见，理想信念是人们朝着既定目标前进的坚强动力，一个人的理想信念越坚定，他的内心就越有持久强大的精神动力，他在实现人生的各种奋斗目标的过程中才能更加坚定笃信，实现人生目标的行动会更加坦然自若。

其次，理想信念使人们充满克服困难的勇气。每个人都要在现实生活中找到自己的人生坐标，确定崇高的人生目标需要人们具有克服困难的勇气和魄力。理想信念具有内在的规定性和确定性，它可以使"人的复杂多变的内心世界和瞬息万变的现实世界定格，让人们在不确定的现实生活中找到一种确定性。而有了这种确定性，人们内心就会感到安全、踏实，进而产生不断进取的力量。"① 理想信念可以坚定人们克服困难的决心，崇高的理想信念是人们克服各种艰难险阻的精神支柱。理想信念越坚定，克服困难的决心就越坚定。尤其是当代大学生，在求学和日常生活中会遇到各种各样的困难与挫折，因此，他们更需要崇高而坚定的理想信念，这对他们在大学阶段树立自身的正确人生坐标具有重要的指引作用，在坚定的理想信念指引下，大学生才能更好地树立正确的世界观、人生观与价值观。这样才能更好地领悟大学阶段学习生活的真谛，指引他们在人生道路上越走越远，越行越通畅。

（四）理想信念是促进个人成长成才的内驱动力

首先，理想信念为个人成长指明正确的方向。理想信念是人们心灵世界

---

① 秦维红：《全球化时代的理想信念问题》，《"全球化与人的发展"国际学术研讨会论文集》，2005，第272页。

的核心部分，有什么样的理想信念决定了每个人的人生是否充实与高尚，一个人理想信念的养成关乎他人格的完善，对每个人的成长成才具有重要的作用。此外，一个人的理想信念与他的价值观形成具有十分密切的关系。理想信念属于精神意识范畴，个人的健康成长既要有一定的物质基础，同时也需要精神支撑，理想信念是个人健康成长和成才强有力的精神动力。此外，树立正确的理想信念可以为个人，特别是青年人的成长成才提供精神支持，坚定的理想信念能够使青年人更好地避开不良诱惑，使他们走上正确的人生道路。

其次，理想信念可为个人成才树立坚定的奋斗目标。理想信念是一种思想体系，个人在理想信念的确立过程中可以把正确的理想信念内化为自己的思想体系，这样可以更好地指导人们的人生奋斗目标，能够在他们成才的道路上培养克服困难和应对挑战的坚强意志，同时也可以增强人们，特别是青年人的历史使命感和社会责任感。一个人有了坚定的理想信念，就能够促使他朝着正确的人生的理想目标前进，也可以使他在个人成才的道路上更加平稳踏实，思想更加成熟，从而能更好地成就他们的事业。

二　知识是人类进步的阶梯

在人类历史上，知识在相当长的时期里一直是处于附属地位，在农业社会中人的体力是社会的核心力量，工业社会的核心力量则是机器，只是随着现代社会生产的集约化、智能化、虚拟化以及社会生活的节奏加快、交往拓展、品位提高，知识学习、知识运用、知识创新所起的作用才日益重要，知识才成为经济发展的内生力量，成为一种与物质、能源一样具有战略性意义的社会资源，并且成为生产力首要的因素。正如丹尼尔·贝尔在《后工业社会的来临》中所说："后工业社会是围绕知识组织起来的，其目的在于进行社会管理和指导革新和变革。"[①] 可见，在如今的知识经济时代，如何正确认识知识以及深刻认识知识的价值是人们在知识社会生存和发展的重要前提。

---

① 〔美〕丹尼尔·贝尔：《后工业社会的来临》，王宏周等译，商务印书馆，1984，第12页。

（一）知识的内涵及其分类

那么，知识是什么？关于这个问题，仁者见仁，智者见智，国内外对此都有不同的解释。从国内来看，《新华词典》解释为："①人们通过阶级斗争、生产斗争和科学实验的实践活动获得的对客观事物的认识。②指有关学术文化的，如知识分子。"《中国大百科全书·哲学卷》中说："人们在日常生活、社会活动和科学研究中所获得的对事物的了解，其中可靠的成分就是知识。"毛泽东同志说："什么是知识？自从有阶级的社会存在以来，世界上的知识只有两门，一门叫作生产斗争知识，一门叫作阶级斗争知识。自然科学、社会科学就是这两门知识的结晶，哲学则是关于自然知识和社会知识的概括和总结。"[①] 目前，我国有些学者针对我国的具体情况，在借鉴西方的"4W"观点的基础上，将"知识"的概念用"6W"或"1Q"来概括。所谓"6W"就是"知道是什么（Know-what）""知道为什么（Know-why）""知道怎样做（Know-how）""知道谁（Know-who）""知道什么时间（Know-when）"和"知道什么地方（Know-where）"。所谓"1Q"就是"知道是多少（Know-quantity）"。这种看法颇具代表性。

国外对于"知识"的解释也是众说纷纭。亚里士多德将人类的知识分为三大类：纯粹理性知识、实践理性知识和技艺知识。所谓纯粹理性知识，大致是指亚里士多德所在时代的几何、代数、逻辑以及当今的大多数自然科学；所谓实践理性知识，则是人们在实际活动中用以做出选择的各类方法；而技艺知识是指那些无法或者几乎无法用言辞表达的，似乎只有通过实践才能把握的知识。罗素也曾经按照知识的来源把知识划分为三大类：其一为个人直接体验所得的知识；其二为通过其他人间接体验所得的知识；其三为内省所得的知识。而按照知识的性质，他又将知识划分为科学的知识（命题能与事实相验证），神学的知识（命题不可与事实相验证）以及哲学的知识（介于两者之间）。而按照经济学家亨利·乔治和哈耶克的思路，人类知识则包括不可交流的知识、可以交流但交流起来不经济的知识以及可以交流而且交流起来经济的知识。除此之外，还有波普的"适应"（adaptation）知识，当代哲学家奎尼的"你认为你知道的就构成你的知识"，以及由此产生的"主观知识"与"客观知识"之争等。丹尼尔·克莱因则指出："知识不

---

① 《毛泽东选集》第3卷，人民出版社，1991，第815~816页。

仅仅只是信息，它还是一种解释和判断。"这是一个对知识，或者包括经济学在内的社会科学知识内在性质的相对全面的判断和认知。美国学者达文波特和普鲁萨克（Daventpont&Prusak）认为："知识是一种有组织的经验、价值观、相关信息及洞察力的动态组合，它所构成的框架可以不断地评价和吸收新的经验和信息。它起源于并且作用于有知识的人们的大脑。在组织结构中，它不但存在于文件或档案中，还存在于组织机构的程序、过程、实践及惯例之中。"[1] 路德亚德·吉卜林说："我有六个诚实的仆人，他们教给了我一切。他们的名字是：什么（What）和为什么（Why）、何时（When）和怎样（How）、何地（Where）和谁（Who）。"[2] 他认为他所说的就是知识了。

20 世纪 90 年代，以发达国家为主要成员的经济合作与发展组织（OECD），发布了题为《以知识为基础的经济》的专题报告，报告中将人类迄今为止的知识分为四种形态：（1）关于事实的知识（know-what），即知道什么的知识——"知事"。属于事实陈述知识，一般可以直观感知或以数据反映，通常所说的"信息"即指的数据所表达的客观事实，故可归为此类知识。（2）关于原理的知识（know-why），即知道为什么的知识——"知因"。属于科学理论型知识，是关于自然原理及规律方面的科学理论。（3）关于技能的知识（know-how），即知道怎样做的知识——"知窍"。属于技术方法型知识，主要指人们行为或行事的技巧、技能和方法。（4）关于人的知识（know-who），即知道是谁的知识——"知人"。属于社会人文型知识，包括了特定社会关系的形成，以便可以接触专家并有效地利用他们的知识，也就是关于管理的知识和能力。这四种知识形态显然涵盖了从经验到理论、从理论到实践以及在实践中发挥人的主观能动性的一系列知识环节。而其中知识形态的最高一级，即关于人的知识，其中应该包括研究关于人的生存、生活、心理、行为、交往、价值、文化等属于社会科学与自然科学相交叉的知识。对知识的这种理解，使得以文化为主的社会科学将不再是一种远离技术、远离生产和产业发展，不能转化为直接经济动因的非经济因素。在经济发展过程中，各种文化价值要素以及人文社会科学知识大大渗透

---

[1] 冯之浚：《知识经济与中国发展》，中共中央党校出版社，1998，第 38 页。

[2] 赵云喜：《知识资本家——中国知识分子面对知识经济的抉择》，中华工商联合出版社，1998，第 12 页。

到产业发展和经济活动诸环节，成为有待于生产、分配和使用的有价经济资源，成为提高效率的重要的直接动因。

综上所述，我们可以将知识做如下归纳：知识是人类的认识成果，来自于社会实践。是对某个主题确知的认识，并且这些认识拥有潜在的能力为特定目的而使用。意指透过经验或联想，能够熟悉进而了解某件事情；这种事实或状态就称为知识，其中包括认识或了解某种科学、艺术或技巧。此外，亦指透过研究、调查、观察或经验而获得的一整套知识或一系列资讯。按照不同的标准，可以将知识分为不同类别的知识。按领域划分有：哲学知识、社会科学知识和自然科学知识；按用途划分有：科学知识、技术知识、文化知识；按状态划分有：存量知识和流量知识；按水平划分有：低级知识、中级知识和高级知识；按性质划分有：普通知识和专业知识；按载体划分有：隐性知识和显性知识。

（二）知识的价值

伴随着知识经济时代的到来，社会生产方式和生活方式发生了重大变革，极大地改变了人类社会的面貌，知识的价值获得了前所未有的充分肯定。正如美国著名社会管理思想家达尔·尼夫所指出的："知识，已经成为经济增长、组织兴旺和个人幸福的关键。"[1] 正确认识知识的价值无疑是促进人类自身进步的先决条件。

第一，知识是思想的基础和先决条件。知识之于思想就好似水的源头、木的根。缺少了知识，思想只能是无源之水、无本之木，无从谈起。纽曼提出，一个人想要对某一问题提出自己的看法，必须以占有相当量的阅读信息为先决条件，正所谓"巧妇难为无米之炊"。如果没有这样的学习，哪怕是最富有创见的头脑实际上也不会得出任何有用的结论或站得住脚的理论。知识又是达到思想扩充的工具。"狭隘的思想被认为只是容纳了一点点知识，而开阔的思想则包含了大量的知识。"[2] 纽曼反对脱离事实基础随意得出的主观结论，也反对不经调查研究和审慎思考而随意做出的妄断，更反对无收获、无价值的培育和单纯记忆学习对学生的戕害。当然拥有丰富的知识，还必须知道去如何支配它和运用它。"我们必须学会综合，必须讲究方法，必

① 〔美〕达尔·尼夫：《知识经济》，樊春良、冷民译，珠海出版社，1998，第19页。
② 见余承海、龙文祥《纽曼的知识观研究》，《高等农业教育》2006年第5期，第26页。

须掌握原则，并且通过这些原则把我们学得的东西归类定型。"① 他指出，要用思想或理智来统治和支配知识，而不是任由其摆布和捉弄，沦为它的奴隶。即使拥有再多的知识，对于一个丧失判断力和思想的头脑来说也只是破铜烂铁，而不是黄金。

第二，知识是美德的基础。早在 1000 多年前，古希腊著名哲学家苏格拉底就提出了"美德即知识"的观点，虽然其本意是指："人们通过自己的理性所把握的对于人的本性的认识就是美德。"② 但是仍然有不少人对此观点进行质疑。我们当然不能简单地望文生义，而应当仔细考察苏格拉底提出此观点的语境之后再做评论。当我们理性地考察了苏格拉底发表此观点的语境之后，就不难发现，虽然"知识"未必就是"美德"，但是，两者之间内在密切的逻辑关系却是不可抹杀的。苏格拉底认为，一切美德都离不开知识，知识是美德的基础，知识贯穿于一切美德之中；美德不是孤立存在的一些观念和准则，任何美德都必须具备相应的知识，无知的人不会真正有美德。为了论证自己的观点，在实践意义上苏格拉底对当时流行的四种美德即：智慧、正义、勇敢、节制都进行了论述，并认为每一种美德都离不开知识，知识是美德的本质。他认为，智慧是一种美德，但有智慧的人必须善于思考，而思考离不开知识，这种知识就是辨别是非、真假、善恶的能力。正义也是美德，而这种美德的基础是掌握能正确处理人与人之间关系、处理他人与自己之间关系的知识。勇敢也是美德，而理性的知识贯穿于勇敢之中，没有理性的知识勇敢是无益的。节制也是美德，而节制离不开克制欲望、了解需求、严于律己的知识。因此，他认为知识是美德的共性，是所有美德中共有的东西，任何一种美德都不能离开知识而存在，故得出结论"美德即知识"。从这一论断出发，苏格拉底对人的善恶进行了分析。他认为人的善恶不决定于人的本性，而决定于人的知识。即知识不仅包括一切真，还包括一切善。

第三，知识是创造力形成和发展的基础。早在 300 多年前，培根就指出："人的知识和人的力量合而为一"③，"达到人的力量的道路和达到人的

---

① 见余承海、龙文祥《纽曼的知识观研究》，《高等农业教育》2006 年第 5 期，第 27 页。
② 李石：《重温苏格拉底的"美德即知识"命题：反驳与辩解》，《道德与文明》2003 年第 1 期，第 45 页。
③ 北京大学哲学系外国哲学史教研室编《西方哲学原著选读》（上册），商务印书馆，1981，第 345 页。

知识的道路是紧挨着的，而且几乎是一样的。"① 后来，这两句话被人们概括为"知识就是力量"。科学文化知识是人的德智体美诸方面发展的基础，当然也是创造能力形成和发展的基础。虽然目前对创造能力构成要素及形成机制、形成过程的研究还很不够，但大量事实表明，进行创造性活动除必须具备一定的外部环境条件外，需要作为创造活动主体的人对环境条件以及创造活动所必备的各种材料有足够的认识，能掌握和运用进行创造所需要的工具，在进行创造对象的设计和解决所遇到的各种问题时，除了要有丰富的想象力、灵感和很强的思维能力外，还必须有足够的相应知识储备，尤其是进行原创性活动，必须知道前人有关的认识成果，知道前人对有关问题的解决到什么程度，也就是所谓的要站在巨人的肩膀上，而避免重复前人的劳动，耗费不必要的时间和精力，造成人财物力的浪费。为什么前人早已证明"永动机"是不可能的，而总有人在不断地研制"永动机"，研制"永动机"的人往往并不缺乏想象力，但由于他们缺乏知识，缺乏对前人研究成果的认识，他们便只能劳而无获。创造性活动所需要的灵感也不是凭空产生的，无论是文学艺术创作的灵感，科学发明的灵感，还是技术创新的灵感，无不以创造者对该相关领域的知识达到融会贯通的地步为必要条件，没有对相关领域的丰富知识，没有对相关事物深刻而透彻的认识和理解，没有对相关事物在整体和细节上的全面而深入的把握，灵感根本无从萌生，甚至想象力的发展离开学习和掌握科学文化知识也是不行的，无论是再造想象还是创造想象都是以一定的事物形象为材料的，而反映事物形象的表象本身也是人类认识的一种成果，新形象的塑造如果没有足够的知识作支撑，其创造性也不可能有多高。

三　情感是个体发展的动力

人非草木，孰能无情？每个人在交往中都会产生情感，不同的情感会对交往产生不同的影响。了解情感在交往中的作用，有利于在交往互动中获取他人的情感信息并把握自己的情感，从而把握自己的行为方向，为个体的健康成长创造良好的环境。

---

① 北京大学哲学系外国哲学史教研室编《西方哲学原著选读》（上册），商务印书馆，1981，第347页。

（一）情感的内涵及其类型

情感作为人类亲身经历的特有的精神体验，总是受到人们的高度关注。但是从学理上说，由于情感本身的多变性、复杂性，要给情感下一个明确而清晰的定义是非常困难的。《不列颠百科全书》认为情感是"对人体内相应事件所做出的反应"[1]，《辞海》对情感的定义进行了研究，即"情感主要指的是人对内心深处的喜、怒、哀、乐等进行的表现。"[2]《大百科全书》将情感定义成"存在着人类独特的主观心理、人类明显的生理方面的变化、人类身体方面的改变以及人类表情的变化。"[3]《心理学大辞典》对情感概念进行了定义，即"人类所形成的一种态度体验，反映着客观事物是不是可以保证自身的具体需要得以满足。"[4] 苏联学者雅科布松认为："情感是客观现实的反映，它以特有的方式，以人对这个世界的事物和现象表现出来的主观态度的形式去反映现实世界。"[5] 我国德育专家朱小蔓认为"情感是主体以自身精神需求和人生价值为主要对象的一种自我感受、内心体验、情境评价、移情共鸣和反应选择。"[6] 我国学者孟绍兰在《人类情绪》一书中提到"情感既包括同'感觉'、'感受'相联系的'感'字，又包括与'同情'、'体验'相联系的'情'字。因此，情感的基本内涵是感情性反应方面的'觉知'，它集中表达了感情的体验和感受方面"，[7] 等等。

情感是人类所特属的一种心理活动，是人脑的机能，是个体对客观事物所持有的态度体验。情感具有其独特的属性，主要在以下五个方面：第一，情感具有两面性，即积极性情感和消极性情感。积极性情感，包括愉快、喜爱、满意等体验，使个体保持乐观向上的心态，形成良好的世界观和个性心理品质。消极性情感，包括厌恶、愤怒、憎恨等体验，影响着个体的身体健康，可能形成不健康的个性品质。第二，情感具有客观现实

---

[1] 中国大百科全书出版社《简明不列颠百科全书》编辑部译编《简明不列颠百科全书》第6卷，中国大百科全书出版社，1986，第682页。

[2] 辞海编辑委员会编《辞海》，上海辞书出版社，1989，第980页。

[3] 中国大百科全书编委会编《中国大百科全书》第6卷，中国大百科全书出版社，1985，第248页。

[4] 百度百科，http：//baike.baidu.Com/view/6251.htm.2012-1-6。

[5] 〔苏〕雅科布松：《情感心理学》，王玉琴等译，黑龙江人民出版社，1988，第24页。

[6] 朱小蔓：《情感是人类精神生命中的主体力量》，《南京林业大学学报》（人文社会科学版）2001年第3期，第55页。

[7] 孟绍兰：《人类情绪》，上海人民出版社，1989，第15页。

性。个体情感的形成都来源于客观现实，以客观现实为基础，不存在脱离客观现实的情感。可以说，客观现实是情感的源泉。第三，情感具有个体需要性。当客观事物与个体需要相符合时，个体便会产生高兴、愉悦、满意等积极性情感；当客观事物与个体需要相违背时，个体便会产生厌恶、烦躁、郁闷、伤心等消极性情感。第四，情感具有主观动机性。从心理学看，个体情感的强烈程度与动机密切相关。在内部动机的驱使下，个体对待客观现实是一种自主自觉的态度，情感与动机的步调保持了一致，个体对客观现实的情感更加浓厚；在外部动机的驱使下，接受主体对待客观现实是一种被动、不情愿的态度，情感则与动机的步调不一致，个体对客观现实的情感稍显淡薄。第五，情感具有弥散性。情感虽然比较复杂、难以捉摸，但还是会通过个体的面部表情、动作表情和言语表情传递给他人，使他人的情感受到潜移默化的影响。

辩证唯物主义认为，任何主观意识都是人对客观存在的反映，情感是一种特殊的主观意识，必定对应着某种特殊的客观存在。因此，从哲学上看，情感就是人类主体对于客观事物的价值关系的一种主观反映。根据情感与价值关系之间的变化，我们可以将情感进行分类。

第一，根据价值的强度和持续时间的不同，情感可分为心境、热情与激情。心境是指强度较低但持续时间较长的情感，它是一种微弱、平静而持久的情感，如绵绵柔情、闷闷不乐、耿耿于怀等；热情是指强度较高但持续时间较短的情感，它是一种强有力的、稳定而深厚的情感，如兴高采烈、欢欣鼓舞、孜孜不倦等；激情是指强度很高但持续时间很短的情感，它是一种猛烈的、迅速爆发的、短暂的情感，如狂喜、愤怒、恐惧、绝望等。

第二，根据价值的主导变量的不同，情感可分为欲望、情绪与感情。当主导变量是人的品质特性时，人对事物所产生的情感就是欲望；当主导变量是环境的品质特性时，人对事物所产生的情感就是情绪；当主导变量是事物的品质特性时，人对事物所产生的情感就是感情。

第三，根据价值主体的类型的不同，情感可分为个人情感、集体情感和社会情感。个人情感是指个人对事物所产生的情感；集体情感是指集体成员对事物所产生的合成情感，阶级情感是一种典型的集体情感；社会情感是指社会成员对事物所产生的合成情感，民族情感是一种典型的社会情感。

第四，根据事物基本价值类型的不同，情感可分为真感、善感和美感三种。真感是人对思维性事物（如知识、思维方式等）所产生的情感；善感是人对行为性事物（如行为、行为规范等）所产生的情感；美感是人对生理性事物（如生活资料、生产资料等）所产生的情感。

第五，根据价值的动态变化的特点，可分为确定性情感、概率性情感。确定性情感是指人对价值确定性事物的情感；概率性情感是指人对价值不确定性事物的情感，包括迷茫感、神秘感等。

此外，还可以根据价值层次的不同，将情感分为温饱类、安全与健康类、他尊与自尊类和自我实现类四大类。根据价值作用时期的不同，将情感分为追溯情感、现实情感和期望情感；根据价值变化方向不同，将情感分为正向情感和负向情感。

（二）情感推动个体素质的提升

作为个体发展的心理现象，情感不仅表现了个体的需求和倾向，也推动着个体素质的提升和全面发展。而情感对个体发展所起到的作用，主要是通过对个体行为的制约、激发、协调来实现的。

第一，情感制约着个体行为的选择。个体的行为并不是直接由其认知所导致的。从个体认知的获得到行为的发生，离不开情感这个"桥梁"。情感使得个体的认知以行为的方式得以实现。"人的情感体验以满意不满意的感受状态把人本身的自我感觉、自我评价、自我监督、自尊心、自信心、自制力携带构成一个主体对自己活动关系（物我关系、人我关系等）的内部监控系统。"[1] 这个内部监控系统往往会使个体对客观事物产生一定的情感倾向，把注意力集中和指向与个体情感需求一致的客观事物来实施个体的行为，而与个体情感需求相违的客观事物则采取回避或者忽视的行为选择。个体对客观事物所具有的积极性情感强度与个体行为的选择成正比。也就是说，个体越是对客观事物表示喜爱、满意等积极性情感，就越容易对其保持长久的注意，实施与之相应的行为；个体越是对客观事物表示冷漠、厌恶等消极性情感，就越难接受客观事物，容易做出否定性或者逃避性的行为。

第二，情感影响着个体行为的发展。个体的行为除了受个体思想意识的支配外，还受情感的驱策。情感内在地推动和制约着人的认识活动和实践活动。皮亚杰也曾指出："感情决定着对情境是接近还是回避的倾向，从而影响人的智能努力朝着什么方向去发挥，这种现象反过来必然影响知识的获

---

① 朱小蔓：《情感教育论纲》，人民出版社，2007，第25页。

得，在某些方面获得更多，在另一些方面知道较少。"① 当某种认识活动或实践活动与个体产生情感共鸣时，个体会产生赞同、支持甚至是效仿的举动。当某种认识活动或实践活动与个体产生情感相悖时，个体不仅会排斥或回避，而且会作出与之完全相反的举动。此外，当个体处于积极的情感状态时，大脑的思维比较活跃，活动效率也会大大提升；当个体处于消极的情感状态时，大脑的思维运行比较缓慢，延缓活动的完成。

第三，情感调整着个体行为的方向。情感是接受活动的灵魂，是打开接受主体心锁的钥匙。个体在实施行为的过程中，很有可能会遇到与自身认知体系相违背的信息，当个体处于积极的情感状态时，即使新信息与自身旧有的认知系统不相融合，甚至发生冲突，也能比较客观地看待新信息，在内外需求的影响下，重新整合自身的认知系统，实现相应的实践活动。当个体处于消极的情感状态时，很有可能对与自身相违背的信息产生片面、狭隘的看法，极力排斥和抵制新信息，抑制相应的实践活动。

总之，个体的行为受到情感的推动和制约，进而影响着个体人格的完善。我们要对情感有深刻的认识，正确把控个体情感，自觉自发地有目的地控制消极的情感，对自身的情感进行监控，使情感成为个体发展的动力。

四　自尊是个人健康成长的心理基础

中国著名的人际关系学专家丁远峙在《方与圆》一书中说道："我们可以寄人篱下，可以求人，也可以迎合人，甚至聪明人有时还会想办法让别人觉得他比自己聪明，但在做这一切时，必须注意不能让人因此而瞧不起我们，我们要让他们感觉到我们心中拥有自己的尊严，让他们觉得我们是有分量的，这样他们才会尊重我们。"丁先生言之有理，我们认为，尊严是做人的基本准则，是为人处世的底线。维护自己的尊严，也让别人拥有尊严，这是文明社会的基本要求。

（一）自尊的内涵及其本质

自尊指的是意识到自己的独立价值和社会责任，要求尊重人的价值和尊严。从广义上来说包括自尊和他尊。自尊包括自己对自己的尊重，以及他人

---

① 孟昭兰：《人类情绪》，上海人民出版社，1989，第170页。

对自己的尊重，"强调自尊的自主性和自尊主体的自我塑造。"① 首先，对自己个人的存在有意识；其次，对自己和外部环境的关系有认识；最后，进行自我认可，产生自我价值感。自尊有两个维度，"对内"包括尊重自身的物质实体和精神载体，即不断进行自我塑造。"对外"进一步产生维护自身价值的心理防御，即自主的抵制和防范。自尊具有对内、对外的统一性。对内的同一性即是指对自我的正确评价。一方面以自我意识为基础，主动创造；另一方面以自尊为基础，接纳自我，稳定自我情绪。对外的同一性即是指正确认识和处理外部世界。一方面有目的性和责任感；另一方面在自尊和他尊的基础上，拓展和谐的人际关系。对内同一和对外同一，二者相辅相成，在内外环境的共同作用下，形成较为稳定的自尊。在这一过程中，要求自己对他人的尊严和价值的尊重，同时也需要来自他人的尊重。以自己对自身的尊重为基础，要求他人对自身的尊重，构成自尊的完整性。他尊即自己对他人的尊严和价值的尊重。人生而平等，自身的尊严和价值难能可贵，他人的尊严和价值同样值得尊重。他尊体现了自身较高的自尊和人格魅力。他尊能够进一步升华自尊。

从人类的发展历程来看，在野蛮时期，人类就有了鲜明的自尊心。摩尔根在《古代社会》中曾指出"每个人都承认印第安人所具有的那种强烈的独立意识和自尊心。"② 人类社会几千年来，只要存在着意识，就会存在着自尊心。人类拥有自尊心，是区别于其他动物的标志之一，是人之所以为人的表现之一。自尊是人的一种意识。人脑作为人类高度发达的人体组织，是人类意识的物质载体，形成了人类意识的生理基础。人类自从有了意识，开始认知外部事物以及与外部事物的关系，逐渐形成扩大的人与人之间的关系。从最初的自然关系，发展为社会关系，从而开始认识到自我的存在，人类开始有了自我意识就有了自尊心。人与人的差别是精神境界的差别。人的自尊是物质以外的需求，人要求拥有自尊，满足精神上的需求，自尊是作为人的精神底线。人追求物质满足的需要，同时也有自尊的需要，人的自尊以物质为基础。马克思说，"如果世俗生活关系妨碍他满足自己的胃，那么他的胃就成为他的主人，吃饭的欲望就成为固定的欲望，而吃饭的想法就成为

① 吕俊华：《自尊论》，上海文化出版社，1988，第 3 页。
② 〔美〕路易斯·亨利·摩尔根：《古代社会》，杨东莼等译，商务印书馆，2011，第 278 页。

固定的观念。"① 如果让"胃"成为主人，人难以有自尊。所以，人必须要劳动。创造性的劳动决定人的本质，是人的尊严和价值的核心。在劳动中，获得生存的物质基础的同时，追求自尊的精神满足。追求物质富足的人将与物质同朽，自尊之人追求精神满足，他的存在超越时空持续永恒。符合伦理道德和法律规范地追求物质满足，使人的自尊体现得愈加明显。从这一点看，自尊是人生存和发展的伦理道德基准之一。

从横向来看，自尊的心理，人人皆有。在劳动和不断扩大的社会交往中，每个人的自尊心都得到体现。自尊心因外在的因素而体现。自尊是人对自我和外部事物的反映。一方面，具有社会标志的元素不断积累，增强内在的自尊；另一方面，来自他人的心理反应，对其产生自尊的需要。因此，每个人因人而异，表现出或高或低的自尊。

从个人的心理发展来看，自尊的心理，从小到大都有。自尊源自人的本性，一个人，要生存在这个社会上，就需要有自尊的心理需求。人适应社会的过程，也是自尊发展的过程。从学习语言、服装打扮等各个方面获得社会角色和社会地位，从而不断增强自尊。

（二） 自尊是人们前行的巨大精神动力

自尊作为人的精神追求，不仅可以驱使一个人的躯体有行动的目标和方向，而且是一个人在前行过程中百折不挠、屹立不倒的精神支柱。没有了自尊，就难以有自我的价值；没有了自尊，就难以在社会立足。没有自尊，人就只能是没有灵魂的躯壳，没有脊梁地依附在物体上。自尊具有巨大的内在精神动力，它能够产生强大的效应，进而形成个人人格特征，从而由内而外展示出个人特有的人格形象。

自尊催生自由、独立。当人意识到自我的存在，就会产生自我意识，并要求内外一致的自尊。"追求自我一致性的目标可以产生螺旋上升的收益方式。"② 自尊的人，首先是有自由意志的人。在向往自由的过程中，特别注重追求精神的自由，并意识到自身能够发挥主观能动性。以独立的个人，扮演社会角色，融入社会，在社会交往中要求自尊。自尊要求平等、民主。自

---

① 《马克思恩格斯全集》第 3 卷，人民出版社，1960，第 286 页。
② 〔美〕查尔斯·S. 卡佛、迈克尔·F. 沙伊尔：《人格心理学》第 5 版，梁宁建等译，上海人民出版社，2011，第 377 页。

尊源自平等，同时又要求平等。人人生而平等，但现实的不平等更要求人们拥有自尊。每个人都应有的自尊，形成人与人平等的地位，从而互相尊重。物质世界可以不平等，但精神世界的自尊人人有之。自尊同法律、道德和精神一样，成为物质世界以外衡量平等的标尺。以自尊的规定性要求回归平等的本初，并在此基础上进一步以民主易换平等。自尊产生自信。"自信，是在肯定的积极向上的心理机制基础上形成的自觉的自我认识和自我评价。"①当意识到人生而平等的地位和存在的独立价值时，当意识到个人对社会的责任时，就能够进一步形成精神和行动的动力，形成特有的自信，并产生内在的荣耀感和自豪感。自尊使人自立、自强。在自尊的基础上，维护对内的尊严与价值。一方面，对外防御可能的侵入以瓦解自尊精神；另一方面，要求自立、自强。在自信、自尊基础上，形成自立、自强。在认识自身存在和发展的处境，以及个人意识的突破的基础上，要求重新确立自尊或增强自尊的一种责任意识和进取精神。

自尊是一种信念也是一种力量，自尊是一种内在的理念，它看不见，摸不着，然而，我们又可以随时随地地感受到它的存在。屠格涅夫曾经说过："人假设没有自尊，那就会一无价值。"自尊是我们活着的精神支柱，唯有自尊才能赢得自爱、自信、自强。因而，我们要努力维护自尊，实现自我价值。

第一，自尊自信，激发创造。人类社会的文明和进步的历史，就是不断地进行创造活动的历史。但是，由于种种原因，人们对创造力知之甚少，尤其对自身潜在的创造力更缺乏理性的了解，认为创造力只是个别杰出人物的天赋神授，这就给人类的创造活动抹上了一层神秘的色彩。实际上，创造力并不是少数人独有，一切心智健全的人都毫无例外地存在着创造力。正如法国哲学家亨利·伯格森指出的那样：创造力是人类生命本身的属性，对尚未形成稳定的创造力的外在表现的人来说，它只不过还处于一种潜在状态罢了。人的创造潜能是无限的。有人将其比喻为沉浮在汪洋大海中的一座冰山，我们只看到了它露出水面的那隐隐约约的极小部分，而它的绝大部分却被忽视了，被人类自卑的海水所淹没。在现实生活中，人的创造力在各种实践活动中以多种形式展示过它的存在，但人们常常熟视无睹，未加思考和重视，使其自生自灭了。因此，人们只有意识到自己创造潜能的无限性，相信

---

① 尹继佐：《自尊·自信·自强：伦理学研究札记》，上海人民出版社，1992，第109页。

自身拥有激发创造潜能的一切可能性，才会对自己的创造潜力充满信心，才会唤醒蛰伏中的创造意识，激励自身从普通人格向创造人格转化。

第二，尊重他人，促进发展。马克思认为："人的本质并不是单个人所固有的抽象物。在其现实性上，它是一切社会关系的总和。"① 现实的人，一定是从事着某种实践活动的人，而实践活动又并非由单个人进行的纯粹个体行为，它必定是在人们的交互作用中完成的。人们的交互作用是形成人类社会力量的基础。社会交互作用产生一种合力，这种合力大于个人力量之和，是变革社会、战胜自然的巨大力量。这种社会力量是人类通过交互作用产生的特有现象，是其他任何力量不可比拟的，也是社会生活中从事各种活动的人所不可缺少的。那么，这种力量是如何产生的呢？恩格斯指出："历史是这样创造的：最终的结果总是从许多单个的意志的相互冲突中产生出来的，而其中每一个意志，又是由于许多特殊的生活条件，才成为它所成为的那样。这样就有无数互相交错的力量，有无数个力的平行四边形，由此就产生出一个合力，即历史结果，而这个结果又可以看作一个作为整体的、不自觉地和不自主地起着作用的力量的产物。因为任何一个人的愿望都会受到任何另一个人的妨碍，而最后出现的结果就是谁都没有希望过的事物。所以到目前为止的历史总是像一种自然过程一样地进行，而且实质上也是服从于同一运动规律的。但是，各个人的意志……虽然都达不到自己的愿望，而是融合为一个总的平均数，一个总的合力，然而从这一事实中决不应作出结论说，这些意志等于零。相反地，每个意志都对合力有所贡献，因而是包括在这个合力里面的。"② 可见，这个社会的每一个人都应该是"合力"产生的源泉，关键是如何让其喷涌出来。我们认为，尊重他人是激发每个人"合力"意愿的基本前提。人是社会的细胞，社会是由不同的人组成的。我们每个人所从事的职业只有分工的不同，没有高低贵贱之别。从这个意义上说，我们没有理由也没有资格用不屑一顾的态度去轻视他人、嘲笑他人。真正的尊重，应是一种对他人不卑不亢、不仰不俯的平等对待，同时也是一种对他人人格与价值的充分肯定。一个真正懂得尊重他人的人，必然会以平等的心态、平常的心情去面对所有人，不论他是幸运抑或不幸运、成功还是不成功。尊重，如一缕春风，一泓清泉，它能够催人奋进，成为密切人际关系

---

① 《马克思恩格斯选集》第 1 卷，人民出版社，1995，第 56 页。
② 《马克思恩格斯选集》第 4 卷，人民出版社，1995，第 697 页。

的黏合剂。它常常与真诚、谦虚、宽容、赞赏、善良、友爱相得益彰，与虚伪、狂妄、苛刻、嘲讽、势利水火不容。给成功者以尊重，表明了自己对成功的敬佩、赞美和追求；给失败者以尊重，表明了自己对别人失败后的同情、安慰和鼓励。懂得尊重，就会有成功后的继续奋进，也会有失败后的东山再起。只有尊重他人，大家才能携起手来，肩并肩向前走，才能生发"合力"，推动社会不断进步。

五　社会交往是人全面发展的基本途径

众所周知，当代社会，人类日益成为一个相互依赖、相互作用的世界共同体，在当代人类的社会实践中，全世界的交往日益密切，在全球范围内无论是国家之间、组织之间还是人与人之间的联系变得越来越不可分割。无论是在物质生产领域、精神生产领域还是在政治生产领域，人们的交往都在加强。而人的发展目标是实现人的自由全面发展，也就是人的体力和智力包括人的思想道德等都得到充分、自由、统一的发展。在全球化语境下，人们之间的交往更加开放、自主和自觉，这为良好的社会关系奠定了基础，并且有利于推动人的全面发展。

（一）社会交往的内涵及其特征

社会交往是人的一种存在方式。人并不是作为个体而独自在社会中存在和发展的，人要想有效地生活，就必须与他人发生联系。只有社会交往才能解决人作为个体的有限性和人的需要的多样性之间的矛盾。即使是最为基本的人自身的再生产，也须通过个体之间的交往与合作方能进行。人们通过社会交往联合起来获得更大的联合力量，来弥补自身的不足并达到目的，促进人的生存和发展。

关于社会交往的研究有着悠久的历史，中国古代和古希腊的思想家们都有过相关的论述，但是，这些研究都因为浅尝辄止，而无法帮助人们全面客观地认识社会交往。只有到了近现代，马克思、恩格斯和哈贝马斯对社会交往的研究，才使得人们对社会交往的认识逐渐清晰起来。

马克思虽然没给社会交往下过明确的定义，但对社会交往问题却有着丰富的论述。在《1844年经济学—哲学手稿》中，他把人们交往关系的异化和劳动联系在一起。此后马克思批判把人的本质归结为单个人的抽象物和忽视实践的观点。他从社会交往关系的角度去探讨人的本质，并且指出了社会交往关系形成的出发点。在《德意志意识形态》中，马克思阐述了生产与交往的关系，即生产决定交往的形式，生产是以交往为前提的。他还将交往分为物质交往和精神交往，着重探讨了物质交往的作用和意义。在《1857～1858年经济学手稿》中，马克思明确说明资本导致人与人交往关系的异化，并将社会交往关系划分为三种形态："人的依赖关系，是最初的社会形态……以物的依赖性为基础的人的独立性，是第二大形态……建立在个人全面发展和他们共同的社会生产能力成为他们的社会财富这一基础上的自由个性，是第三个阶段。"① 他明确指出："被物化和异化了的交往是资本主义社会交往关系的主要特征。"② 在《资本论》中，马克思进一步阐述了社会交往的三种形态，"古代社会自在的人的依赖关系、现代社会自为的人的矛盾关系和理想社会自由的人的和谐关系。"③ 马克思还指出："社会不是由个人构成，而是表示这些个人彼此发生的那些联系和关系的总和。"④ 他从主体间的交往关系出发看待社会发展的历史进程，综观整个人类的发展历史，交往的广度和深度与人类社会的发展和进步是相伴的。在马克思晚年的著作《人类学笔记》中，他着重探讨了人类初期的社会交往状况。他认为，由于受到当时自然条件等因素的限制，人类早期的社会交往状况与人的生存本能的联系十分紧密。

哈贝马斯是法兰克福学派的代表人物，他提出的交往行为理论影响深远。他致力于交往理性的批判原则，他认为要想解决现代社会危机就要弘扬交往理性，"交往理性内蕴于以语言为媒介的相互理解的交往结构中。语言原初地蕴含着有效性要求，即合理性的要求，这就是哈贝马斯所说的交往理性的基本内涵"⑤。哈贝马斯认为虽然劳动是人类生活的一个重要方面，但是人与动物最根本的区别在于使用语言，语言与交往才使人与动物有决定性的差异。他指出："交往行为是运作于生活世界境域内的行为，交往理性首先是生活世界的交往合理性，生活世界是政治、经济等系统所依赖的历史舞台。"⑥

① 《马克思恩格斯全集》第 3 卷，人民出版社，1980，第 410 页。
② 《马克思恩格斯全集》第 3 卷，人民出版社，1980，第 411 页。
③ 《马克思恩格斯全集》第 46 卷，人民出版社，1979，第 393 页。
④ 《马克思恩格斯全集》第 46 卷，人民出版社，1979，第 394 页。
⑤ 姜爱华：《马克思与哈贝马斯交往理论的本质区别》，《辽宁大学学报》（哲学社会科学版），2008 年第 2 期，第 7 页。
⑥ 姜爱华：《马克思与哈贝马斯交往理论的本质区别》，《辽宁大学学报》（哲学社会科学版），2008 年第 2 期，第 8 页。

哈贝马斯基于对交往行为的语用学分析，实现了交往问题研究的语言学转向，无疑丰富了交往理论研究的视域。理性是在语言沟通活动中的互属互动理性，是具有反思和批判功能的实践理性。哈贝马斯不仅通过重新界定理性，彰显了"主体间性"思维方式的道德实践意义，而且质疑并批判了传统的以"主体—客体"的思维方式为核心的工具理性，从而实现了对交往行为的思维方式的变革。

马克思认为物质交往是其他交往的基础，而哈贝马斯则不是从物质生活这个角度去考察。"他对马克思的'劳动'这一概念进行批判性考察，提出了他借以'重建'历史唯物主义的交往范畴，并以此为核心创立了交往行为理论。"① 哈贝马斯指出虽然劳动是人类生活的一个重要方面，但是人与动物最根本的区别在于使用语言，语言与交往才使人与动物有决定性的差异。"哈贝马斯是要以语言为媒介的交往行为取代马克思物质劳动在社会历史中的基础地位，从而实现对历史唯物主义重建。在这里，最本质的一个环节就是交往理论的出发点由物质生产的个人转向了语言交往的个人。"② 马克思和哈贝马斯对社会交往问题的研究虽然都把坚持实践的基础地位作为自己理论的基础，但不同在于坚持以何种实践为基础，马克思坚持物质生产实践的基础地位，而哈贝马斯坚持语言行为的基础地位并把物质生产实践和交往对立起来，其实对于语言，马克思并没有否认语言的实践本质，语言是生产实践的产物，是交往的产物。

总结前人关于社会交往问题的主要观点，我们认为，社会交往是人的一种存在方式，社会交往分为物质交往和精神交往两种类型，物质交往是精神交往的基础。社会交往对生产的发展有重要的意义，生产与交往共同构成社会实践活动的两个方面。社会交往具有互主体性的特征，它是人们建立良好社会交往关系的基础。社会是在人们交往活动中产生的社会关系的基础上形成的。社会交往是社会实践活动的一个方面，人的发展离不开社会交往，人们如何交往会影响人的发展，交往范围的扩大会使人的发展更全面。在此基础上，有学者将社会交往做出如下界定。"所谓社会交往，是指在一定的历

---

① 艾四林：《哈贝马斯交往理论评析》，《清华大学学报》（哲学社会科学版）1995 年第 3 期，第 13 页。

② 龚群：《道德乌托邦的重构——哈贝马斯交往伦理思想研究》，商务印书馆，2003，第 146 页。

史条件下，人与人之间相互往来，进行物质、精神交流的社会活动。"① 由此概念可以看出，社会交往受社会历史条件的制约，人们在不同社会历史条件下，社会交往的方式、内容、程度和范围等都会发生改变。如今已是信息社会，人们的社会交往活动也深深地打上了信息化的烙印，与传统的非信息化的交往活动相比，信息化的社会交往活动主要表现为以交往手段的信息化为基本特征的一些新特点。

第一，交往手段的信息化。这主要表现在对交往信息的处理和交往信息的传输上。无论是物质交往还是精神交往，或者两性交往，其实质都是人们之间对实物信息或意义的传递活动。电子计算机在对高密度和大容量的信息进行存储，以及对高速度、高精度的信息进行处理和加工方面具有无可比拟的优越性，而且计算机"能作为相对独立的主体，根据人的意图自动、快速进行信息和知识的采集、存储和加工处理活动。"② 与其他交往手段相比，对于日益扩大化和复杂化的当代交往来说，计算机的出现，真正实现了信息的自动化处理。互联网络的快速发展，把世界连接成一个"地球村"，并且成为有史以来人类最大的交往和沟通媒介。与传统信息传输方式相比，人类迄今能够运用的所有媒体包括声音、文字、动画、影视等都可以在互联网上方便迅速地传播，为人们提供了一个很好的沟通"界面"。

第二，交往主体的虚拟化。传统社会交往一般受到地域、身份和利益的限制，交往主体大都限于权力、地位、职业和利益相近的社会阶层。借助于信息化的交往手段，当代社会交往的主体不再仅仅限制在纯粹熟人之间，陌生的，不同阶层、民族、地域、语言的人都可以通过网络发生交往。网络行动主体可以同世界任何地方的任何网络主体进行互动，而且可以同时进行一对多、多对多以及多对一的交往互动。同时在网络空间中，交往主体逐渐表现出一种虚拟化的特征。"通过计算机互联网的数字符号显示，以'数字化'的方式在现实空间之外构筑一个与现实空间相映照的虚拟空间，或者是在现实事物之外，构筑一个与现实事物相对应的虚拟事物。虚拟并不是凭空捏造。虚拟是通过电脑语言将现实具象数字化。"③ 网络空间中交往主体的虚拟性，使得他们在网络社会中建立自己的身份时，完全是根据自己的愿

---

① 胡利国：《社会交往理论初探之果》，《前线》2002 年第 11 期，第 63 页。

② 李素霞：《交往手段革命与交往方式变迁》，人民出版社，2005，第 139 页。

③ 张华金：《数字化与人文精神》，上海三联书店，2003，第 90 页。

望、需要、偏爱和厌恶，当他们在网络空间进行交往时，很大程度上摆脱了现实社会对人的身份、地位的限制。这种"虚拟性"不是"虚幻"的，他们的主体性是真实存在的。网络主体的这种虚拟性使得他们在交往时很可能是出于共同关心某一领域或是出于共同的兴趣爱好而进行的自由交往，而不是出于功利目的。

第三，交往范围的全球化。交往是人的社会本性，尽管从人类社会摆脱原始社会以来，各民族之间，各国家之间的社会交往和交流一直未隔绝过，但从来没有像当代社会这样范围广阔和频繁。科学技术的发展使人们的交往突破了地域限制，互联网络的应用和普及把世界变成了一个"地球村"，人们可以借助互联网络，依据个人的意志建构个人的社会联系，形成跨国性、国际性乃至全球性的关系网络。普遍的、全球性的交往已经成为可能。

第四，交往内容的全面性。随着信息化交往手段的使用，当代社会交往在内容上呈现出前所未有的全面性、活跃性，不但包括物质交往和精神交往两大类型，而且涉及政治、经济、文化等各领域。以经济为目的的交往是各国之间交流的动机，互联网、跨国公司的发展促使全球经济一体化。跨区域的全球范围的资本流动在当代世界经济领域中成为最活跃的经济现象。可以说，社会生活有多少种类型，当代社会交往就有多少种样式，社会生活有多少个层面，当代社会交往就有多少个界域。

（二）社会交往为人的全面发展创造条件

在《关于费尔巴哈的提纲》中，马克思指出："人的本质并不是单个人所固有的抽象物。在其现实性上，它是一切社会关系的总和。"[1] 马克思认为，人的本质规定了人的全面发展的特定内涵，所谓人的全面发展，就是"人以一种全面的方式，也就是说，作为一个完整的人，占有自己的全面的本质。"[2] 它体现了作为目的本身的人的本质力量的全面发展以及人性的全面生成和丰富：是人的需要、人的能力、人的社会关系、人的个性等方面全面的发展。人的全面发展应该是一个随着历史发展、时代进步而逐步提高、不断前进的过程。

与人的本质和人性的丰富内容相联系，作为人的本质力量的全面发展以

---

① 《马克思恩格斯选集》第 1 卷，人民出版社，1995，第 56 页。
② 《马克思恩格斯全集》第 42 卷，人民出版社，1979，第 123 页。

及人性的全面生成和丰富的"人的全面发展"表现出多方面的规定性：第一，是人的需要和能力的全面发展。恩格斯说过，人的全面发展，就是要使社会全体成员的能力得到全面的发展，这里所说的能力包括丰富的内容，既包括人的体力，也包括人的智力。第二，人的素质的全面提高和个性的自由发展。自由个性是指人与人在特性方面的差异。个性充分自由地发展，每个人就都成为充分自由而又各具特性的人。第三，人的社会关系的全面丰富、社会交往的普遍性和人对社会关系的全面占有与共同控制。人向全面性方向的发展，是通过创造全面的社会关系达到的。社会关系是劳动实践活动的展开，社会关系实际上决定着一个人的发展程度，"个人的全面性不是想象的或设想的全面性，而是他的现实关系和观念关系的全面性。"① 人类初期不发展的特征之一，就是个人没有丰富的社会关系，在范围上主要囿于血缘和地缘关系，在内容上由于活动本身的不发展，社会关系呈现出简单、贫乏的特征。人的社会关系的全面丰富必然包含着人的社会交往的普遍性。交往是人的社会本性，个人必须积极参与社会生活多方面多领域多层次的交往，与无数的其他个人进行物质和精神生产的普遍交换，才有可能使自我的社会关系由贫乏变得丰富，由封闭变得开放，由片面变得全面，使个人摆脱个体的、地域的和民族的狭隘性，个人越来越成为世界历史中的个人，同整个世界的生产发展实际相联系，能够利用人类生产的一切积极成果丰富和发展自己。那么，社会交往如何促进人的全面发展呢？

第一，物质交往为人的全面发展奠定物质基础。物质交往是指在一定的历史条件下，人与人之间互相往来，进行物质交流的社会活动。马克思和恩格斯在《德意志意识形态》中曾指出，"共产主义只有作为占统治地位的各民族'一下子'同时发生的行动，在经验上才是可能的，而这是以生产力的普遍发展和与此相联系的世界交往为前提的。"② 就人与社会、他人的关系而论，从质的方面来讲，人的这方面关系的全面性体现为人对这种关系的自由占有，具体表现为人与社会间关系的和谐。从量的方面看，个人由于生产力的发展，彼此产生全面的依存关系，并通过积极参与，广泛的交往与联系，同无数其他的个人进行普遍的交流，消除了民族、地域等局限，实现了对全社会的、世界的生产和关系尽可能多地占有。其结果是个人在高度

---

① 《马克思恩格斯全集》第46卷（下），人民出版社，1979，第36页。
② 《马克思恩格斯选集》第1卷，人民出版社，1995，第86页。

丰富的社会关系中，形成自己丰富多彩的社会本质，以实现人的全面发展。

第二，精神交往为人的全面发展提供精神文化条件。精神交往是指在一定的历史条件下，人与人之间进行精神交流的社会活动。精神交往的内容是思想、意识、情感和情绪等精神性活动。精神交往促进语言的传播及其发展。相对而言，精神交往更需要通过彼此的交流达到思想沟通的目的，因而将会更大程度上促进语言的传播和进一步发展。精神交往促进人类文明成果的不断延续。由于一切生产工具的迅速改进，由于交通的极其便利，人们之间广泛的社会交往，把一切民族甚至最野蛮的民族都不自觉地被卷到文明中来了，物质的生产是如此，精神的生产也是如此。各民族的精神产品成了公共的财产。

第三，政治交往为人的全面发展提供制度保证。政治交往是指在一定社会历史条件下，人们在社会政治生活中进行政治意识、政治制度和政治行为的交往。政治交往的普遍发展是社会全面发展和进步的重要标志，是物质交往、精神交往及整个社会交往系统的主导和保证。政治交往的普遍发展为物质交往提供了良好的社会条件和政治、法制保证，并且决定着精神交往的性质和方向，催生新的思想、观念，激发新的精神风貌和价值取向，规范和引导新的行为模式和社会关系模式。因为无论是物质交往还是精神交往，都需要与之发展相适应的政治环境和政治制度。从政治交往成果的积淀——政治文明角度而言，政治文明是在一定社会形态中关于民主、自由、平等以及人的解放实现程度的体现，是社会文明的重要组成部分。政治文明的发展和进化过程，是对政治权力及其资源合理整合的过程。今天，我们建设社会主义政治文明，既体现为不断建设和完善的制度规范，又表现为一种不断提升和发展的思想理论；既体现为社会各个层次间井然的秩序，又表现为人们普遍享有平等、民主、自由等权利的复杂关系；既体现为社会管理者以及社会成员政治上的高素质，又表现为对人类共同的现代文明基本原则的尊重和崇尚。

第四，网络交往为人的全面发展提供技术支持。网络交往是社会历史发展至21世纪，物质交往与精神交往相结合的最突出产物。网络技术是以计算机的互相联系为支持系统的当代最先进的科学技术，是人们超越时空范畴进行交往的中介系统。网络改变了传统的交往模式，拓宽了交往的空间，赋予人类交往以全新的内涵，深刻改变了人与人、人与社会的各种关系。科学技术的突飞猛进，凸显了网络交往的全球性、普遍性和无限性的现代化意义，世界在网络中变成了一个小村庄，人们在这个地球村中缔结"信息之缘"。网络时代的个人由于掌握了似乎无所不通、无所不晓、无所不能的信息技术手段，跨越了原来横亘在日常生活、社会生产和社会交往之间的鸿沟，更容易组织或参与社会的生产和交往，因而拥有了更大的自由空间。信息网络在社会系统中的广泛应用，使得社会组织、社会结构的管理和运行方式发生了变化，社会组织、社会结构的协调和整合更加快捷和有效。信息网络正在创造着具有新特点的社会组织和社会结构，创造着与以往不同的社会联系和社会关系。同时网络交往提高了人类破译自然和人类自身的能力，铸就了当代社会所需要的开放思想、创造精神、创新意识和共享意识，体现人类超乎想象的精神自信、生命自由。网络化的巨大的物质和精神价值体现在：它把整个社会的进步，包括经济、政治、精神等文明的演进与人的全面发展统一起来，不仅创造了知识经济的辉煌，加速了社会生产力的发展，而且使人与人之间的交往关系越来越具有整体性和普遍性。

以上各种类型的社会交往成为促进人的全面发展，促进人类文明整体发展的强大力量。新时期社会交往的发展对人的全面发展起着重要的促进作用。其中物质交往与精神交往是一切社会交往的基本形式，物质交往是一切交往的基础条件，在所有社会交往类型中占主导地位。政治交往、网络交往和两性交往是社会交往从宏观向微观的拓展，是物质交往和精神交往相结合的产物，是时代进步和发展的必然。

六　休闲活动是人们高品质生活的需要

尽管"休闲"一词在现代汉语中才出现，但客观上休闲活动作为一种生活方式在古今中外都由来已久。例如，古代统治阶级的修庙、狩猎、行宫，普通百姓的喝茶、听戏、下棋、猜谜，古罗马人修建澡堂、剧院、竞技场，古埃及人舞蹈、奏乐，看戏剧等，这些都属于休闲活动。在现代社会，随着经济和科技的发展，休闲活动也已成为我们生活中的必要组成部分，人们休闲活动的方式和内容正呈现多样化的特征，休闲活动的质量越来越成为衡量人们生活质量的重要指标。

（一）休闲活动的内涵及其类型

休闲活动，也可以简称为"休闲"。在古汉语中，并没有"休闲"一词，按照字面意思来看，"休"是人倚靠在木头上休息，是一种停止劳作的行为方式。"闲"，通常引申为范围，又有限制约束之意，也通"娴"，具有娴静，以及思想的纯洁与安宁的意思。① 在现代汉语中，休闲与闲暇、休憩等词义相近，我们通常所说的休闲有休息和闲适两层意思，一般指轻松自如的生活状态。在英语中，将休闲称为"leisure"，意为在非生产劳动时间内的自由活动和自我发展。

可见，在不同的历史背景和文化背景下，人们对于"休闲"的理解虽有些许相同点，但更多的是差异。这些对"休闲"的理解和解释都无法恰当、完整地表述我们当前的休闲活动，因此，随着人们生活方式的变革和认识水平的提高，我们对休闲活动也应该有新的界定。美国学者杰弗瑞·戈比研究发现，当今学术界对于"休闲"的定义，普遍由四种语境出发，即时间、活动、存在方式和心态，任何单一的角度都无法完整恰当地对"休闲"做出界定。

第一，休闲是人在自由时间内进行的。一般而言，人的时间可以分为三部分，即个人生理必需时间，个人生活必需时间和自由时间（也可称作闲暇、空闲时间）。生理必需时间通常指睡觉、吃饭等维持生命的时间，生活必需时间通常指劳作、工作等维持生计的时间，休闲活动一般是在扣除这两部分时间后所剩余的自由时间内进行的。布莱特比尔认为，休闲是去掉生理必需时间和维持生计所必需的时间之后，自己可以判断和选择的自由支配的时间。② 这里把休闲等同于自由时间，即闲暇、空闲。其实不然，人人可以有闲暇或空闲，可并非人人都可以休闲。闲暇或空闲是休闲的时间前提条件，人有了闲暇或空闲，才可以进行休闲，而闲暇和空闲的本身是时间概念，所以不能与休闲混同。

第二，休闲是在自由时间内的活动或体验。休闲可以是各式各样的活动和体验，比如旅游、上网、喝茶、读书等可以让我们经历、体会和感受事物，而不是使自己单纯地"闲"。"闲"可以是什么事情都不做。可是休闲就一定要有活动或体验的填充才能得以实现。杜马哲迪尔认为，"休闲是指人们从工作、家庭、社会的义务中摆脱出来，为了休息、转换心情、增长知识而自发性地参与可以自由发挥创造力的任何社会活动的总称。"③ 因此，

① 马惠娣：《休闲：人类美丽的精神家园》，中国经济出版社，2004，第77页。
② Chalas Brightbill：The challenge of Leisure, New Jersey, Prentice Hall, 1963, p.4.
③ Joffre Dumazedier：Toward a Society of Leisure, New York, The Press, 1967, pp.16–17.

对于休闲的界定不能离开活动或体验。

第三，休闲是以让个体本能感觉有价值、有意义的方式存在。休闲的存在方式一般也被理解为休闲的状态。休闲常被认为是以一种平静、从容、忘我的状态存在。这种定义一般是从对时间感知的角度出发，是平静、从容、忘我侧重于强调休闲的不筹划时间、不疾不徐的状态。但是，如果在自由时间里做出一些损害自身身心健康的，甚至是破坏家庭、危害社会的事，即使做出这些事的人也是平静、从容、忘我的，那也还能称之为休闲吗？答案是否定的，因为这些事情实质上对个体是无价值、无意义，甚至有负面价值、消极意义的行为。从这个角度看，休闲应该是一种对于休闲主体有价值、有意义的活动，这些活动是以自我尊重、自我成就、自我实现等正面价值的方式存在的。

第四，休闲是一种令自己身心愉悦、感到幸福的自主的行为。并非一切在自由时间内所从事的活动都属于休闲活动。首先，休闲活动必须是做自己兴致所至、令自己感到愉悦幸福的事。德国学者约瑟夫·皮柏说："休闲乃是一种心智上和精神上的态度——它并不只是外在因素的结果，它也不是休闲时刻、假日、周末或假期的必然结果，它首先乃是一种心态，是心灵的一种状态。"[1] 因此，休闲应该是心灵上的一种愉悦、幸福的情感需要，是心灵对探索快乐的状态。其次，休闲活动是一种自主的行为。R. 皮尔斯认为："休闲是自愿性而非强迫性的活动。"[2] 因此，自主性意味着人们可以自由选择的自由活动，但这并不意味完全的自由，它还要受到社会基本规范的约束。

综上所述，我们可以将休闲活动定义为：在扣除生活必需时间与生理必需时间的自由时间内，个体自主的以一种自我感觉有意义、有价值的方式，去做的令自己内心愉悦、感到幸福的活动。

现代社会，随着经济、科技的发展，休闲设施的增多，各式各样的休闲活动层出不穷。按照休闲活动本身的特性，我们可将其分为消遣娱乐类、体育健身类、教育发展类、社会活动类等休闲娱乐活动。

消遣娱乐类主要有：唱歌、跳舞、看电影、看电视、上网、游戏、逛

---

[1]　张媛、楼嘉军：《休闲概论》，上海交通大学出版社，2012，第24页。

[2]　Pierce. R：*Dimensions of Leisure Ⅲ*：*Characteristics*，Journal of Leisure Research，1980（12），pp. 273 - 284.

街、喝茶等纯粹休息放松的观赏游乐类活动方式，也可以包括旅游、度假等活动方式。体育健身类主要有：跑步、游泳、打球、跳操等一般性健身运动活动方式，还有蹦极、探险、攀岩、漂流等具有挑战性的体育运动活动方式。教育发展类主要有：参观博物馆、纪念碑、展览馆，研究花、草、虫、鱼，学习琴、棋、书、画，做艺术设计、时尚设计等使主体增长知识、发展自我的活动方式。社会活动类主要有：社团组织、社区组织、公益组织、传统节日活动、文化节活动等聚会性、多人参与交流的活动方式。

（二）休闲活动促进人们身心健康

作为一项古已有之的人类活动，休闲活动随着社会的发展和人类文明的进步越来越受到人们的重视，这与其本身对人们的身心发展所具有的重要价值是密不可分的。

第一，休闲活动有利于身体的放松、恢复。这是休闲活动的生理价值。相对于劳动时间中身体的疲惫和紧张，在自由时间内的休闲活动可以看作是劳动疲惫之后的恢复性活动。当今社会，人们对于健康问题越来越看重，失去了健康，家庭、爱情、工作、财富都失去了意义。然而，现状却并不容乐观，亚健康人群不断扩大，越来越多的上课族、上班族受其困扰，在日常生活中表现出浑身乏力、萎靡不振等不良状态，对于这种状况，最好的治疗方式就是改变不良的生活习惯，重视休闲活动，通过休闲活动调节身体的疲倦状态。相关研究表明，对非工作生活越满意的人，其头痛、胃痛等症状越少，多参与运动类型休闲活动，如打球、跑步、游泳等，能增强身体的免疫力，促进血液循环，减少慢性病的发作，因此，休闲活动对于人们摆脱亚健康状态，增强体质有重要作用。

第二，休闲活动能够促进心情愉悦。这是休闲活动的心理价值，它可以从放松功能和娱乐功能两个层面体现出来。首先，休闲活动能使个体得到精神的满足、心灵的放松。生活的快节奏在给人们带来生理问题的同时，也带来了心理问题。心理问题主要来源于压力，而压力主要来源于在生活中我们不得不做的事情，例如学习和工作。压力很容易使人们产生精神紧张和焦虑等问题，如果这些负面情绪不能及时被排解，则很容易造成心理问题。休闲活动可以帮助我们在紧张的、强制性的学习和工作生活中暂时摆脱出来，获得喘息的机会，释放自己的不良情绪，使心灵得到休息和放松。例如，西方国家为减轻从业人员工作压力，实行"年带薪休假制度"，给人们提供更多休闲的时间，放慢工作的节奏。另外，近年来，许多旨在促进人心理健康，缓解精神压力的休闲疗法被运用于解决人们的心理问题，比如音乐疗法、瑜伽疗法等。这些做法都肯定了休闲活动在调节个体心理压力和放松心情方面的重要作用。其次，休闲活动有娱乐功能。我们通常习惯将休闲活动称为休闲娱乐，可见，娱乐功能是休闲活动的重要属性。但娱乐并不等于休闲，通常认为娱乐是工作的反义词，人在工作疲倦后去娱乐，娱乐后又投入工作，因此，娱乐依赖工作而存在，它的目的是为了获得快乐，注重消遣、游乐和嬉戏，它属于一种使心理获得愉悦的休闲行为。因此，通过一些游憩、游戏、玩耍等休闲娱乐活动，可以使个体获得心理上的轻松、愉快。

第三，休闲活动能够激发人们的创造性。这是休闲活动的发展价值，它主要强调休闲的创造性功能。人们在从事日常的工作、学习和生活中只能发挥自己所从事的领域内的才能，这些才能只是人的部分的才能，所以仅从事工作和学习则个人无法实现全面的发展。通过休闲活动，人们可以得到个性的张扬、知识的丰富、素质的提高和人格的完善，从而实现自我发展价值。很多休闲活动需要参与者的创造力和想象力，比如摄影、文学、书画、音乐等，人们在体验这些休闲活动时不仅能放松身心，还可以利用自己的作品诠释自己的个性。一些知识性的休闲活动可以扩展个人的知识和经验，比如阅读、动植物研究等。同时，即使有一些休闲活动本身并不具有很高的知识性，但在休闲活动过程中个人可能会遇到一些问题，个人在兴趣和好奇的驱动下去寻求问题的答案，也可以达到增长知识的效果。同时，还有一些高雅的休闲活动可以帮助人们养成良好的行为习惯，提升个人的素质，完善个人的品格等。总之，人们在体验各式各样的休闲活动时，也使自己的能力不断得到开发，实现自我的全面发展。

第三章
精神需求是当代大学生的主导性需求

当代大学生是祖国建设所需要的高素质人才的主要后备力量，肩负着实现社会主义现代化和中华民族伟大复兴的"中国梦"的神圣使命，他们的素质如何，在很大程度上决定着中华民族在未来世界格局中的地位和作用。但大学生的素质决不是空中楼阁，它不但是多种外在因素综合作用的结果，而且深深扎根于大学生的精神生活，是大学生利用家庭、社会和学校提供的各种条件，通过自身的认识和实践活动而逐渐形成的。这就要求我们深入到大学生的精神生活中去，了解和熟悉大学生的精神需求状况，把握大学生的主导需求倾向，发现和分析大学生精神生活存在的问题，如果撇开大学生的精神生活，素质教育便成了一句空话。

一 精神需求是大学生健康成长的"引擎"

大学生正值青春年华，他们爱做梦敢幻想，充满着对知识的渴望、对爱情的渴求、对实现人生价值的期待，我们应当充分认识满足大学生精神需求的重要性，以及对引领他们健康成长的重要意义。

（一）精神需求以"内在尺度"的方式引导大学生确定价值目标

大学生群体是最具想象力和创造力的群体，他们总是对未知的广阔世界充满好奇，有着强烈的探知欲，他们希望发挥自身的潜能，认识世界和改变世界，从而实现自身的价值。精神上的渴求实际上就是大学生在思想意识领域的"匮乏"状态，正是这种匮乏状态造成了大学生内心的紧张和不安。为了解除这种紧张和不安，大学生对外部世界产生了一种"嗜欲力"，这种嗜欲力驱使大学生与外部世界发生联系，寻求价值客体，这就是大学生行为动机和意向产生的根源。然而，要满足大学生的精神需求，解除大学生与外部世界的匮乏和紧张状态，大学生必须在自觉的目的指导下实际地改造外部世界，把外在于己的"自在之物"转变为"自为之物"。而大学生一旦自觉意识到自身的种种精神需求以及外部世界的属性，这种精神需求就可以通过动机而直接转换为目的性。"一个客体如能满足某种需要，就会在人的意识中作为目的表现出来。"① 在精神需求的驱动下，大学生确定认识目标和实践目标，借助一些工具，改造外部对象，创造使用价值，使自身的精神需求得到满足，解除内心的紧张和不安，实现生理和心理的平衡。

（二）精神需求以"内在尺度"的方式激发大学生的活动积极性

现代认知心理学表明，任何信息的选择都不可能超出主体自身的知识结构和认知图式的范围，但在特定的认知水平下，主体优先选择什么样的信息，是与特定的精神需求密切相关。任何主体都会选择自己最需要的信息，精神需求成为主体进行价值选择的"内在尺度"，也是主体进行认识和实践活动的积极性源泉。在信息化社会，大学生作为时代的"弄潮儿"总是喜欢在信息的海洋中遨游，在巨大的信息宝库中乐而忘返。然而，他们对信息的加工能力却是十分有限的，只能根据自己的能力和需要对其中一小部分信息进行加工。如果他们发现没有符合自身需要的信息，大学生的行为活动就会因为缺乏动力而难以持久。一旦他们发现某一信息对自身具有十分重要的价值，大学生就会对这种信息产生极大的兴趣，促使他们对这些信息产生稳定、集中和持久的注意力，并激发他们去探知这些信息的来源、作用和影响力。因此，我们就不难理解，在现实的大学校园里，为什么那么多的大学生沉溺于互联网络的虚拟世界中，甚至不惜牺牲课堂学习和必要的睡眠时间。正是因为大学生对互联网络所提供的信息产生了浓厚的兴趣，才使得他们成为离不开手机的"低头族"，成为大学校园里一道独特的风景。

（三）精神需求的强烈程度决定着大学生认识和实践活动的勇气和胆量

人类认识和实践活动的进步取决于不断地创新，创新就需要冒险，要创

---

① 〔苏〕彼得罗夫斯基编《普通心理学》，朱智贤等译，人民教育出版社，1981，第128页。

新和冒险就必须要有足够的勇气和力量，就需要有强烈的精神需求的刺激。无论从年龄特征还是从知识结构来看，大学生毫无疑问是最具创新精神和冒险精神的群体，他们常常因为认识和实践活动的客体能够带来"超常价值"而产生"超常竞争"意识，为了成功而甘于冒险。现代西方资产阶级经济学家大都认为，人类追求财富和享受的欲望是人的行为的动力。然而，创新理论大师熊彼特和吉尔德则认为，在欲望、需要的驱动下所产生的创新意识和冒险精神超越了利己性和"经济人"的局限，是社会进步的真正动力。康芒斯也认为："欲望，有各种痛苦甚至死亡本身作为它的武器，支配了劳动，鼓起了勇气，激发了远见，使人类的一切能力日益发达。"① 这里提到的欲望和需要并非就是基于生物本能的需求和人们第一时间所想到的"肉欲"。尤其是在现代社会里，随着人们认识水平的提高和人类文明的进步，精神需求越来越占据着人们的头脑，而最具抱负、怀揣梦想的大学生们更是将实现自身的全面发展作为重中之重，他们对知识、信仰、爱情、人际交往、成就、娱乐等方面的精神需求超越了同时代的任何群体。当他们在追求这些方面的精神需求过程中体验到成功的巨大喜悦时，潜藏在他们内心深处的创新意识和冒险精神就会持续地喷涌而出，推动着他们向着未知的领域大胆开拓。

二　大学生精神需求内容丰富多彩

大学生正处于身心发展的重要时期，他们不仅需要更多的物质条件促进生理的健康发展，而且需要多种多样的关爱来迎合他们的精神需求，以满足他们在心理、思想、精神等方面的全面发展。

（一）与物质需求相比较，大学生更加关注精神需求

在以往物质资料匮乏、文化不够发达的情况下，人们主要将注意力放在满足物质需要上，精神生活需求是次要的甚至是可有可无的。可是，进入21世纪以后，我国已进入全面建设小康社会阶段，这标志着大多数人的基本物质生活条件已得到改善，而更高层次的精神生活需求将更加迫切。这一点越来越清晰地成为全党和全国人民的共识。党的十六大报告明确提出把

---

① ［美］康芒斯：《制度经济学》（上），商务印书馆，1962，第276页。

"丰富人们的精神世界，增强人们的精神力量"当作全面建设小康社会的重要任务之一。党的十七大报告则进一步明确提出"丰富精神文化生活越来越成为我国人民的热切愿望"，表明了我们党对人民群众精神文化生活需求重要性的认识又上升到了新的高度。党的十八大则把全党对人民群众精神文化生活需求重要性的认识落实为具体行动，提出通过"广泛开展理想信念教育，把广大人民团结凝聚在中国特色社会主义伟大旗帜之下，大力弘扬民族精神和时代精神，深入开展爱国主义、集体主义、社会主义教育，丰富人民精神世界，增强人民精神力量"，最终实现"让人民享有健康丰富的精神文化生活"的目标。由此，发展人们的精神生活，满足人们的精神需求，提高人们精神生活的质量，增强人们的精神力量就成为我国当前及今后社会发展的一项重要任务。在这样的时代背景下，我们也高度关注当代大学生在追求什么？是物质还是精神？在此次抽样调查中，我们为当代大学生设计了这样一个问题："物质需求或精神需求在你的整个需求中占多大比重?"在所有3529份有效样本中，回答情况如表3-1所示。

表3-1 大学生物质需求与精神需求的比重

单位：%

名　称	百分比
物质100%	6.2
精神100%	7.2
物质占50%以上，精神占50%以下	28.7
精神占50%以上，物质占50%以下	33.3
物质与精神各占50%	24.6

如表3-1所示，我们可以看到，按照比例的高低，依次是：33.3%的大学生选择"精神占50%以上，物质占50%以下"；有28.7%的大学生选择了"物质占50%以上，精神占50%以下"；有24.6%的大学生选择"物质与精神各占50%"；有7.2%的大学生选择了"精神100%"；有6.2%的大学生选择了"物质100%"。这组数据说明，当代大学生基本能够辩证地看待物质需求与精神需求在大学生活中的重要性，单纯追求物质和单纯追求精神的选择比例都不足两位数，绝大多数的大学生都能够兼顾物质需求和精神需求，相对而言，当代大学生们更加重视对精神的追求，体现出大学生们的选择与时代发展的趋势一致的走向。究其原因，我们可以这样理解：在我

国于 2000 年实现建设小康社会的"第二步"战略构想后，我国绝大多数家庭都已经拥有了更多的物质积累，物质生活不再是困扰人们的首要问题，家庭用于教育经费的支出基本得到了保障，即使有部分家庭出现了一些困难，也可以充分利用国家出台的有关奖助学金政策供养孩子上大学，所以，当代大学生在学期间也就不再受物质方面的困扰，可以集中精力完成学业。

（二）大学生的精神需求多姿多彩

为了了解当代大学生们精神需求的基本情况，我们设计了这样一个问题："社会转型时期大学生的主要精神需求是什么？"在所有 3529 份有效样本中，回答情况如表 3 - 2 所示。

表 3 - 2　社会转型时期大学生的主要精神需求的比重（可多项选择）

单位：%

名　称	百分比
学习知识	28.1
获取爱情	32.1
自尊	8.3
人际关系交往	12.2
休闲娱乐活动	48.5
信念价值观	11.6
实现自我价值	40.2
其他	6.7

通过表 3 - 2，我们可以看到，当代大学生精神需求的内容是丰富多彩的，既有较为直观的休闲娱乐、求知等需求，也有极为抽象的深层次的信念价值观等方面的需求。从这项可多项选择的调查结果来看，当代大学生的精神需求排序为：休闲娱乐活动需求为 48.5%；实现自我价值的需求为 40.2%；获取爱情的需求为 32.1%；学习知识的需求为 28.1%；人际关系交往的需求为 12.2%；信念价值观的需求为 11.6%；自尊的需求为 8.3%，以及其他方面的需求为 6.7%，这个结果有些出乎我们的意料。按常理来说，大学阶段应当是大学生求知欲特别旺盛的黄金时期，也是学生生涯走向社会的最后一站，大学生应当积极投身知识海洋，积攒渊博的学识，掌握各种技能，完成社会化，以便将来走出校门后能够更好地适应社会，为社会发

展做出更大的贡献。所以，大学生应当把学习理论知识当作首要的精神需求。正如胡锦涛同志在清华大学百年校庆的重要讲话中指出的：青年人朝气蓬勃，善于接受新事物，正处于学习的黄金时期，应该珍惜美好青春年华，以只争朝夕的精神，刻苦学习科学文化知识，认真学习中华优秀文化和人类文明成果，夯实理论功底，提高专业素养，努力用人类创造的一切文明成果丰富自己。

可是，调查结果却告诉我们，事实并非如此。休闲娱乐活动需求、实现自我价值的需求和获取爱情的需求占据了当代大学生们精神需求的前三位，学习理论知识的需要却位居第四。在随后的访谈和研究中，我们发现，首先，对于长期处于高考压力之下猛然获得解放的大学生来说，他们必定会在大学期间利用一切机会释放以前长期积蓄的巨大压力，而大学相对宽松的学习氛围和课业安排，使得他们对大学生活中的休闲娱乐活动充满了期待，所以对休闲娱乐的需求就格外突出。其次，大学生在生理上正进入巅峰发展阶段，在心理上对走向成熟的渴望也进入高峰时期。他们的独立性和个性大大增强，思维能力迅速提升，因此，更多地关注个人的未来发展。所以，在实现人生第一阶段的理想——进入大学之后，他们往往会就如何实现人生价值、如何进一步提高自身素质等进行整体规划，为实现自己的梦想开辟道路。因此，实现自我价值的需求也占据了精神需求的重要地位。最后，大学生已步入青春期，由于下丘脑和垂体前叶的迅速发育，促使性腺释放因子和促使性腺激素分泌量增加，性腺激素的分泌水平相应提高到成人水平，性开始成熟。所以，大学生对爱情有着强烈的渴望，正如歌德在《少年维特之烦恼》中所写的那样："哪个少男不钟情，哪个少女不怀春？"于是美丽的大学校园也就成了孕育爱情的最佳场所。

中　篇

大学生作为具有较高文化水平的人群，也是一个思想观念相对开放，情感体验极其丰富的特殊群体，他们的精神生活丰富多彩。其中，大学生的精神需求是大学生精神生活中不可或缺的部分，他们也越来越注重满足各种精神需求，所以说，深入了解当代大学生精神需求的现状，了解他们的精神生活情况，掌握他们的精神需求特征、规律和发展趋势，从而合理地满足大学生的精神需求，成为高校思想政治教育的重要课题。因此，课题组设计了关于当代大学生精神需求状况的调查问卷，以便了解在校大学生精神生活的现实状况，为科学合理地引导大学生的精神需求提供现实依据。该问卷调查，无论是对调查高校的选择，调查对象的拟定，还是问卷内容的选材，都具有很强的针对性、有效性、代表性和说服力。问卷以福建省属9所本科高校的在校大学生为调查对象，其中福州地区高校有福建师范大学、福州大学、福建农林大学、福建医科大学、福建中医药大学，泉州地区有国立华侨大学，厦门地区有厦门理工学院，漳州地区有闽南师范大学，三明地区有三明学院。累计发放问卷3750份，回收3529份，有效率为94.1%。问卷设计共分为六个维度，依次为：关于爱情需求；关于荣誉、自尊和成就需求；关于人际关系需求；关于求知需求；关于休闲娱乐需求和关于信念价值观需求，共有54个设问问题供学生作答，问卷内容的设计由浅入深，遵循大学生精神需求的心理适应规律加以编排。通过对调查对象的性别、政治面貌、年级、所学专业及家庭所在区域这五个方面基本信息的对比分析，初步分析了当前福建省各高校在校大学生的精神需求状况。我们运用 SPSS 17.0 软件对本次调查所收集的数据，进行了频次分析和交叉分析，对当前高校大学生的精神生活和各种精神需求有了一个总体的了解，在定类数据和定序数据的交叉分析下，更为细致地了解了大学生精神需求中六个维度需求的具体情况，从而揭示当前在校大学生的精神需求状况和行为规律，这对于进一步加强大学生思想政治教育和心理健康教育，引导大学生身心健康成长具有十分重要的意义。

第四章
当代大学生精神需求的
基本状况之求知需求

求知需求是指大学生为达到成才的目的而要求被提供知识、信息、书籍或者说是被"授业解惑"。求知是大学生重要的精神需求内容，考察求知的需求是分析当代大学生精神需求的一个重要维度。通过调研，我们发现，当代大学生的求知需求具有以下几个方面的特点。

一　求知意识相对较高，参加社会实践
成为大学生活中最重要的部分

如图4-1所示，在被调查者中，当被问及"你觉得在你的大学生活中，最重要的是什么"时，37.5%的大学生认为是"参加社会实践"；28.1%的的认为是"学习理论知识"；28.1%的认为是"交朋友，掌握人脉"；只有6.3%的认为是"享受生活"。可见，认为大学生活中最重要的是参加社会实践的比例要比其他选项高许多，学习理论知识和交朋友，掌握人脉所占比例次之，而享受生活所占比例最低。由此我们可以看出，当代大学生的求知意识还是比较明确的，单纯地享受生活已被远远抛弃。而以往通过课堂和书本接受理论知识的传统途径显然已经无法满足其需求，参加社会实践，从中获得宝贵的知识和经验成为大学生活中最重要的追求。这主要是由于随着社会的发展和时代的变迁，社会适应能力逐渐成为大学生成熟和成功所必须具备的一项重要的技能。过去的小学、中学教育更多的是学习课本的理论知识，是面向高考的针对性的应试学习，而大学生活在当代的大学生看来是一个很好地与外界交流的机会，是一个小型的前期社会体验，他们更加注重通过实践的方式与社会接触，

通过现实的考察和亲身实践得出经验和学习课本中无法获得的知识，为今后踏入社会做好准备。

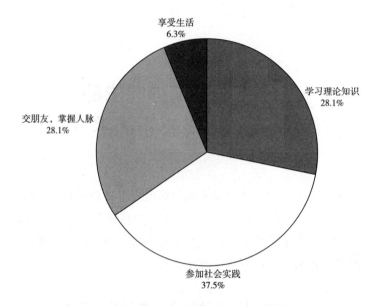

享受生活
6.3%

学习理论知识
28.1%

交朋友，掌握人脉
28.1%

参加社会实践
37.5%

图 4 - 1　你觉得在你的大学生活中，最重要的是什么

在认为"大学生活中最重要的是'参加社会实践'"的被调查者中，我们分别从性别、年级、专业和家庭所在区域四个方面做了一系列的交叉分析，我们从中发现以下几个特征。

（一）性别差异上，如图 4 - 2 所示，在被调查者中，认为"大学生活中最重要的是'参加社会实践'"的女生比男生略多，女生占 38.5%，男生占 36.2%。众所周知，在大学之前大部分学生的生活都仅仅是围绕着高考，补课自习成为其生活中的主要元素，虽然现在我国提倡的是德智体美劳全面发展的素质教育，但是相当部分的中小学校仍然执行着"应试教育"的传统教学模式，学生仍然主要以学习课本知识为主。现在的中小学生接触社会的机会较少，如果有也仅仅是寒暑假期间的极少时间，而由于独特的性别差异和家庭教育观念，女生要比男生得到的机会更少。在父母的眼中，男生可以独自走进社会打工、实习，而女生则应该被疼爱和保护。父母大部分认为孩子不应该过早地接触社会，因为他们年龄小不懂事，容易受到伤害，而其中女生比男生更加容易受伤，因而相比较而言女生参加社会实践的机会更少，以至于她们更多地认为在大学生活中参加社会实践是最重要的。

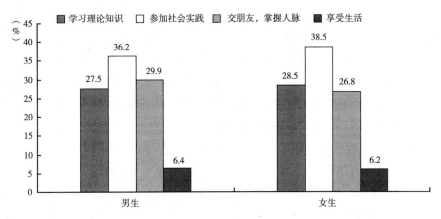

图4-2　你觉得在你的大学生活中，最重要的是

（二）年级差异上，如图4-3所示，从总体上看，在被调查者中，认为"大学生活中最重要的是'参加社会实践'"的比例由低年级到高年级呈上升趋势，只有大二所占比例略低。在随后的访谈中，我们得知，当代大学生十分清醒地认识到，大学毕业之后进入社会参加工作的竞争将非常激烈，要想脱颖而出，不能仅靠所学的课本知识或是优异的学业成绩，更重要的是要了解社会，具有适应社会的能力。而大学是训练学生这种能力的最好时期，随着年级的递增，同学们的这种意识就更加强烈，更加充分地认识到接触社会、参加社会实践的重要性。而大二的被调查者选择此项的比例较低，主要是因为在大学期间，大二的课业压力相对较重，同学们为了取得好的学业成绩，将主要的精力投入到了课堂学习上。

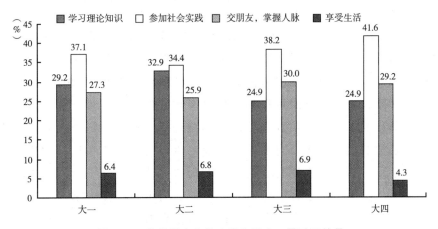

图4-3　你觉得在你的大学生活中，最重要的是

（三）专业差异上，如图4－4所示，文科专业的被调查者选择"大学生活中最重要的是'参加社会实践'"的比例相对其他专业为高，占40.5%，理科专业的被调查者选择此项的占35.6%，而其他专业占33.7%。通过走访，我们发现，由于文科专业的大学生的理论知识主要是通过课堂讲授和自学而获得，几乎没有课外实践的安排。这与有着实验课程以及基地实习机会的理科专业和有着现场表演以及参赛机会的其他专业（例如艺术类专业）比较起来，文科专业的大学生参加社会实践的机会就显得相对较少，但是他们非常强烈地意识到社会经验和社会交往能力是将来步入社会时的必备要素，而这是他们最缺乏的，因而文科专业的大学生渴望有更多的机会参加社会实践，以学习社会交往的技巧和提升社会适应能力。

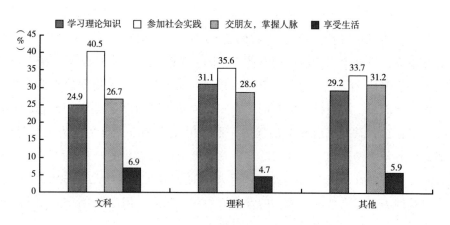

图4－4 你觉得在你的大学生活中最重要的是

（四）家庭所在区域的差异上，如图4－5所示，认为"大学生活中最重要的是'参加社会实践'"的被调查者当中，来自农村的大学生和来自城市的大学生所占比例相差不多，分别为37.8%和37.0%。在城市成长的学生，由于父母的疼惜和爱护以及较好的物质条件，人多数在上大学之前很少参与社会实践，可以说养尊处优，社会适应能力较弱，而大学正是他们离开父母独自面对社会面对生活的时期，在这一时期多参加社会实践，培养个人社会交往能力就显得尤为重要。同时，在农村成长起来的大学生，由于家境相对较差，他们当中的很多人都需要通过自身的劳动帮助家庭，为家庭分忧。但是由于在农村这样一个狭小、受限的空间，他们所接触的并不是全部的社会，因而在大学生活中，来自农村的大学生也同样渴望通过实践全面了解社会，以便锻炼社会适应能力，为将来找到好的工作做必要的准备。

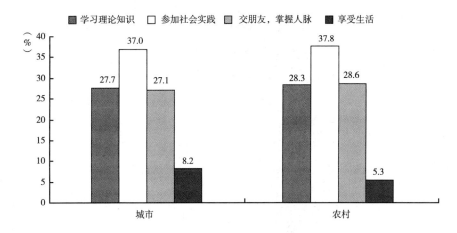

图 4 - 5　你觉得在你的大学生活中最重要的是

二　所学专业已无法全面满足当代大学生的真正需求

大学开设的各种专业实际上是教育管理部门经过社会调查、科学论证、多方协商确定下来的，为培养大学生的相关专业能力和专业素养提供了根本保障，为保证大学生在毕业后从事相关工作奠定了坚实的基础。可是我们通过调查却发现，当代大学生对于自身所学的专业并不十分满意，认为专业学习只是满足了他们的部分需要。如图 4 - 6 所示，在被调查者中，认为所学专业能够满足其需要的仅占 14.0%，认为所学专业不能满足需要的占 28.3%，而选择"一般"这个选项的占 57.7%。通过随后的走访，我们发现，当代大学生对我国的就业竞争的残酷性有着比较清醒的认识。他们认为，随着社会的不断发展进步，社会对从业人员的要求也越来越高，现在的用人单位的用人标准并不仅仅是专业成绩优秀或是专业能力突出，他们还要求员工具有各方面的相关能力，例如会熟练运用办公设备办公软件，文笔较好等，甚至有些要求与所聘专业并无任何关联，这就导致当代大学生在学习相关专业知识的同时还需要学习其他的技巧和能力。同时，由于就业市场供大于求的现象比较突出，不少大学生毕业之后无法按照对口专业就业，一切都要从头学起，使当代大学生对于专业知识的认可度普遍偏低。

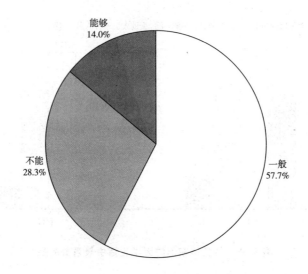

图4－6　你觉得所学的专业能满足你的需要吗

我们分别从性别、年级、专业和家庭所在区域四个方面做了一系列的交叉分析，从中分析可以看出以下几个特征。

（一）性别和专业差异上，如图4－7所示，认为"所学的专业能够满足其需要"的被调查者中，男生比女生所占的比例大，男生占15.5%，女生占12.9%，而认为"所学的专业不能满足其需要"的女生比男生占的比例大，女生占29.2%，男生占27.1%。通过比对，我们发现，这一现象应当与学生所学的专业结合起来分析。从图4－8中我们也可以看到，文科专业的大学生认为"所学的专业能够满足其需要"的比例为10.3%，理科专业占17.5%，而其他专业占14.9%，认为"所学的专业不能满足其需要"的文科专业大学生所占比例为31.2%，理科专业占25.3%，其他专业占28.4%。从目前高校的普遍情况看，学习文科专业的女生占大多数，而学习理科专业的男生占大多数。事实上，理科专业要比文科专业的可操作性强，而在毕业之后的就业过程中理科专业要比文科专业的专业知识适配性强，也就是说理科专业的大学生在大学期间所学习的专业知识相对文科专业的同学来说更能够满足其毕业后的工作需要，相对专业性更强。同时，我们也应该认识到，毕业后参加工作的过程中女生要比男生需要更多的相关技能，例如化装、穿着搭配、交际等，这也是女生们所必须学习和掌握的基本技能，而她们在大学所学的专业却无法提供相关的指导和帮助，因而选择"所学的专业不能满足其需要"的女生比男生多。

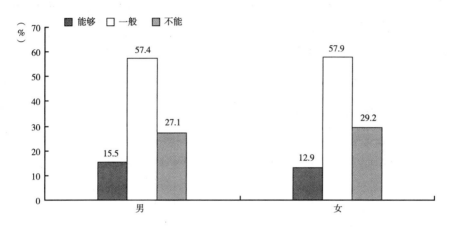

图 4 - 7　你觉得所学的专业能满足你的需要吗

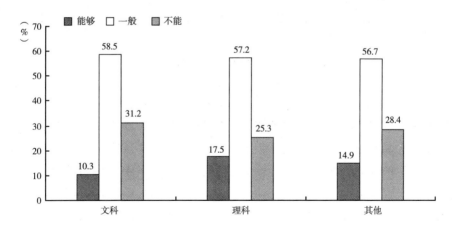

图 4 - 8　你觉得所学的专业能满足你的需要吗

（二）年级差异上，如图 4 - 9 所示，认为"所学的专业能够满足其需要"的被调查者所占比例随着年级的增高而逐步递减，所占比例分别是大一 16.2%，大二 16.0%，大三 12.6%，大四 10.3%。刚刚踏入大学的校门，同学们都怀着美好的梦想，选择自己喜欢的专业，认真学习，认为只要学好了专业知识，今后毕业了就能找到好的工作。可是随着年龄的增长、社会阅历的增加以及知识面的拓展，他们越来越认识到所学专业的局限，无法满足他们的需要。毕业后的工作并不能仅仅依靠有限的专业知识，还需要更多更丰富的各方面技能。现代社会要求的是全面型人才，市场竞争激烈，单靠一门专业根本无法应对强大的挑战。另外，随着年级的升高，同学们接触社会的机会逐渐增多，他们的精神层面的需求也越来越多元化，求知的欲望也更加强烈，这时他们就越来越感觉到专业知识的不足，难以完全满足自己的需求。

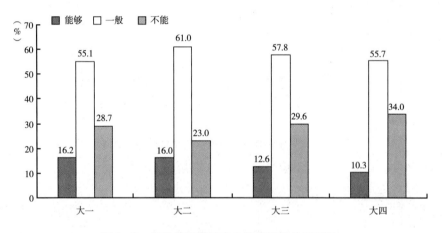

图 4 - 9　你觉得所学的专业能满足你的需要吗

（三）家庭所在区域的差异上，如图 4 - 10 所示，认为"所学的专业能够满足其需要"的被调查者中，来自农村的大学生所占的比例要大于来自城市的学生所占比例，而意外的是，认为"所学的专业不能满足其需要"的来自农村的大学生所占比例也还是高于来自城市的学生。对于这种矛盾现象，我们进行了专门的调查。经过大量的访谈，我们发现，在城市中成长的大学生由于家庭条件和受教育的条件相对优越，他们获取知识和信息的途径相对丰富，进入大学后，他们对专业知识的学习不是"十分在意"。而生长在农村的大学生，一方面由于受自身条件和其他客观条件的影响，他们所能够接触的外面的世界相对狭小，获取知识和信息的途径也比较单一，所以，他们对大学所设专业和所学专业理论知识都充满了好奇心，充满了期待；另一方面来自农村的大学生对

"知识改变命运"的信条深信不疑，他们渴望着大学毕业后能够找到一份如意的工作，实现自己的人生理想。而现实社会的激烈竞争却让他们明白，自己所学的专业远远难以满足这一基本要求。

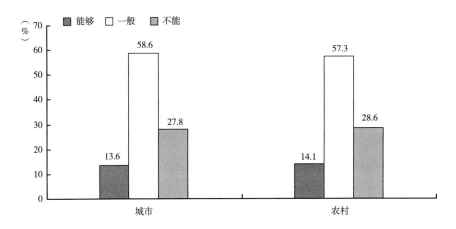

图 4 - 10　你觉得所学的专业能满足你的需要吗

三　对课本知识的看法相对客观理性

如图 4 - 11 所示，在"对学习课内书本知识的看法"中，选择"很有必要"的被调查者占 19.2%；选择"一般，学还是要学的"的被调查者占 61.5%；选择"书本太局限了，不够灵活"的占 19.3%。从中我们可以看到，认为还是要学课本知识的被调查者占了相当大的比例，比其他两项高出许多，表明当代大学生在追求更广阔更丰富的知识的同时，对专业基础知识还是比较重视的。专业教材是教育部聘请各专业领域的权威专家学者经过仔细研究后审定的，是各高校各专业进行基础理论知识教育的科学依据，对大学生构建完整的专业理论知识体系起着奠基作用。但是我们不得不承认，在知识经济和信息时代，面对科学技术领域和社会发展领域出现的新情况、新问题，现在的教材（特别是文科类教材）具有一定的时代局限性，滞后于时代发展的步伐，难以满足大学生对知识的需求。尽管如此，从问卷调查情况来看，绝大多数被调查者还是肯定了学习课本知识的重要性。

我们分别从性别、年级、专业和家庭所在区域四个方面做了一系列的交叉分析，从分析中可以看出以下几个特征。

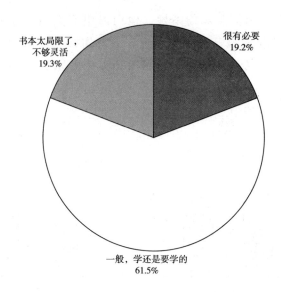

图 4 - 11　你对学习课内书本知识的看法是

（一）性别差异上，如图 4 - 12 所示，认为学习课内书本知识"很有必要"的男生比例占 20.4%，女生占 18.4%；认为"学习课内书本知识作用一般，但是学还是要学"的男生比例占 60.9%，女生占 61.9%；认为"书本太局限了，不够灵活"的男生比例占 18.7%，女生占 19.7%。在大学期间，大学生们的首要任务还是学习，而检验学习的方式仍然是考试，因而使得大学生们必须认真地学习课本知识。就学习的积极性而言，男生要比女生差些，女生对于课业的学习更加勤奋努力，而这必然使女生对于课内书本知识了解得更加深刻透彻。她们从中发现了课本知识的重要性和局限性，因而选择"一般，学还是要学的"和"书本太局限了，不够灵活"的比例要比男生高。而由于男生的学习主动性和积极性相对较弱，对于课内书本知识掌握不全而无法通过考试，这也会使得一些男生对课内书本知识的重视程度提升。

（二）年级差异上，如图 4 - 13 所示，认为学习课内书本知识"很有必要"的大学生随着年级的升高大致呈递减趋势，分别为 20.1%、21.7%、18.2%、16.3%；而认为"书本太局限了，不够灵活"的大学生随着年级的升高呈递增趋势，分别为 17.7%、17.7%、19.9%、22.7%。大学低年级的大学生接触面相对比较狭窄，而知识积累的程度还不够深，随着年级的不断升高，读的书越来越多，知识面也越来越广，因而对课内书本知识的要

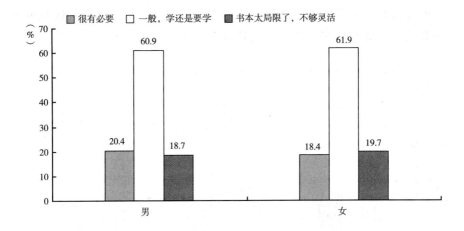

图 4 - 12　你对学习课内书本知识的看法是

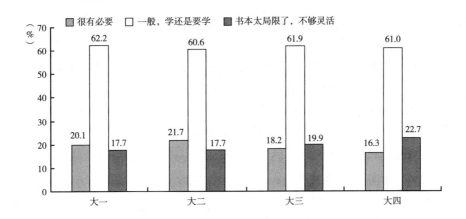

图 4 - 13　你对学习课内书本知识的看法是

求也逐步提高，从而导致认为书本太局限以及课内书本知识"没什么必要"的观念不断加深。

（三）专业差异上，如图 4 - 14 所示，认为"很有必要"的文科专业大学生所占比例要比理科专业的大学生低，分别是 14.6% 和 24.0%，而认为"书本太局限了，不够灵活"选项的理科专业大学生要比文科专业的大学生比例低得多，所占比例分别是 17.3% 和 21.5%。从专业内容上看，文科专业的教材内容多是以教条式、说理式的文字出现，与现实距离较远；而理科专业的教材内容多是专业的技术应用知识和操作性技能知识，实用性相对较强。因而文科专业的大学生对书本知识具有局限性的感觉比较明显，而理科专业大学生的这种感觉相对没这么明显。

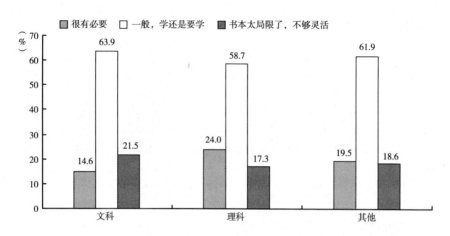

图 4－14　你对学习课内书本知识的看法是

（四）家庭所在区域的差异上，如图 4－15 所示，认为学习课内书本知识"很有必要"的大学生当中，来自农村的大学生所占的比例要比来自城市的大学生要高，分别是 19.9% 和 17.9%，而认为"书本太局限了，不够灵活"的大学生当中，来自城市的大学生所占的比例要比来自农村的大学生高，分别是 20.5% 和 18.7%。一般来说，生长在农村的大学生受制于各方面条件，信息获取的途径比较少，知识面相对较狭窄，因而在大学期间，

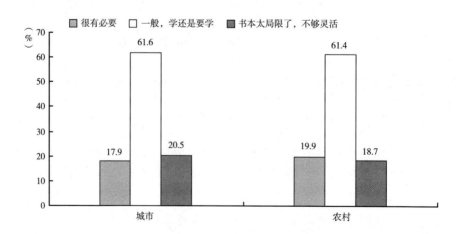

图 4－15　你对学习课内书本知识的看法是

他们对课内书本知识的学习比较重视。而来自城市的大学生受益于较好的客观条件，他们获取信息的途径较多，知识面相对比较宽广，也使得他们对于课内书本知识的新鲜感不如来自农村的大学生那么强烈，从而降低了对课内书本知识学习的兴趣。

四　重视知识的实用价值，认为实践中获得的知识更为重要

如图 4 - 16 所示，在被调查者中，对于"你觉得哪种知识对你更为重要"这个问题，选择"从实践中得来的知识"的同学占 43.0%，选择"对以后就业有帮助的任何知识"的同学占 25.6%，选择"自己感兴趣的知识"的同学占 15.9%，而选择"本学科著名专家学者的理论研究成果"的同学仅占 15.5%。从中可以看出，当代大学生对于知识的需求更多是建立在实用的基础上，他们更加注重从自身实践中获取宝贵知识。而对于专家学者的研究成果，他们认为那仅仅是理论的见解，其实用价值相对较弱，对于今后的个人发展的辅助作用较小，而从实践中获取的知识是已经经过社会实践验证之后具有一定示例作用的有效知识，是大学生们在毕业后的人生道路上必需的实用性知识，对于其生存和发展起着重要的作用。同时，我们还可以看到，除了"从实践中得来的知识"外，选择"对以后就业有帮助的任何知

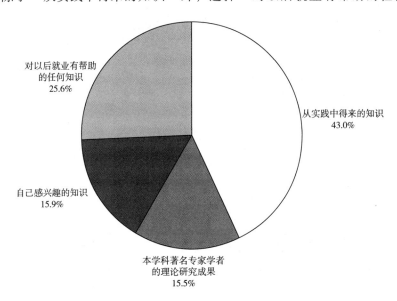

图 4 - 16　你觉得哪种知识对你更为重要

识"的比例也相对较高。就业知识实际上也是一种对于大学生具有较强实用价值的知识，就业与每个大学生都息息相关，是大多数学生毕业之后必须经历的历练过程，而对于许多大学生而言，读大学就是为了今后找到更好的工作，解决个人生存及赡养父母的问题，因而对就业有帮助的知识当然十分重要。

我们分别从性别、年级、专业和家庭所在区域四个方面做了一系列的交叉分析，从分析中可以看出以下几个特征。

（一）性别差异上，如图 4 – 17 所示，认为"从实践中得来的知识"更重要的大学生中，男生占 41.8%，女生占 43.9%；在选择"对以后就业有帮助的任何知识"更重要的大学生中，男生占 21.7%，女生占 28.4%；在选择"自己感兴趣的知识"更重要的大学生中，男生占 15.2%，女生占 16.3%；而在选择"本学科著名专家学者的理论研究成果"的大学生中，男生占 21.2%，女生占 11.3%。由此我们不难得出，女生要比男生更加注重实用性知识，这与我们的预期结果有差距。按说，男生相对比较外向，积极性主动性更强，敢闯敢拼，从性别特征上男生应该更加注重实用性知识，而对于理论知识的需求应该比女生低，可结果显示却不然。究其原因，理论与实践相结合是我们一直提倡的指导原则，就女生而言，在专业学习上比较勤奋，积累的理论知识相对多些，而其接触社会的机会比男生少，得到的实践知识也少，因而更加迫切需要这方面的知识来支撑起基础理论知识，才能更好地运用所学知识为今后发展提供帮助。

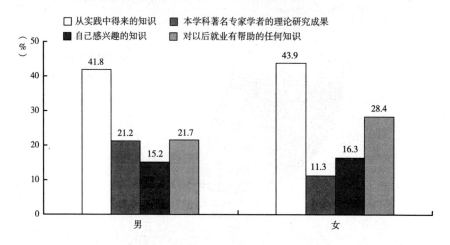

图 4 – 17　你觉得哪种知识对你更为重要

（二）年级差异上，如图 4－18 所示，认为"从实践中得来的知识"更重要的大学生的比例随着年级的增高呈逐步递减的趋势，四个年级分别是：大一 47.2%，大二 48.0%，大三 39.8%，大四 35.9%；而选择"本学科著名专家学者的理论研究成果"的大学生的比例却随着年级的增高呈上升趋势，四个年级分别是：大一 9.9%，大二 13.1%，大三 16.8%，大四 24.0%。在前面的分析中，我们可以看出，当代大学生更加注重参加社会实践活动，刚进入高校的大学生积极地参与各项实践活动，争取更多的获取实践知识的机会，而此时有些大学生也许就忽略了专业学科理论知识的重要性。理论知识与实践知识是无法分离的，因而随着年级的升高，大学生在获得实践知识的同时也对专业理论研究的知识成果的重视程度有所提高。

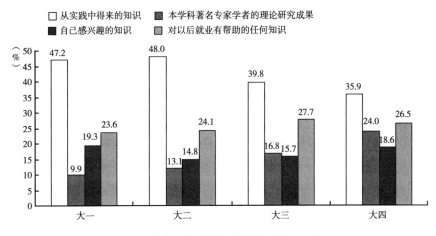

图 4－18　你觉得哪种知识对你更为重要

（三）专业差异上，如图 4－19 所示，认为"从实践中得来的知识"更为重要的大学生中，文科生的比例占 43.1%，理科生的比例占 42.7%，而其他专业的学生占 43.8%，整体差异不大；而从整体所占比例较少的选项"本学科著名专家学者的理论研究成果"来看，文科的大学生选择此项的比例占 11.5%，理科生占 19.4%，其他专业的学生占 16.1%，从这个结果来看，专业的差异还是有相当影响。众所周知，文科类的专家学者的理论研究成果大多是根据文献资料或是单纯的理论知识加上先前的研究获得的，而理科类的专家学者的理论研究成果大多是经过科学的实验和在前人所得实验数据结果的基础上获得的，而其他专业例如工程类或艺术类也都是如此，所以相对来说文科生也许更多地认为本学科的专家学者的理论研究成果并不是那么重要。

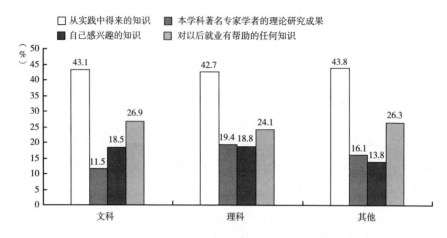

图 4 - 19　你觉得哪种知识对你更为重要

（四）家庭所在区域的差异上，如图 4 - 20 所示，无论是在"从实践中得来的知识"还是在"本学科著名专家学者的理论研究成果"的选项中，来自农村的大学生选择的比例都要高于来自城市的大学生，前者分别为44.4% 和40.3%，后者分别为16.2% 和14.0%；而在选项"对以后就业有帮助的任何知识"上，来自农村的大学生选择的所占比例和来自城市的大学生几乎相同，相差无几；但是在选项"自己感兴趣的知识"上，来自城

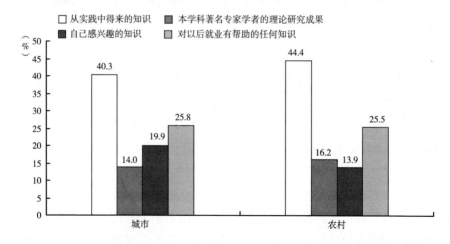

图 4 - 20　你觉得哪种知识对你更为重要

市的大学生选择的比例要远远高于来自农村的大学生。我们认为，来自城市的大学生在知识种类的选择方面始终比农村的大学生自主性更强，受到的限制更少，更愿意根据自身的兴趣和需要去学习知识；而来自农村的大学生由于受客观条件的制约，他们更多地考虑所学知识对其自身今后发展的需要和实用价值，也就较少考虑自己的兴趣爱好，考虑更多的是知识的实用性。

五　获取知识的主体意识更强，更喜欢通过实践和阅读得到知识

在此次调查中，我们发现，在被调查者中，认为喜欢通过"教师教授"这种渠道获取知识的比例仅为 11.5% ；喜欢通过"网络等媒体"渠道获取知识的为 22.2% ；喜欢通过"社会实践"渠道获取知识的为 32.3% ；而喜欢通过"阅读书籍"这种渠道获取知识的为 33.3% 。如图 4 – 21 所示，"阅读书籍"和"社会实践"这两个选项所占的比例相差不大，相对于其他两项却超出许多，而"教师教授"选项所占比例则最低。通过教师教授学习知识，这是中国传统的教育教学模式，也是学生获取知识的主要渠道。然而随着时代的发展，我们发现大学生们获取知识的渠道已经不再单一，对比教师教授枯燥乏味的教学，学生们更愿意也更喜欢通过一些灵活的自主方式，例如"社会实践"或是"阅读书籍"甚至通过大众媒体来获取丰富的知识。由此可以看出，在当代大学生的求知观念中，对知识获取的主体意识较强，教师课堂传授知识这种灌输型的模式已经无法满足其需求，他们更喜欢通过自身的社会实践和阅读书籍来完成知识储备。

我们分别从性别、年级、专业和家庭所在区域四个方面做了一系列的交叉分析，从中发现了以下几个特征。

（一）性别差异上，如图 4 – 22 所示，在喜欢通过"阅读书籍"的渠道获取知识的大学生中，男生占 35.6% ，女生占 31.6% ；而在喜欢通过"社会实践"的渠道获取知识的大学生中，男生占 27.4% ，女生占 36.0% 。这就表明，在当代大学生中，男生更喜欢通过阅读书籍的渠道获取知识，而女生则更喜欢通过社会实践的渠道获取知识。事实上，这与我们以往的观念有所不同，按照传统的观念，我们认为男生相对于女生更加外向，对于获取知识的渠道，他们应该不会喜欢静静地阅读这样的方式，而这种方式在人们的

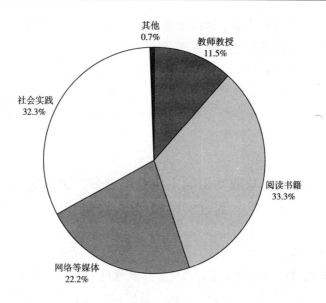

图 4 - 21　你更喜欢通过哪种渠道获取知识

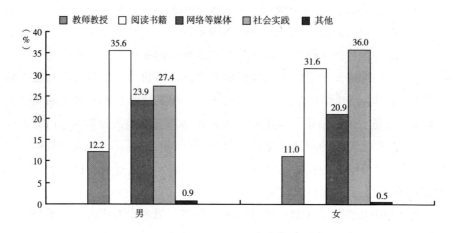

图 4 - 22　你更喜欢通过哪种渠道获取知识

印象中恰恰是与女生联系在一起的。随着时代的变迁和发展以及一些社会环境和家庭因素，男女生的性格特征也会产生某些改变，例如有些男生的性格趋向文静，而有些女生则比较开朗奔放，所以调查结果的确也体现出了一种新的趋势。

（二）年级差异上，如图 4 - 23 所示，随着年级的不断升高，喜欢通过"阅读书籍"的渠道获取知识和喜欢通过"网络等媒体"的渠道获取知识的比例也越来越高，而通过"社会实践"和"教师教授"的渠道获取知识的比例则呈现递减趋势。这是因为，随着年级的不断升高，大学生的阅历逐渐增多，知识的积累也越多，主体性也不断增强，因而自主获取知识逐渐成为他们更加喜欢的模式，我们说书籍是知识的源泉，各类书籍蕴含着丰富的知识，通过自身对书籍内容独有的见解去获取知识体现了当代大学生积极主动的探求精神。网络等媒体的运用也是一种便捷高效的获取知识的方式，它可以令人足不出户也能知天下事，随着年级的升高，对网络等媒体的认识的加深以及运用的纯熟，这种方式也逐步得到大学生的认同。此外，由于刚进入大学，大学生们对社会十分新鲜，希望更多地通过社会实践的方式去了解社会和获取知识，而随着年级的升高以及阅历的加深，社会经验也逐渐增多，此时更多的大学生就希望选择内化的方式加深修养，巩固理论基础，积累实践经验，为今后发展做好准备。

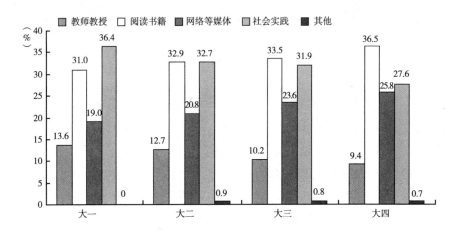

图 4 - 23　你更喜欢通过哪种渠道获取知识

（三）专业差异上，如图 4 - 24 所示，喜欢通过"社会实践"渠道获取知识的文科大学生占 35.8%，理科大学生占 28.4%，其他专业的大学生占 33.3%；喜欢通过"阅读书籍"的渠道获取知识的大学生中，文科的大学生占 32.9%，理科的大学生占 35.0%，其他专业的大学生占 29.4%。由此可见，多以理论知识为主要学习内容的文科类大学生比以实践类活动为主要学习方式的理科类大学生更喜欢通过"社会实践"的渠道获取知识，而理科类大学生比文科类大学生更喜欢通过"阅读书籍"的渠道获取知识。由于文科的教学内容多以理论知识为主，上课的模式也多以课堂授课为主，比较单一，因此他们较少进行社会实践活动，所以更喜欢也更需要通过"社会实践"的渠道获取知识。相对而言，理科类的大学生多以实践性的课程为主，而"阅读书籍"则是他们更需要的获取知识的渠道。

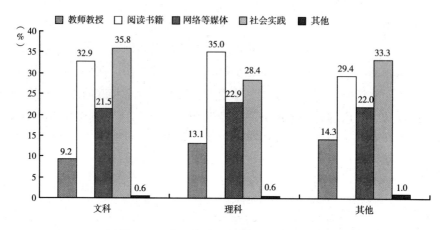

图4-24　你更喜欢通过哪种渠道获取知识

（四）家庭所在区域的差异上，如图4-25所示，在更喜欢通过"阅读书籍"的渠道获取知识的大学生当中，来自城市和来自农村的大学生所占比例几乎相同，从理论上来看，来自农村的大学生由于受到条件的限制，可能没有机会阅读更多书籍，而大学为他们提供了丰富的资源，使他们更加深刻地感受到书籍知识的魅力，因而他们更加喜欢通过"阅读书籍"的渠道获取知识，而来自城市的大学生由于客观原因，自主性相对较强，有些更加喜欢以独立阅读书籍这样简单的方式获取知识，而无论是自愿还是父母要求，他们从小就养成了阅读书籍的习惯，也更早地感受到了书籍知识的魅力。同时，在喜欢通过"社会实践"的渠道获取知识的大学生当中，来自城市的大学生占29.5%，而来自农村的大学生占33.8%，显而易见，来自农村的大学生更喜欢通过社会实践的渠道获取知识。这主要是因为来自农村的大学生接触城市接触社会的机会不多，虽然他们从小经常帮助家中做农活，这也是一种实践活动，但是相对而言认识的区域太窄，对社会了解太少，以至于实用性最强的社会实践成为他们更喜欢的获取知识的渠道和方式。

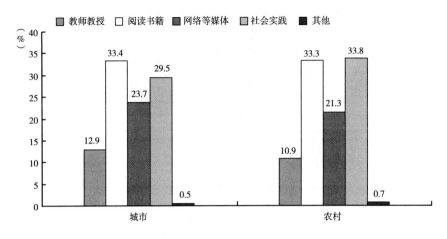

图 4 - 25   你更喜欢通过哪种渠道获取知识

六   时间安排大体合理，但平时用于学习的课余时间仍然偏少

从调查结果看来，如图 4 - 26 所示，除了课堂学习外，18.1% 的大学生每周（周一至周五）有 10 小时以上的课余时间用于学习；24.8% 的大学生每周有 7.5 ~ 10 小时的课余时间用于学习；26.7% 的大学生每周有 5 ~ 7.5 小时的课余时间用于学习；17.8% 的大学生每周有 3 ~ 5 小时的课余时间用于学习；12.6% 的大学生每周有 3 小时以下的课余时间用于学习。从中我们可以看到，除课堂学习外，每周（周一至周五）有 5 ~ 7.5 小时的课余时间用于学习的人数所占的比例最多，也就是平均每天有 1 ~ 1.5 小时的课余时间用于学习的人数相对较多，而平均每天有 1.5 ~ 2 小时的课余时间用于学习的人数次之，而每周有 10 小时以上或是 3 ~ 5 小时再或是 3 小时以下的课余时间用于学习的人数较少。在中小学阶段，学生都是以中考和高考作为目标努力学习，而学校也因为追求升学率而较少开展课余活动，使学生少有机会参加各项活动，课余时间几乎都用在学习上。进入大学以后，生活的模式与以往大不相同，大学的生活丰富多彩，学校、院系都会时常举办多种竞赛及活动，同时还有大学生们感兴趣的各类社团活动和恋爱也占据了许多课余时间，所以大学生们的课余生活相对比较充实，而由于在其他方面所用的时间增多了，学习的时间也就减少了。而平均每天只有 1 小时的时间用于课外学习，这显然偏少。

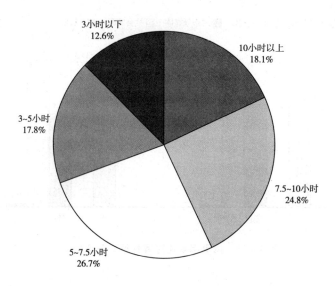

图 4 - 26 除了课堂学习外，你每周（周一至周五）用于学习的课余时间有

我们分别从性别、年级、专业和家庭所在区域四个方面做了一系列的交叉分析，从中发现以下几个特征。

（一）性别差异上，如图 4 - 27 所示，在被调查者中，除了课堂学习外，每周（周一至周五）用于学习的课余时间有"10 小时以上"和"7.5 ~ 10 小时"的男生所占比例都要比女生多，分别是 19.2% 和 26.7%；而"5 ~ 7.5 小时""3 ~ 5 小时"和"3 小时以下"的女生所占比例都要比男生多，分别是 27.2%，19.0% 和 13.0%。这样的结果有点出乎意料，在我们的观念中女生应该更加勤奋好学，会用更多的课余时间在学习上，而男生多数比较贪玩，更多迷恋于游戏，学习自觉性相对较低，用于学习的课余时间应该比女生少。可是，事实并非如此。这样的结果可能有以下几点原因：随着年龄的增长和心理的成熟，女生上了大学之后更加注重外在的修饰，即她们会花费许多的课余时间在打扮或是逛街上，这正是在上大学之前她们所忽视的；同时，进入大学之后大学生很多都选择竞选干部或是从事社会工作来锻炼自己的能力，而女生做事比较细致谨慎，社会工作所用的时间可能比男生多，因此学习的时间也就较少。

（二）年级差异上，如图 4 - 28 所示，被调查者中，总体来说大三的学生除了课堂学习外，每周（周一至周五）用于学习的课余时间相对大一、

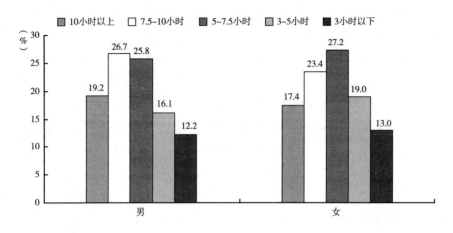

图 4 - 27 除了课堂学习外，你每周（周一至周五）用于学习的课余时间有

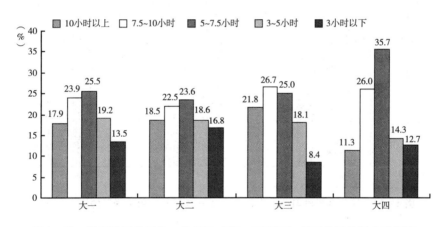

图 4 - 28 除了课堂学习外，你每周（周一至周五）用于学习的课余时间有

大二和大四的学生来说较多，在 10 小时以上和 7.5～10 小时的大学生所占比例明显较高，分别是 21.8％ 和 26.7％。刚经历过高考后进入大学，大学生们会对学习稍微有所松懈，他们认为已经完成了人生中最重要的一次挑战，同时大学丰富多彩的实践活动和课余生活也使其应接不暇，再加上大一、大二的课程相对来说难度不大，专业性不强，因而学生用在学习上的课余时间也就较少。而经历了大一、大二，许多大学生因为社会工作或是其他频繁的活动忽略了学习，到了大三随着课程难度的增加，专业性的增强以及面临就业的现实压力迫使大学生们也认识到了专业学习的重要性，故开始重新合理安排时间，此时用在学习上的课余时间也就明显增多。

（三）专业差异上，如图4-29所示，被调查者中，从整体上看，文科专业的大学生相对于理科专业和其他学科专业的大学生，除了课堂学习外，每周（周一至周五）用于学习的课余时间较少，在3小时以上和3~5小时的大学生所占比例明显较高，分别是15.2%和20.0%。我们知道，与文科专业的大学生相比，理科专业和其他专业（例如工程类和艺术类）的大学生，需要在课后花费大量的时间进行实验或是训练，不能单纯地靠课堂上的知识来取得好的成绩，而文科专业的大学生要取得好成绩相对容易，他们有些可以单纯地依靠期末的临时复习就能够取得相对优异的成绩，故许多文科专业的大学生忽视了平时用课余时间学习读书，认为只要期末熬夜苦读就能取得好成绩，这也造成了文科专业的大学生平时用于学习的课余时间相对偏少。

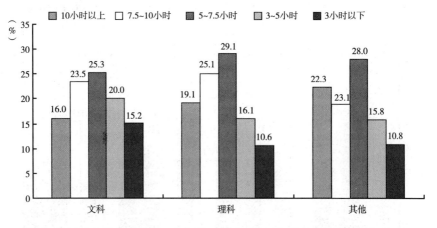

图4-29 除了课堂学习外，你每周（周一至周五）用于学习的课余时间有

（四）家庭所在区域的差异，如图4-30所示，在被调查者中，来自农村的大学生除了课堂学习外，每周（周一至周五）用于学习的课余时间要比来自城市的大学生多。我们看到所用时间在10小时以上的大学生当中，来自农村的大学生占18.9%，来自城市的大学生占16.6%，而在3~5小时和3小时以下的大学生当中，来自农村的大学生分别占17.5%和12.2%，来自城市的大学生分别占18.3%和13.5%。生长在农村的大学生，他们上大学的主要目的很多是为了取得好成绩以便将来能找到一份好工作，挣钱养家报答父母，相对来说来自农村的大学生的学习自觉性还是比来自城市的大学生高，因而比较勤奋，他们不像来自城市的大学生，有太多的娱乐活动和社会交往，他们更多的是想不辜负父母的期望，努力靠自己的力量，好好学习，取得好的成绩，当然其用于学习的课余时间就要比来自城市的大学生多些。

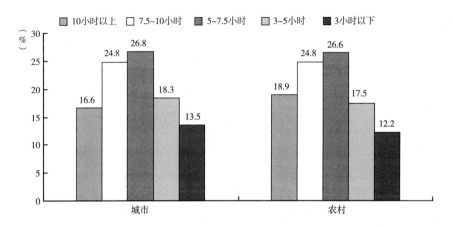

图 4－30　除了课堂学习外，你每周（周一至周五）用于学习的课余时间有

第五章

当代大学生精神需求的基本状况
之信念价值观需求

随着改革开放的深入，信息时代的到来，信念价值观作为人们心中相对稳定的思想观念，越来越成为每个人精神需求中不可或缺的一部分。这对大学生也不例外，对信念价值观的需求是大学生精神需求中最深刻的一面，是其精神需求的重要组成部分。目前，由于受到国内外各种社会思潮的影响、各种网络媒体的舆论导向作用以及社会负面事件的宣传报道的影响，当代大学生的信念价值观也随之发生了深刻的变化，呈现出许多新的特点。我们要清晰地了解大学生信念价值观方面的需求，把握大学生价值行为的规律，掌握大学生的思想追求和利益需求状况，了解其对社会主义和共产主义信仰的情况以及他们的道德价值观状况，并且基于他们思想和价值观的特殊性，充分发挥社会主流价值观的社会引领作用，积极用社会主义核心价值体系和社会主义核心价值观来引导大学生的价值取向和价值选择，优化对大学生信念价值观教育的方式方法，让他们在美好的大学阶段形成崇高的理想信念和树立正确的价值观，进而更好地促进大学生身心健康发展。通过调研，我们发现，当代大学生的信念价值观需求具有以下几个方面的特点。

一　价值追求呈现多元化的趋势，功利化和物质性色彩明显

如表 5 - 1 所示，当被问及"你认为目前你周围大多数人的思想追求"时，有1349 名大学生选择的是"利己主义"，大概占了总人数的1/3。有37.6%的大学生觉得身边的人更多的是"享乐主义"的思想追求。此外，有437 名（占12.4%）大学生认为是"拜金主义"，但是选

择"集体主义"的却只有8.2%。由此，我们不难看出，在当今科学技术进步的社会，人的思想也越来越多样化，从大学生对于思想追求的回答可知，现在追求集体主义价值观的大学生越来越少了，集体主义逐渐被人们所淡忘。因为，一方面，随着其他价值观的轮番冲击，社会核心价值观主导地位正在逐渐旁落，价值体系内部的价值冲突越来越激烈，大学生正逐步失去统一的主导价值标准，导致其他价值观念乘虚而入，从而左右他们的思想和行为。另一方面，社会上出现的极端利己主义、拜金主义、享乐主义等消极有害的价值观念，正在不断地侵占"集体主义"的信仰，挤压它的生存空间，这导致集体主义正慢慢地淡出大学生们的视野。

表5-1 你认为目前你周围大多数人的思想追求

你认为目前你周围大多数人的思想追求	频率(个)	百分比(%)	有效百分比(%)	累积百分比(%)
利己主义	1349	38.2	39.6	39.6
享乐主义	1328	37.6	39.0	78.6
拜金主义	437	12.4	12.8	91.5
集体主义	291	8.2	8.5	100.0
合　计	3405	96.5	100.0	
合　计	3529	100.0		

再如表5-2所示，当问及"你希望自己拥有'富爸爸''官爸爸''星爸爸'吗"有32.5%的大学生回答"希望"，有20.3%的大学生说"不希望"，此外，还有47.2%学生根本没想过这个问题，由此看来，选择"希望自己拥有'富爸爸''官爸爸''星爸爸'"的大学生比例明显高于"不希望自己拥有'富爸爸''官爸爸''星爸爸'"的比例，可见，更多的大学生们还是希望自己有个有权有势的爸爸，从宏观上来说就是希望自己拥有很好的家庭背景，这间接揭示出目前许多大学生的功利思想十分浓重，虽然在学校，很少受到利益因素的制约，可是他们的利益需求意识中却显得非常物质化和功利化。因为，随着改革实践的发展，对人们思想观念的影响日渐深入，其中夹杂着快餐化和充满物欲的特征，人们的价值追求越来越趋于更为实在的物质性的东西，如当前一直流行的一句霸气

十足的言辞"我爸是李刚"就是最为典型的例子。当然，从将近一半的大学生选择"没想过"，也可以看出，当前大多数学生在思想追求上的空虚与"无所谓"。

表5－2　你希望自己拥有"富爸爸""官爸爸""星爸爸"吗

你希望自己拥有"富爸爸""官爸爸""星爸爸"吗	频率(个)	百分比(%)	有效百分比(%)	累积百分比(%)
希　望	1140	32.3	32.5	32.5
不希望	711	20.1	20.3	52.8
没想过	1657	47.0	47.2	100.0
合　计	3508	99.4	100.0	
合　计	3529	100.0		

二　对共产主义的信念不坚定，入党动机趋于功利化

如图5－1所示，当被问及"你愿意加入中国共产党吗"时，有72.9%的大学生选择了"愿意"，可是也有27.1%的大学生选择了"不愿意"。可见，虽然绝大多数的大学生都愿意成为中国共产党的一员，可是也有将近三成的大学生对中国共产党抱着一种怀疑和不认可的态度，更谈不上对共产主

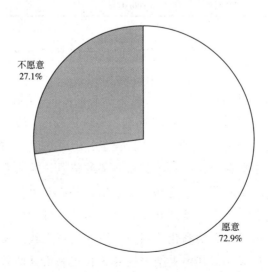

图5－1　你愿意加入中国共产党吗

义具有崇高的信仰了。当继续追问选择"愿意"加入中国共产党的2508名大学生"你加入中国共产党的主要动机"时，如图5-2所示，其中有38.9%的大学生选择了"可以为他人和社会多做贡献"，同时，有13.7%的大学生认为自己入党是"信仰共产主义"，但是仍然有15.7%的大学生认为"能得到很多好处"，甚至有15.7%的大学生认为入党是因为"周围入党的人比较多，自己不要求不好"。由此不难发现，当代大学生加入中国共产党的动机呈现多元化的倾向，虽然有超过半数的大学生入党动机纯正，但是也有不少大学生的入党动机不纯，他们或者把加入中国共产党作为以后找到好工作的砝码，或者是把加入中国共产党作为赶时髦的事，而不是打心底里热爱中国共产党，信仰社会主义和共产主义。

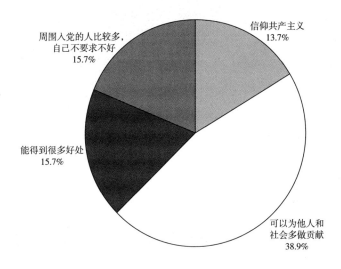

图5-2　你加入中国共产党的主要动机

三　道德价值观存在矛盾和冲突现象

如图5-3所示，当被问及"当你路过车祸现场看到伤者躺在地上时，你会怎么做"时，其中6.7%的大学生选择"扭头就走"这项；4.1%的大学生选择了"围在旁边看热闹"；31.0%的大学生选择了"会毫不犹豫上前帮助"；58.2%的大学生选择了"不亲自出手，但会采取其他方式帮助"。由此可见，当代大学生的道德价值观总体上是健康的，也更为成熟理性，但是仍然有少数大学生在他人和社会需要时，选择充当"看客"或"扭头就走"，体现了这部分大学生的道德冷漠，值得我们警惕。在大学生当中出现这种矛盾现象，主要是因为大学生属于接受教育程度较高的人群，在处理问题时一方面比较理智和冷静；另一方面由于受到当前社会上出现许多"行善被讹"的负面事件，使许多大学生在帮助别人时会出现顾虑和矛盾心理，会考虑到自身的正当利益是否会受到侵犯。因此，他们更可能倾向于一种"情境主义"，表现出相对主义道德价值观。

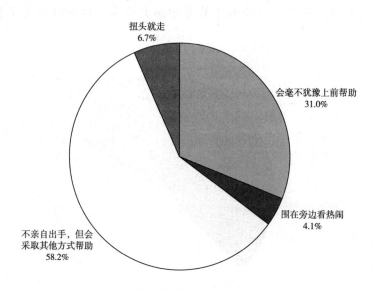

图 5 – 3　当你路过车祸现场看到伤者躺在地上时，你会怎么做

这种现象在对另一个问题的回答中也出现过。如图 5 – 4 所示，被问及"当国家发生特大灾害造成重大损失时，你会怎么做"时，大部分大学生都愿意非常积极热情地帮助受灾的人群，可是也有一些大学生，采取冷漠和无所谓的态度。有 41.5% 的大学生觉得自己在国家发生重大灾害时会"尽己所能，帮助受灾群众"，同时，也有 53.4% 大学生认为自己会"响应号召，捐款捐物"，可见，大学生普遍具有很强的爱心，能主动地帮助那些需要帮助的群体，为他们做一些自己力所能及的事，奉献自己的一片爱心。但仍然有 5.1% 的学生采取了"与己无关，不予理睬"的态度。这部分大学生秉持一种"事不关己"的冷漠态度，缺乏作为一个人本应具备的怜悯之心，欠缺社会所一直倡导的"助人为乐"的雷锋精神。

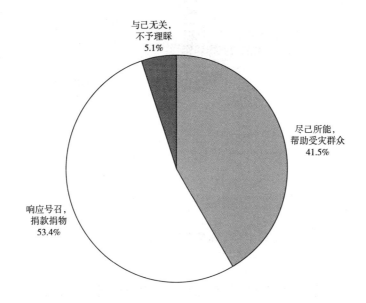

图 5 - 4　当国家发生特大灾害造成重大损失时，你会怎么做

四　政治热情不高，政治价值观出现偏差

当代大学生是国家和民族事业发展的重要力量，他们的前途与祖国的命运息息相关，理应高度关注国家大事，并以此作为自己选择发展方向的依据。可是在调查中，大学生们的回答令人忧虑。如图 5 - 5 所示，当被问及"你是否关心国内外时事"时，只有 33.0% 的大学生选择"非常关心"；有 49.8% 的大学生选择"与自己相关的关心"；有 14.8% 的大学生选择"不关心，很少参与"；甚至有 2.4% 的学生选择"没想过"这样的问题。可见，当代大学生对国内外大事关注度不高，而对个人生活更为关注。男生喜欢把时间花费在各种电脑游戏、聊天、看球赛等课外活动上，而女生更喜欢在业余活动中淘宝、看电视剧及其他综艺节目，绝大部分大学生很少主动去关心国内外大事，有些大学生甚至把那些关心国家大事的大学生称为"伪君子"，体现出以"自我"为中心的价值取向。

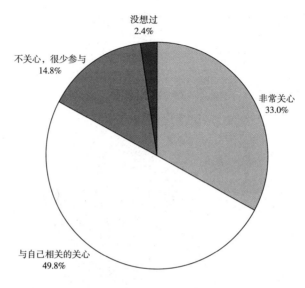

图 5-5 你是否关心国内外时事

五 职业观呈现出多元化和新颖化趋势, 择业时主要考虑自己的需要

如图5-6所示,当被问及"你最希望从事的职业"是什么时,大学生的答案五花八门,有的大学生选择工程师、教师、医生、公务员、警察、律师等,有的大学生希望自己将来当服装设计师、糕点师、理财师等这些职业,还有少数大学生希望自己将来能够成为自由职业者,这说明当代大学生的职业观越来越多元化和新颖化了。但是,相对而言,仍然有不少大学生选择社会普遍认可的职业,例如医生、教师、公务员等。选择"教师"职业的大学生占16.6%,选择"公务员"的大学生占15.8%,选择"医生"的大学生占15.4%,这种现象符合当今社会的实际情形。这是因为,一方面,一些大学生仍然希望自己将来毕业后能从事相对稳定而且社会认可度较高的职业,特别是一些从政者的子女和教师的子女,受父母期许的影响,他们会选择和父辈们相同的职业;另一方面,随着社会经济的发展,社会的进步,社会组织形式与就业方式越来越多元化,社会需求也呈现多样化,因此大学生选择职业也适应了社会市场的需求,特别是现代文化产业的发展,社会上出现了较为新颖的服务类职业,这些职业也备受大学毕业生的青睐。

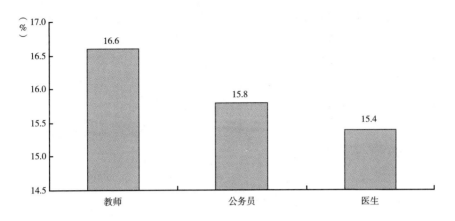

图 5 - 6　你最希望从事的职业

从大学生择业时考虑的因素来看，如图 5 - 7 所示，当被问及"你选择职业时首先考虑"的问题时，有 59.4% 的大学生选择"个人发展前途"；有 25.9% 的大学生选择"薪资待遇"；还有 1.7% 大学生选择"家长的意愿"；有 3.4% 的大学生选择"社会的需要"；有 1.9% 的大学生选择"地域因素"。由此可见，虽然大学生在择业时考虑的因素越来越多样化和综合化，但是他们在择业时主要还是关注自己个人的需要。

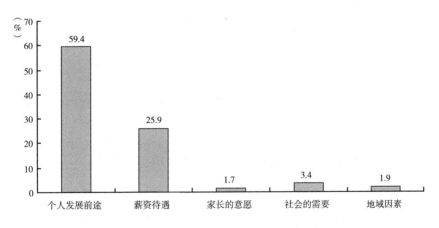

图 5 - 7　你选择职业时首先考虑

此外，在大学生求职过程中出现了道德失范的现象，诚信缺失问题十分突出，其中最为典型的就是大学生在择业过程中的"违约"现象，如图5-8所示，当被问及"你如何看待大学生择业过程中的违约现象"时，有 50.0%

的大学生对此持否定的态度，觉得"不能违约，要注重信誉"；可是仍有26.6%的大学生认为"为了选择更好的工作，可以违约"；此外，有23.4%的大学生觉得这种现象无法评价，是"说不清"的。由此可见，在大学生择业过程中，仍然有部分大学生觉得只要可以找到更好的工作，违约是很正常的事情，而没有从更深层去分析这种行为是一种道德失范现象，是诚信缺失问题，没有从长远和宏观的角度来看待这样的行为的严重后果和危害，所以出现了择业取向上的偏差。

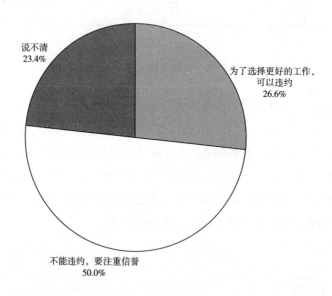

图5-8 你如何看待大学生择业过程中的违约现象

我们分别从性别、年级、专业、政治面貌和家庭所在区域五个方面对信念价值观需求做了一系列的交叉分析，从中发现了一些特点。

（一）在性别差异上，男女生的价值观选择有所不同

虽然男生和女生在思想追求上选择"集体主义"的比例大致相同，但是男生更追求"拜金主义"和"享乐主义"，而女生更倾向于"利己主义"。如图5-9所示，在被问及周围大多数人的思想追求时，有41.1%的男生认为他们目前周围大多数人的思想追求是"享乐主义"，选择此项的女生为37.5%，选择"拜金主义"的男生占了14.8%，女生为11.4%。42.8%的女生赞同周围人的思想追求是"利己主义"，有35.2%的男生赞同这个观

点。由此,我们可看出,在思想追求上,男女生的观点有些不同,男生更倾向于物质化和享乐性,而女生更看重个人的利益。与此同时,如图5 – 10所示,当问及:"你希望自己拥有'富爸爸''官爸爸''星爸爸'吗",男女生的想法也十分不同,有33.2%的女生选择了"希望"这个选项,比例略高于男生的比例(31.5%),而在"不希望"的选项中,男生的选择比例(25.4%)明显高于女生的选择比例(16.5%),可见,女生的功利主义倾向更加明显。

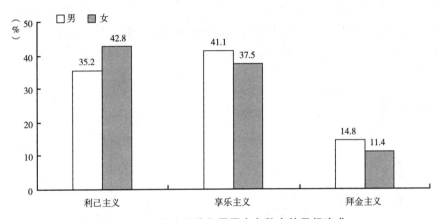

图5 – 9 你认为目前你周围大多数人的思想追求

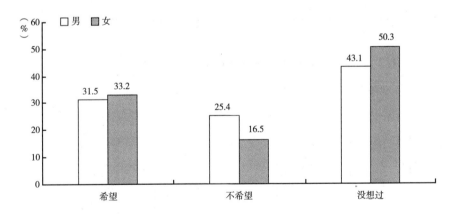

图5 – 10 你希望自己拥有"富爸爸""官爸爸""星爸爸"吗

女生愿意入党的比例远远高于男生,可是入党动机存在"跟风"倾向。如图5 – 11所示,有76.8%的女生愿意加入中国共产党,而仅有66.3%的男生愿意入党,可见女生愿意入党的比例远远高于男生,此外,明确表明不愿意入党的男生比例也远远高于女生，其中男生占33.7%，女生占23.2%，这就表明，在入党意愿上，女生的积极性明显高于男生。可是，当大学生们被问及入党的动机时，女大学生的入党动机却表现得十分矛盾和无奈，如图5-12所示，有20.8%的女生觉得她们入党是因为"周围入党的人比较多，自己不要求不好"，而仅有15.7%的男生这么认为，可见，一方面女生具有强烈的入党意愿；可是另一方面却存在明显的"入党跟风"现象，有着一种"别人入党，我也入党"的心理，相反的，选择"信仰共产主义"的选项的男生比例明显高于女生，男生占19.3%，女生占14.2%，由此不难看出，和女生相比，虽然他们的入党意愿不如女生高，可是他们的入党动机相对比较纯正，而女生在入党意愿和入党动机上却显得随意。

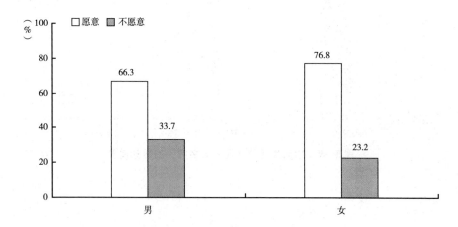

图 5 - 11　你愿意加入中国共产党吗

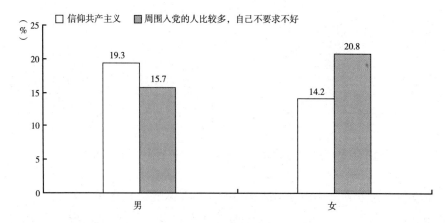

图 5 - 12　你加入中国共产党的主要动机是

当面临道德考验时，男生比女生显得更为冷漠些。如图 5 - 13 所示，当面临伤者躺在地上需要帮助时，选择"扭头就走"的男生占9.8%，女生占4.5%，男生的比例是女生比例的两倍还多，可见，在遇到道德行为选择时，男生的冷漠态度显得十分明显。但是，却有36.0%的男生选择"会毫不犹豫上前帮助"，而仅有27.3%的女生选择此项。这种现象可以从道德心理上加以说明。总体而言，女生比男生更具有同情心，在别人遇见困难时，女生会表现出更多的怜悯，而男生却表现得相对"绝情和冷漠"。但是，男生比女生更理性些，行动力也更强，所以当需要对某些局面做出决断时，他们会更加果敢，而女生却会表现迟疑。

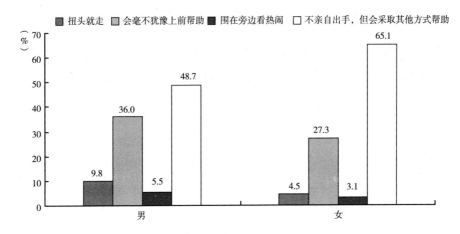

图 5 - 13 当你路过车祸现场看到伤者躺在地上时，你会

此外，如图 5 - 14 所示，当国家发生特大灾害，例如地震、海啸、台风等气象灾害时，大部分的男女生都具有捐款捐物的热心，可是，也有少数大学生，却显得十分冷漠，有6.4%的男生觉得"与己无关，不予理睬"，只有4.1%的女生选择了此项。这就再一次证明了男生道德冷漠的一面。

男生比女生更关心国内外时事。如图 5 - 15 所示，有41.0%的男生选择"非常关心"国内外时事，而仅有27.2%的女生觉得自己非常关心国内外时事，两者相差甚远。在被问及"与自己相关的关心"时，53.4%女生选择此项，而选择此项的男生只有44.9%，女生明显高于男生。同时，有16.3%的女生选择"不关心，少参与"，这也明显高于男生的12.8%，由此可见，男生比女生更关心国内外时事。从走访调查的结果来看，事实也的确

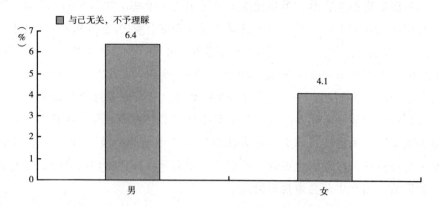

图 5 – 14　当国家发生特大灾害造成重大损失时，你会怎么做

如此，男生更喜欢把课余时间花在关注一些新闻、政治、社会事件上，而女生则把更多的时间花在淘宝、看电视剧及综艺节目等休闲娱乐活动上。

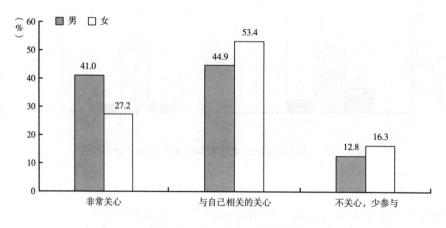

图 5 – 15　你关心国内外时事吗

在择业观上，男生更倾向于"医生""警察""工程师"等职业，而女生更喜欢"教师""公务员"等职业。如图 5 – 16 所示，当被问及"你最希望从事的职业"时，有 21.3% 的女生希望以后从事"教师"的职业，只有 9.2% 的男生表达了这样的意愿。有 17.7% 的男生选择当"医生"，有 13.9% 的女生选择此项。有 16.7% 的女生选择"公务员"，略高于男生的 14.3%。有 10.8% 的男生更愿意从事"军人或警察"的职业，而仅有 6.6% 的女生这么认为。此外，选择"工程师"的男生的比例也高于女生。

由此看来，男生更喜欢具有挑战性的工作，而绝大部分女生却更青睐相对稳定的工作。

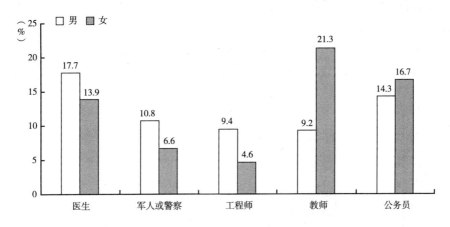

图 5－16　你最希望从事的职业

当进一步追问"你择业时首先考虑"的因素时，如图 5－17 所示，有61.1%的女生选择首先会考虑"个人发展前途"问题，而选择此项的男生为 57.0%。在"薪资待遇"问题上，男生显然比女生更加在意，有 30.4%的男生选择此项，女生则只有 25.6%。此外，调查还表明，女生在选择工作时会更加在意"地域因素"。综合来看，由于受传统"男主外，女主内"观念的影响，考虑到将来成家后男生的家庭负担相对较重，因此男生在择业时更加注重现实因素。

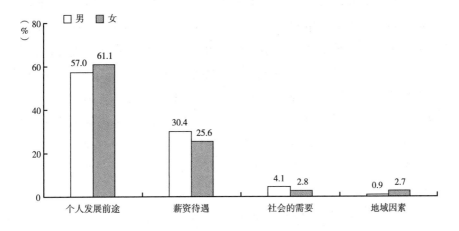

图 5－17　你择业时首先考虑

在知识价值观上，无论是男生还是女生的选择都让人忧虑。如图 5 - 18 所示，当被问及"你认同'知识就是力量，教育改变命运'这个观点吗"这个问题时，大学生选择比例之低令人感到惊讶。只有 15.4% 的男生完全认同"知识就是力量，教育改变命运"这个观点，女生则更低，只有 13.7% 的女生认同该观点。当代大学生在这个问题上的认识与知识经济时代的大背景背道而驰，着实令人难以理解。

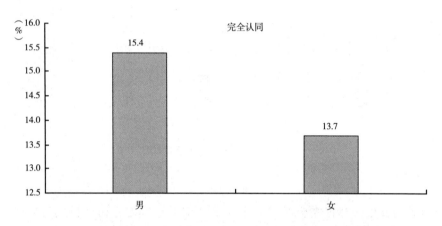

图 5 - 18　你认同"知识就是力量，教育改变命运"这个观点吗

（二）从政治面貌差异来看，党员大学生普遍具有崇高的信念和正确的价值观，但在具体的价值取向和价值选择上存在一定的偏颇。

不同政治面貌的大学生对当代大学生的价值取向普遍持否定态度。不同的价值观决定人们的不同的行动选择。我国长期以来一直坚持集体主义反对利己主义的价值观教育，引导人们树立以集体为重的价值观，然而，调查结果表明，当代大学生的价值取向偏离了正确的轨道。如图 5 - 19 所示，当被问及"你认为目前你周围大多数人的思想追求是什么"时，有 43.4% 的党员大学生选择"利己主义"，有 39.5% 的团员大学生选择此项，23.9% 信教大学生选择此项。而选择"集体主义"的不同政治面貌的大学生普遍都少，党员大学生为 8.5%，团员大学生为 8.7%，信教大学生为 8.6%。

党员大学生的入党愿望最强烈，可是共青团员的入党动机令人担忧。如图 5 - 20 所示，当被问及"你愿意加入中国共产党吗"这个问题

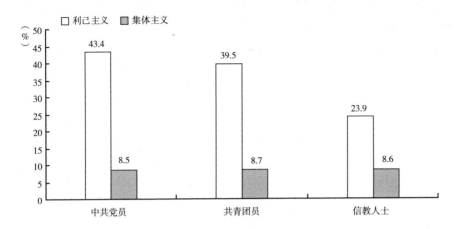

图 5-19 你认为目前你周围大多数人的思想追求是什么

时，有 85.2% 的党员大学生表示愿意，有 71.9% 的团员表示愿意，奇怪的是，居然有 37.6% 的信教大学生也表达了加入中国共产党的意愿。可是当被问及"为什么加入中国共产党"时，在不同政治面貌的大学生中，选择"能得到很多好处"的团员大学生的比例最高，同时，选择"跟风入党"的团员大学生的比例也是最高的，可见团员大学生的入党愿望很强，可是入党的动机却不是信仰共产主义，不是为了更好地提升自己的思想觉悟，更好地为人民服务，而是带有鲜明的投机性，他们的选择令人担忧。

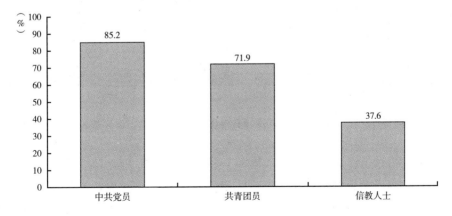

图 5-20 你愿意加入中国共产党吗

党员大学生的道德状况令人担忧，而共青团员的道德价值选择比较矛盾，信教人士的道德取向相对良好。如图 5 - 21 所示，当被问及"当你路过车祸现场看到伤者躺在地上时，你会怎么做"时，三种不同政治面貌的大学生的选择引人深思。选择"毫不犹豫上前帮助"的大学生中，信教大学生比例最高（47.8%），其次是党员大学生（30.7%），然后是团员大学生（30.2%）。选择"扭头就走"的大学生中，党员大学生比例最高（8.2%），信教大学生比例最低（4.3%）。这种情况也体现在对另外一个问题的回答中。如图 5 - 22 所示，当被问及"当国家发生特大灾害造成重大损失时，你会怎么做"时，信教大学生选择"响应号召，捐款捐物"的比例最高，占 58.4%。其次是党员和团员大学生，都占 53.6%。而选择"与己无关，不予理睬"的大学生中，团员大学生最多，占 5.0%，信教大学生最少，占 1.7%。可见，党员大学生的道德价值选择与他们的身份职责极不相称，与社会的期望值也相去甚远。虽然他们经过了党组织的严格考验和审查，可是却还不具备高尚的道德修养和道德素质，他们的道德状况令人担忧。而信教大学生的选择值得我们思想政治教育者进一步研究。

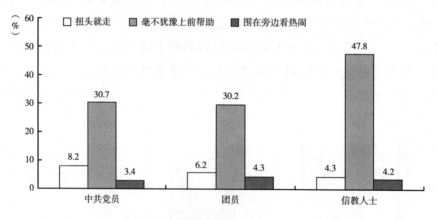

图 5 - 21　当你路过车祸现场看到伤者躺在地上时，你会怎么做

党员大学生择业时更看重"教师"和"公务员"，他们在择业时的道德失范现象显得尤为严重。如图 5 - 23 所示，当被问及"你最希望从事的职业是什么"时，有 20.3% 的党员大学生选择了"教师"职业，相比于其他政治面貌大学生来说比例是最高的，有 18.5% 的党员大学生也选择了"公务员"，而团员有 15.7%，信教人士仅有 6.8%，这固然与相关政策有关，

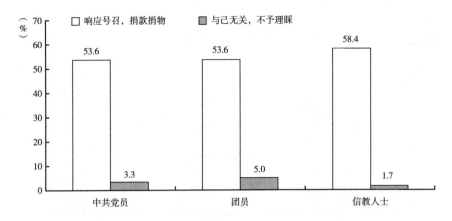

图 5 – 22 当国家发生特大灾害造成重大损失时，你会怎么做

但是从中也反映出党员大学生更想从事相对稳定的职业。如图 5 – 24 所示，当被问及"你如何看待大学生择业过程中的违约现象"时，虽然不同政治面貌的大学生选择"为了找到更好的工作，可以违约"的比例都不低，但是 32.7% 的党员大学生做出这样的选择还是令人惊异，与之形成鲜明对比的是，选择"不能违约，要注重信誉"时，党员大学生的比例最低。可见，党员大学生对于择业过程中的违约行为是比较认可的，充分反映了他们在道德选择时的现实性和功利性。

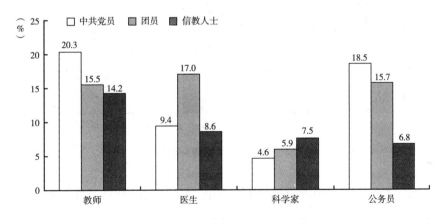

图 5 – 23 你最希望从事的职业是什么

党员大学生更关注国内外大事。如图 5 – 25 所示，当被问及"你关心国内外时事吗"时，有 37.5% 的党员大学生选择"非常关心"，远高于团员

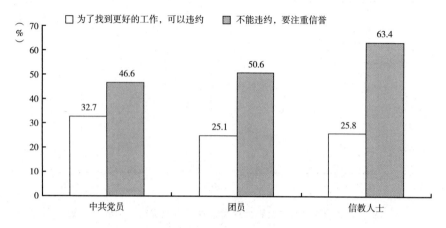

图 5-24　你如何看待大学生择业过程中的违约现象

和信教大学生的比例,这表明党员大学生能够比较自觉地将自己的前途与国家的命运联系在一起。

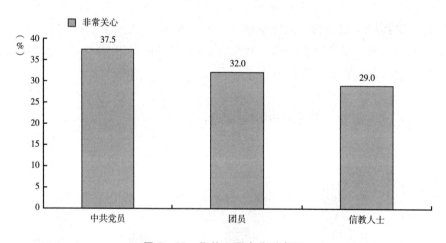

图 5-25　你关心国内外时事吗

　　当代大学生对知识的价值理解并不深刻。当被问及对"你认同'知识就是力量,教育改变命运'这个观点吗"时,不同政治面貌的大学生对这一观点的认同度都很低,最高的也不过 19.3%,如图 5-26 所示。大学生也是知识分子,他们理应高度肯定知识的价值,重视教育的作用,可是,他们的回答令人困惑。

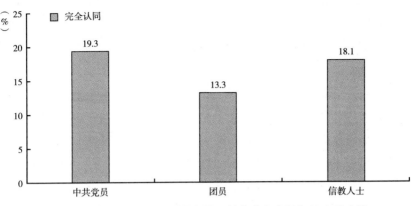

图 5 - 26 你认同"知识就是力量,教育改变命运"这个观点吗

(三) 从年级差异来看,低年级大学生的信念价值观比较坚定,而高年级大学生的信念价值观则具有矛盾性

选择"集体主义"的比例随着年级的升高而降低,其中高年级大学生更认可"拜金主义",低年级大学生更赞同"享乐主义"。如图 5 - 27 所示,当被问及"你认为目前你周围大多数人的思想追求是什么"时,在"集体主义""享乐主义""拜金主义"三个选项中,大学生选择"享乐主义"的比例高居首位,而选择"集体主义"的却寥寥无几,对比十分明显。从总体上看,大学生选择"集体主义"和"拜金主义"的比例随着年级的提升而呈现上升的趋势,选择"享乐主义"的比例却随着年级的提升而

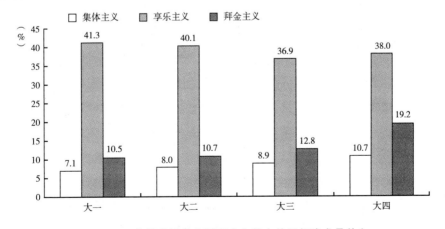

图 5 - 27 你认为目前你周围大多数人的思想追求是什么

呈现缓慢下滑的趋势。这也充分说明，高校作为"小社会"，与校园外的"大社会"是息息相关的，"小社会"受到"大社会"的严重冲击，"大社会"的腐朽思潮正侵蚀当代大学生的思想，应当及时教育引导大学生拒腐防变。

大学生入党愿望普遍比较强烈，可是他们对待入党的态度尚不端正。如图5-28所示，当被问及"你愿意加入中国共产党吗"时，低年级大学生比高年级大学生的意愿更加强烈。其中，从大一到大四，选择愿意加入中国共产党的大学生比例分别是74.6%、72.4%、72.5%和69.2%。当被问及"你加入中国共产党的主要动机是什么"时，在三个选项中，选择"信仰共产主义"的大学生随着年级的升高而逐渐增多，但是最高比例也不足20%。大一的学生虽然入党意愿最为强烈，但是功利性动机也最强。他们选择"信仰共产主义"的比例最低（11.6%），相反的，他们选择"能够得到很多好处"的比例却最高（23.8%）。同时，从图5-29中，我们还可以看出，当代大学生入党也存在着比较明显的跟风迹象，这似乎表明，当代大学生在对待入党这件庄严而神圣的事情上态度尚不端正，对加入中国共产党的重要性和必要性缺乏深刻的认识。

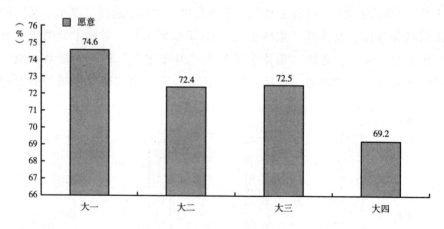

图5-28　你愿意加入中国共产党吗

当代大学生在进行道德选择时，出现年级越高道德素质越低的背离现象。如图5-30所示，当被问及"当你路过车祸现场看到伤者躺在地上时，你会怎么做"时，选择"扭头就走"的大学生比例随着年级的提升而有所

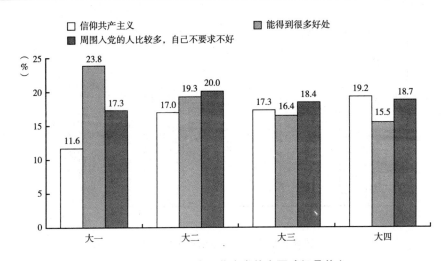

图 5 - 29 你加入中国共产党的主要动机是什么

增加，显示出知识越多道德素质越低的现象。当被问及"当国家发生特大灾害造成重大损失时，你会怎么做"时，当代大学生的选择与前面的选择几乎如出一辙，如图 5 - 31 所示，选择"尽己所能，帮助受灾群众"的大学生比例总体上随着年级的增加而呈现递减情况，仅在大二阶段略高于大一阶段，相差不到一个百分点。由此可见，高年级学生的道德冷漠现象更为明显。在随后的访谈中，我们了解到，出现这种"背离"现象的原因，有可能是由于他们经历的东西比低年级学生多，生活历练也更为丰富，受社会负面道德现象影响比较大，凡事都以个人利益为重，忽略了他人和社会的利益。

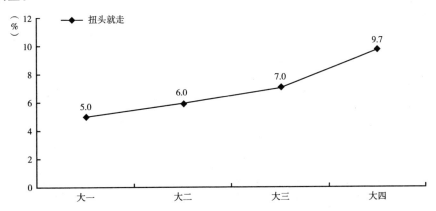

图 5 - 30 当你路过车祸现场看到伤者躺在地上时，你会怎么做

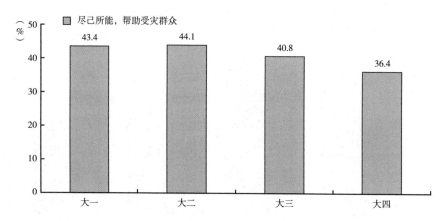

图 5 – 31　当国家发生特大灾害造成重大损失时，你会怎么做

低年级大学生在考虑择业时偏于理想化，高年级大学生则更趋于实利，当代大学生对就业过程中的违约现象比较宽容。如图 5 – 32 所示，当被问及"你择业时首先考虑的因素是什么"时，从大一到大三都有超过六成以上的大学生选择"个人发展前途"，但是大四学生选择此项的却只有 48.7%。而选择"薪资待遇"的比例随着年级的提升而呈现逐渐增加的趋势。这就反映出高年级和低年级大学生在择业时考虑的侧重点明显不同。刚进校门时，对就业形势了解不多，还没有经过社会的历练，因此，在择业时偏于理想化。相反，到了高年级，由于即将就业，社会经历也比较多，在巨大的就业竞争压力驱使下，择业时更为注重实际就变得理所当然了。为了找到更好的

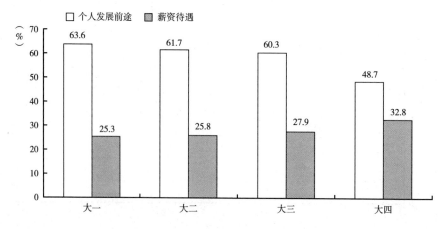

图 5 – 32　你择业时首先考虑的因素是什么

工作，有些大学生甚至不惜违反职业道德。如图 5-33 所示，当被问及"你如何看待大学生择业过程中的违约现象"时，大学生选择"为了找到更好的工作，可以违约"的比例随着年级的升高而上升，大四学生竟高达34.7%，这也反映了当代大学生在择业时的功利主义倾向。

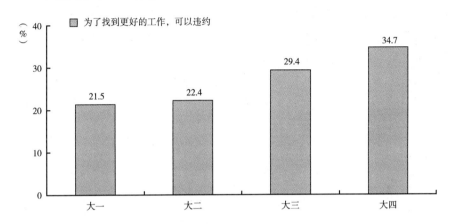

图 5-33 你如何看待大学生择业过程中的违约现象

高年级的大学生更认可知识和教育的重要意义。如图 5-34 所示，当被问及是否认可"知识就是力量，教育改变命运"这个观点时，选择"完全认同"的比例随着年级的升高而升高。可见在大学期间学习时间越长越能意识到知识的重要性。因为，随着年级的升高，面临的社会现实问题就越多，比如就业问题。尤其是大四毕业生，当他们开始找工作时才恍然醒悟，意识到努力学习专业知识、综合知识的重要性。

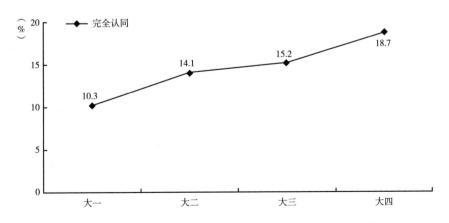

图 5-34 你认同"知识就是力量，教育改变命运"这个观点吗

（四）从专业差异来看，文科生的价值观比较矛盾，理科生的价值观相对良好

在思想追求方面，文科生与理科生对价值判断有区别，但是区别并不大。如图 5 - 35 所示，当被问及"你认为目前你周围大多数人的思想追求是什么"时，有 44.2% 的文科生选择"利己主义"，而选择此项的理科生为 35.5%；有 35.2% 的文科生选择"享乐主义"，而选择此项的理科生为 42.1% 的；有 7.9% 文科生选择"集体主义"，而选择此项的理科生为 9.5%。由此看来，无论是文科生还是理科生，都认为当代大学生对"集体主义"都不太认可，却对"利己主义"和"享乐主义"比较认可。

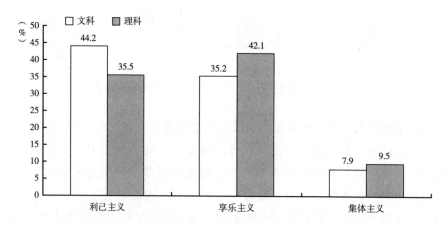

图 5 - 35　你认为目前你周围大多数人的思想追求是什么

如图 5 - 36 所示，当被问及"你希望自己拥有'富爸爸''官爸爸''星爸爸'吗"时，无论是文科生还是理科生都有超过三成的人表示希望拥有，这反映了当代大学生的权势意识还是比较明显的。

文科生的入党动机功利性强于理科生。如图 5 - 37 所示，当被问及"你加入中国共产党的主要动机是什么"时，无论是文科生还是理科生，都有两成左右的人选择"能够得到很多好处"，其中文科生占 21.4%，理科生占 17.6%，可见，当代大学生的入党动机不够单纯，尤其是文科生的入党动机更加功利化和现实化。

理科生的道德价值观比较矛盾，表现比较冷漠，文科生更赞成采取间接的方式帮助他人。如图 5 - 38 所示，当被问及"你路过车祸现场看到伤者躺在地

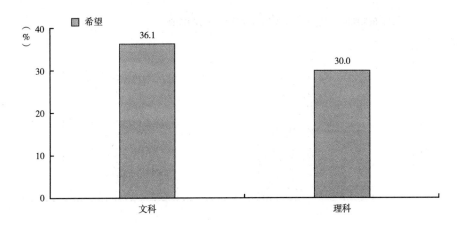

图 5 - 36 你希望自己拥有"富爸爸""官爸爸""星爸爸"吗

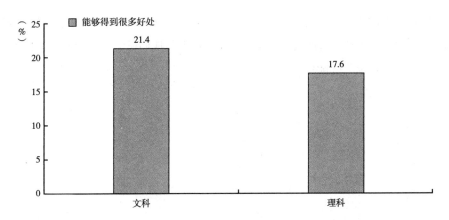

图 5 - 37 你加入中国共产党的主要动机是什么

上时，你会怎么办"时，超过半数以上的大学生选择"不亲自出手，但会采取其他方式帮助"这个选项，文科生更是超过六成。相比之下，选择"扭头就走"的大学生不足一成，应当可以接受。这表明多数大学生的道德判断是正确的，他们在面临道德选择时能够冷静理智地采取适当的行为来帮助有需要的人，值得肯定。但是他们中极少数人的道德冷漠现象也应当引起足够的重视。

当代大学生在选择职业时基本上有正确的价值判断，基本上做到理想与现实的结合，但是也体现出了各自的专业特点，理科生更加注重现实性因素，文科生偏重理想性因素。如图 5 - 39 所示，当被问及"你最希望从事的职业是什么"时，有 23.8% 的文科生选择"教师"，这个比例是理科生的两倍多；有 18.8% 的文科生选择"公务员"，这个比例也明显高于理科生；有 7.2% 的理科

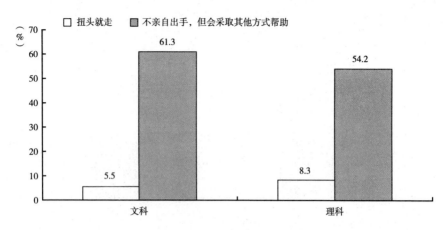

图 5 – 38 你路过车祸现场看到伤者躺在地上时，你会怎么办

生选择"科学家"，这个比例比文科生多近两倍，有 9.2% 的理科生选择"军人"，有 7.0% 文科生选择此项。这些选择大体上与他们所学习的专业高度相关。

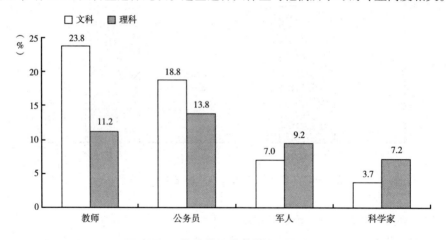

图 5 – 39 你最希望从事的职业是什么

当被问及"你择业时首先考虑的因素是什么"时，如图 5 – 40 所示，有 62.7% 的文科生选择"个人发展前途"，明显高于理科生的 56.0%，与此相关，30.1% 的理科生选择"薪资待遇"作为他们择业时考虑的首要因素，而这样考虑的文科生则为 25.5%。由此可见，在择业时，文科生更注重个人在工作中能力的提升和发展，而理科生则考虑更为现实的薪资待遇问题。当被问及"你如何看待大学生择业过程中的违约现象"时，如图 5 – 41 所示，有 52.5% 的理科生选择"不能违约，要注重信誉"，有 47.8% 的文科生

选择此项，理科生的选择比例略高，这表明五成左右的大学生对这个问题的
认识是清楚的。与此同时，也有超过两成的大学生对这个问题存在模糊的认
识，需要进一步的教育引导。

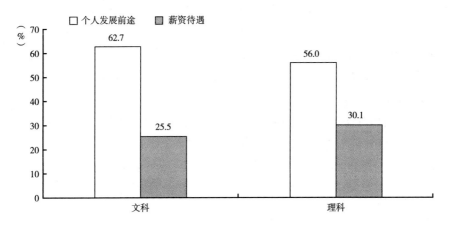

图 5 - 40　你择业时首先考虑的因素是什么

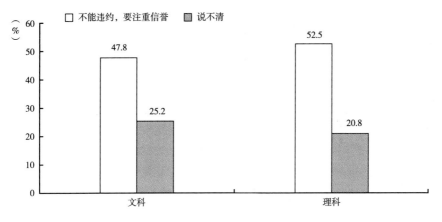

图 5 - 41　你如何看待大学生择业过程中的违约现象

**（五）从家庭所在区域差异来看，农村地区的大学生信念价值观较
为良好，价值取向和价值选择更合理，而城市地区的大学生价值观更具
独立性，可是却显得患得患失**

来自不同地域的大学生对"拜金主义"的看法分歧较大，但是他们在价
值取向上都带有一定的功利主义倾向。如图 5 - 42 所示，当被问及"你认为

目前你周围大多数人的思想追求是什么"时，有73.0%的来自农村的大学生选择"拜金主义"，有62.6%的来自城市的大学生选择此项，两者分歧较大，而对"享乐主义"和"集体主义"的选择则几乎没有差别，这似乎说明来自农村的大学生由于家庭经济条件相对较差，因此他们对于金钱等物质方面的东西更为在意，他们对一些大学生的过度消费行为持批判态度。而来自城市的大学生由于自身生活条件比较优越，对周围大学生的过度消费行为更加容易接受。当被问及"你希望自己拥有'富爸爸''官爸爸''星爸爸'吗"时，如图5-43所示，有36.2%的来自城市的大学生选择了肯定的答案，有30.7%的来自农村的大学生也选择了肯定的答案，由此可见，无论是来自城市还是农村的大学生都希望拥有一个良好的家庭背景，这是大学生在面临激烈竞争的现实面前无奈的选择，也反映了一些大学生在价值取向上的功利主义倾向。

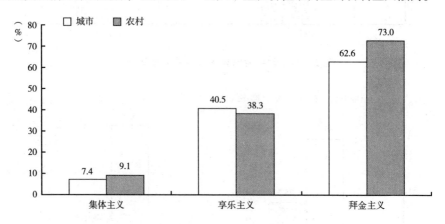

图5-42 你认为目前你周围大多数人的思想追求是什么

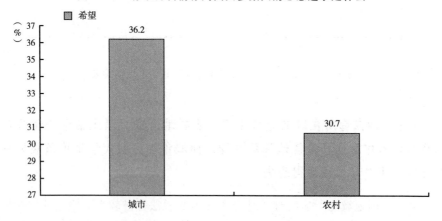

图5-43 你希望自己拥有"富爸爸""官爸爸""星爸爸"吗

　　来自农村的大学生入党意愿更强烈，而来自城市的大学生入党动机功利性更强。如图 5 - 44 所示，当被问及"你愿意加入中国共产党吗"时，有73.3% 的来自农村的大学生选择愿意加入中国共产党，高于来自城市大学生的比例。可见，农村地区的大学生入党的意愿更强烈。可是当被问及"你加入中国共产党的主要动机是什么"时，如图 5 - 45 所示，有 22.3% 的来自城市的大学生选择"能得到很多好处"，而只有 17.0% 来自农村的大学生选择了此项，这又说明来自城市的大学生的入党动机功利性更强。但是，来自农村的大学生选择"周围要求入党的人比较多，自己不要求不好"的比例高于来自城市的大学生，也说明了他们在入党动机上存在模糊认识。

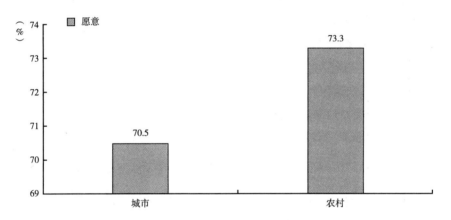

图 5 - 44　你愿意加入中国共产党吗

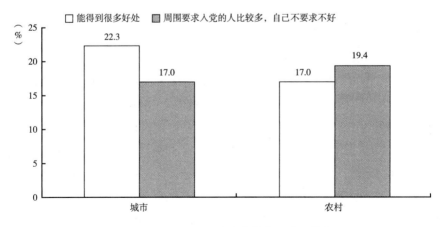

图 5 - 45　你加入中国共产党的主要动机是什么

来自城市的大学生在面临道德考验时表现更加冷漠。如图 5 - 46 所示，当被问及"你路过车祸现场看到伤者躺在地上时，你会怎么做"时，有 7.1% 的来自城市的大学生会采取"扭头就走"，略高于来自农村的大学生的比例，选择"围在旁边看热闹"的来自城市的大学生的比例也远高于来自农村的大学生的比例。由此我们不难看出，当面临道德考验时，来自城市的大学生的态度比来自农村的大学生更加冷漠。这与他们成长的环境有密切的关系。相对而言，来自农村的大学生长期受到农村淳朴民风的影响，形成了乐于助人的好习惯。而来自城市的大学生生活在"陌生人社会"，人与人之间的信任度较低，担心助人会惹事，所以不愿出手相助。

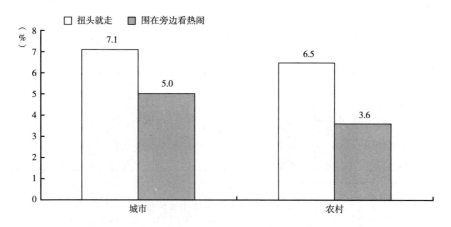

图 5 - 46　你路过车祸现场看到伤者躺在地上时，你会怎么做

来自不同地域的大学生择业倾向不同，来自城市的大学生择业时更看重"薪资待遇"，此外，来自城市地区的大学生更认可择业过程中的"违约"现象。如图 5 - 47 所示，当被问及"你最想从事的职业是什么"时，来自城市的大学生和来自农村的大学生选择希望当"公务员"的比例几乎一致，而选择希望"医生"的，有 16.7% 的来自农村地区的大学生的比例要明显高于来自城市的大学生。当问及"你择业时首先考虑的因素是什么"时，如图 5 - 48 所示，有 29.9% 的来自城市的大学生选择了"薪资待遇"的选项，有 26.5% 的来自农村的大学生进行了同样的选择。当被问及"你如何看待大学生择业过程中的违约现象"时，如图 5 - 49 所示，有 29.1% 的来自城市的大学生选择"为了找到更好的工作，可以违约"，明显高于来自农村的大学生的选择比例。综合来看，来自城市的大学生在择业时更趋于实用主义，为了实现自身利益甚至不惜牺牲职业道德，而来自农村的大学生虽然在择业时也难以脱俗，但是自律性相对较强。

来自不同地区的大学生对待知识价值观的态度大体相同，总体上都不太认同知识的价值。如图 5 - 50 所示，当被问及"你认同'知识就是力量，教育改变命运'这个观点吗"时，有 15.1% 的来自城市的大学生选择"完全认同"，有 14.0% 的来自农村的大学生也作了同样的选择，两者的差别很小。这表明深受功利主义影响的他们对知识的魅力和教育的作用的认识并不深刻，亟待矫正。

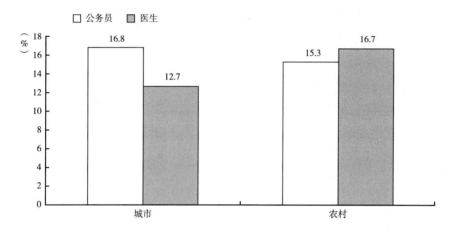

图 5 - 47　你最想从事的职业是什么

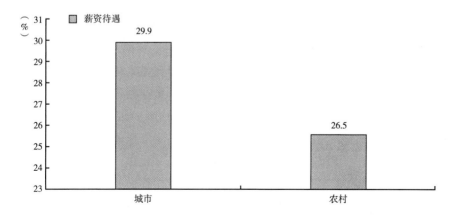

图 5 - 48　你择业时首先考虑的因素是什么

111

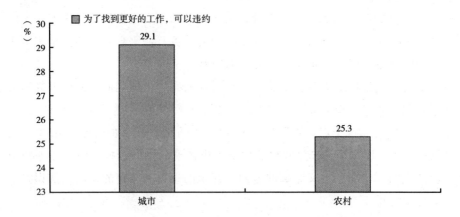

图 5 – 49　你如何看待大学生择业过程中的违约现象

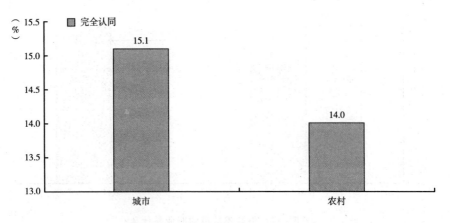

图 5 – 50　你认同"知识就是力量，教育改变命运"这个观点吗

根据调查数据，我们对大学生的价值认识（思想追求）、价值选择、价值评价和价值实践等特征进行了深入细致的分析。从结果来看，总的来说，当代大学生普遍具有强烈的信念价值观需求，而且基本树立了正确的价值观与较为崇高的理想信念。可是，仍然有部分大学生存在价值观偏颇问题，例如，思想追求上功利化、利益需求物质化、求职过程中的诚信缺失以及道德冷漠等问题。因此，一方面，我们要重视并解决大学生价值观中存在的种种困惑和难题；另一方面，以正确的核心价值理念引导大学生的信念价值观，进一步优化对当代大学生的价值观教育，选择更为合理的教育方法和教育路径，以社会主义核心价值体系来引领大学生的价值选择和价值取向，从而帮助大学生形成崇高的理想信念，树立正确的价值观。

第六章
当代大学生精神需求的
基本状况之爱情需求

爱情需求是大学生精神需求中不可或缺的组成部分，校园爱情是大学生活中永恒的主题，大学生爱情需求不仅能够反映当代大学生的恋爱观念，更能进一步揭示出当代青年一代的婚姻家庭状况。近年来，由于大学生极易受到国内外各种社会思潮的影响，特别是伴随自由恋爱时代的到来，当代大学生的恋爱婚姻观发生了深刻的变化，"性解放""婚前同居""快餐式恋爱"等前卫思想逐渐被接受，恋爱中出现了许多新的特征和规律。通过调研，我们发现，当代大学生的爱情需求具有以下几个方面的特点。

一 恋爱欲望强烈的大学生比例较高

如表6-1所示，当被问及"你是否渴望在大学期间谈恋爱"时，有32.1%的大学生选择"是"的选项，对校园爱情充满期待。相比之下，只有13.2%的大学生选择了"不是"，他们不愿意在大学期间谈及感情问题，对于校园爱情表示排斥和反对。其余的大学生选择了"无所谓"的选项。由

表6-1 你是否渴望在大学期间谈恋爱

你是否渴望在大学期间谈恋爱	频数(个)	百分比(%)	有效百分比(%)
是	1133	32.1	32.1
不是	465	13.2	13.2
无所谓	1931	54.7	54.7
合计	3529	100.0	100.0

此可见超过半数的大学生对大学校园恋爱的态度是顺其自然的，不强求也不反感。但是也有超过三成的大学生表达了对大学期间谈恋爱的强烈愿望。只有少数大学生不愿谈及感情问题。

二 恋爱动机五花八门

如图 6 - 1 所示，当被问及"如何看待大学生的主要恋爱动机"时，虽然有47.8%的大学生选择为了"追求美好的爱情"，可是也有26.4%的大学生选择为了"打发无聊的时间"，还有 10.4%的大学生认为恋爱的目的是"满足生理的需要"，居然有8.1%的大学生选择了"随大溜"。由此可见，大学生的恋爱动机呈现出多样化的特点，其中有将近五成的大学生树立了正确的恋爱观，可是也有部分大学生的恋爱主要动机已经偏离了真正的恋爱初衷和恋爱的真正意义了。

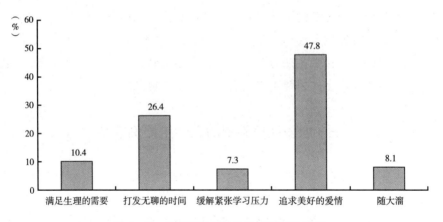

图 6 - 1 如何看待大学生的主要恋爱动机

三 择偶标准更加注重内在美

如图 6 - 2 所示，当被问及"你的择偶条件"时，有21.6%的大学生选择了"品德"，16.5%的大学生选择了"性格"，15.0%的大学生选择了"气质"，11.9%的大学生选择了"才华"，10.8%的大学生选择了"外貌"。从大学生选择的情况来看，他们在择偶时普遍更看重对方内在的气质和才华，只有少数大学生在择偶时把外貌列入参考的范围，更倾向于外貌、身材等这些外在条件。

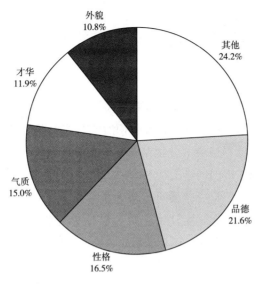

图 6 - 2　你的择偶条件

四　对婚前同居行为十分宽容

如图 6 - 3 所示，当被问及"你对大学生男女同居现象的看法"时，有61.5%的大学生选择了"可以理解，但我不会这样做"，甚至有31.4%的大学生选择了只要"双方愿意就可以"，仅有7%的大学生觉得这样的行为"伤风败俗，坚决反对"。由此可见，对于婚前同居的行为，大部分大学生的态度已不像他们的父辈们那样坚决反对和排斥了，而是体现了一种更为开放和包容的态度。

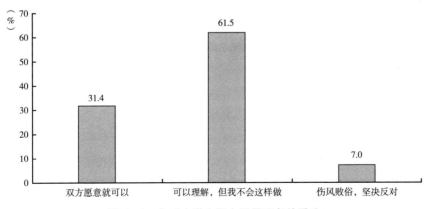

图 6 - 3　你对大学生男女同居现象的看法

五 普遍能够正确处理好恋爱与成长的关系

如图 6 - 4 所示，当被问及"你怎么看待大学生谈恋爱对自身的影响"时，有 48.0% 的大学生认为大学期间谈恋爱"能够更好地培养责任意识"，也有 22.0% 的大学生认为谈恋爱可以使他们的"学习生活更有动力"，但是也存在 16.3% 的大学生觉得这会"分散精力，浪费时间和金钱"，甚至有 9.9% 大学生觉得会"影响正常的同学交往"。可见，大部分大学生能够很好地处理自身学习和情感的关系，觉得恋爱可以成为学习的精神动力，有利于培养自身的责任意识，仅有少数大学生认为恋爱和学习不能兼容，谈恋爱不仅会影响学习，浪费时间，花费金钱，而且会影响与别的同学之间的友好关系。

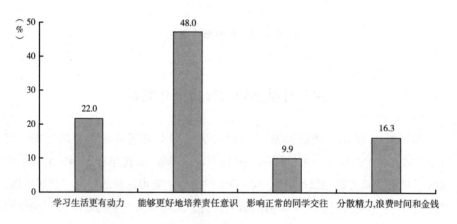

图 6 - 4 你怎么看待大学生谈恋爱对自身的影响

六 恋爱耐挫力需要进一步加强

如图 6 - 5 所示，当被问及"如果失恋了，你会如何处理"时，有 63.9% 的大学生觉得自己会"找一种方式排解郁闷心情"，有 18.6% 的大学生选择"继续努力，争取让他（她）回心转意"，有 14.3% 的大学生觉得自己会"无所谓，再找一个"，仅有 2.0% 的大学生会采取"纠缠不清"的方式。可见，绝大部分大学生在应对恋爱中的"失恋"问题时，能够采取正确的处理方式和积极的心态，只有极少部分大学生不能更好地处理情感中的失恋问题。为了进一步了解大学生对失恋的态度，当我们追问被调查者"你怎么看待大学生因为学业或情感压力而选择自杀的现象"时，如图 6 - 6 所示，有 59.1% 的学生觉得这种现象应该"强烈反对，是极不负责任的行为"，但是，也有 32.4% 的学生觉得"可以理解，但我不会这样做"，甚至有 7.3% 的学生认为这种现象"很正常，不必大惊小怪"的。虽然有近六成的大学生表现出了非常理性的态度，但是，仍然有近四成的大学生对这种行为居然表示理解，不能不引起有关部门的重视。

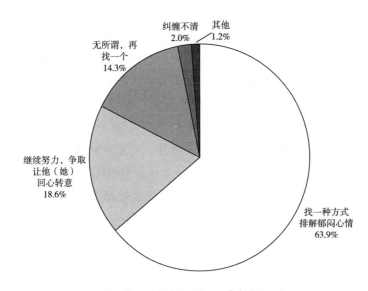

图 6 - 5　如果失恋了，你会如何处理

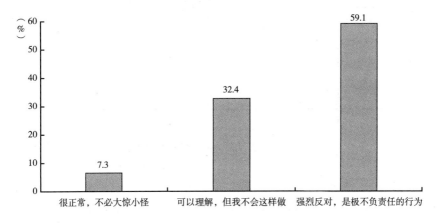

图 6 - 6　你怎么看待大学生因为学业或情感压力而选择自杀的现象

我们分别从性别、年级、专业、政治面貌和家庭所在区域五个方面对大学生的爱情需求做了一系列的交叉分析，从中发现了一些特点。

（一）在性别差异上，男生和女生在爱情需求上存在明显的差异

男生具有更强的恋爱欲望，可是他们的恋爱动机更注重生理需求。如图6-7所示，当被问及"你是否渴望在大学期间谈恋爱"时，有42.0%的男生选择了"是"，仅有24.9%的女生做出了同样的选择，此外，选择"不是"的女生比例为15.5%，也高于选择此项的男生的10.0%，此外，有59.6%的女生觉得"无所谓"，远远高于选择此项的男生的48.1%。由此不难发现，男生更渴望在大学期间谈恋爱，他们对校园爱情的期许度更高，相比之下，女生的恋爱欲望就低多了，甚至有近六成的女生表达了对校园爱情的无所谓态度，这有些令人奇怪。当被问及"你如何看待大学生的恋爱主要动机"时，如图6-8所示，16.0%的男生选择了"满足生理的需要"，这个比例比女生的选择高出了1.6倍，此外，有9.0%的男生认为谈恋爱可以"缓解紧张学习压力"，比例也略高于女生，有50.7%的女生选择谈恋爱是为了"追求美好的爱情"，仅有43.8%的男生选择了此项。由此看来，男女生在恋爱动机上的差别比较大。

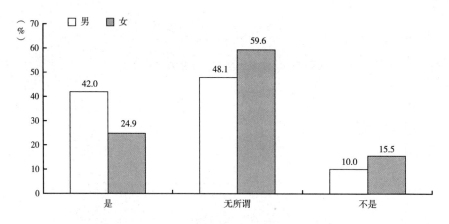

图6-7　你是否渴望在大学期间谈恋爱

在择偶时，男生更感性，而女生则更理性。如图6-9所示，当被问及"你择偶的条件是什么"时，有50.2%的男生选择了"外貌"，只有28.7%的女生选择了此项；有49.9%的女生选择了"才华"，只有30.2%的男生选

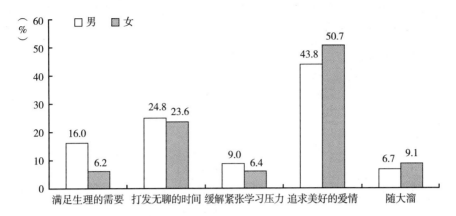

图6-8　你如何看待大学生的恋爱主要动机

择了此项；有63.0%的女生认为"品德"是最优先考虑的因素，有50.2%的男生选择了此项；有22.4%的女生选择了"家庭背景"，只有12.7%男生选择了此项；有19.9%的女生也会考虑"地域"，而仅有12.9%的男生选择了此项。由此可见，男生在选择恋爱对象时，更倾向于对方的身材外貌等这些外部素质，而女生则更注重对方的内在品质，例如才华、品德等因素。

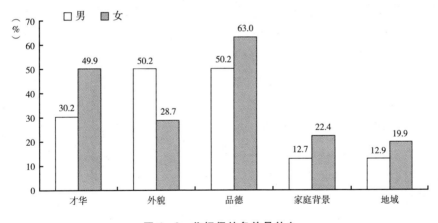

图6-9　你择偶的条件是什么

　　对于"男女婚前同居"现象的看法，男生的态度更为开放，而女生则显得保守。如图6-10所示，当被问及"你对大学生男女同居的看法"时，有46.4%的男生选择了只要"双方愿意就可以"，而只有20.5%的女生做了同样的选择，前者是后者的两倍多；有71.0%的女生选择"可以理解，但我不会这样做"，只有48.7%的男生做出了同样的选择，两者相差很大；此外，有8.5%的女生认为这种行为是"伤风败俗，坚决反对"，而仅有5.0%的男生这么认为。显而易见，在对待大学生"婚前同居"行为问题上，男生比女生更加开放和包容，女生则显得比较保守和稳重。

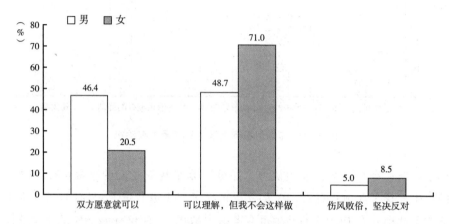

图 6－10　你对大学生男女同居的看法

　　在处理恋爱和自身成长的关系上，男生比女生乐观积极。如图6－11所示，当被问及"怎么看待大学生谈恋爱对自身的影响"时，有52.7%的男生选择了"能够更好地培养责任意识"，也有47.8%的女生认同这样的观点；有25.5%的男生选择了"学习生活更有动力"，有20.9%的女生认同这样的观点。有13.7%的男生选择了"分散精力，浪费时间和金钱"，持这种观点的女生明显多于男生，为19.3%；此外，有12.0%的女生觉得谈恋爱还会"影响正常的同学交往"，而只有8%的男生持相同看法。由此看来，在处理谈恋爱和自身成长的关系问题上，男生的态度更为乐观，他们自信自己有能力协调好恋爱和其他方面的关系，而女生则明显谨慎得多。

　　在对待失恋问题时，女生显得更为成熟理性，男生则显得幼稚。如图6－12所示，当被问及"如果失恋了，你会如何处理"时，有73.3%的女生选择了"找一种方式排解郁闷心情"，远远高于男生52.8%的比例；28.2%的男生选择了"继续努力，争取让她回心转意"，只有12.0%的女生做出同样的选择；而选择"纠缠不清"的男生的比例为2.8%，是女生比例的两倍多（女生为1.3%）。由此推断，在应对恋爱中经常遇到的"失恋"

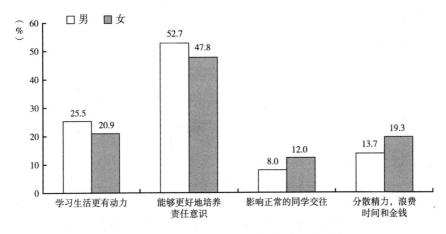

图 6 - 11　怎么看待大学生谈恋爱对自身的影响

现象时，女生显得更为成熟理性，男生则显得幼稚。如图 6 - 13 所示，当被进一步问及"你怎么看待大学生因为学业或情感压力而选择自杀的现象"时，有 11.3% 的男生觉得"很正常，不必大惊小怪"，可是仅有 4.6% 的女生认同这种观点；选择"可以理解，但我不会这样做"的男生有 37.4%，女生有 29.4%；而认同"强烈反对，是极不负责任的行为"这种观点的女生占 66.0%，远远高于男生的选择（51.4%），从中可以看出，在处理恋爱中的突发事件和棘手问题时，男生采取极端行为概率的可能性要高于女生，这也是男生不够成熟的表现。

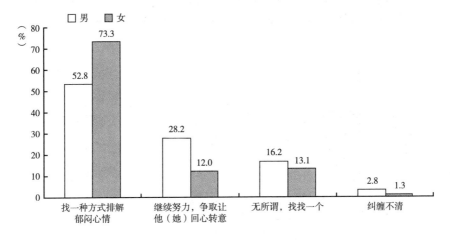

图 6 - 12　如果失恋了，你会如何处理

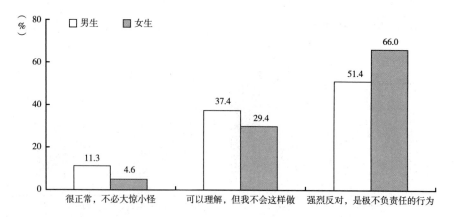

图 6 – 13　你怎么看待大学生因为学业或情感压力而选择自杀的现象

（二）在政治面貌差异上，不同政治面貌大学生的爱情需求差异明显

在三种人群中，党员大学生的恋爱态度最端正。如图 6 – 14 所示，在党员大学生、团员大学生和信教大学生中，党员大学生对大学期间谈恋爱的愿望最为强烈。再如图 6 – 15 所示，当被问及"你如何看待大学生的恋爱主要动机"时，党员大学生选择"追求美好的爱情"的比例是最高的，而在选择"打发无聊的时间"的人群中，团员大学生和信教大学生的比例较高，在选择"随大溜"的人群中，信教大学生的比例是最高的。可见，在这三种人群中，党员大学生由于接受过更多的思想政治教育，因此，具有较高的明辨是非能力，看待问题也比较合理，能够很好地领会爱情的真正意义，他们对待爱情的态度是最为端正的。

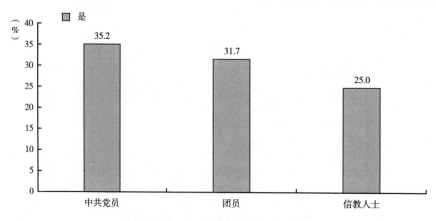

图 6 – 14　你是否渴望在大学期间谈恋爱

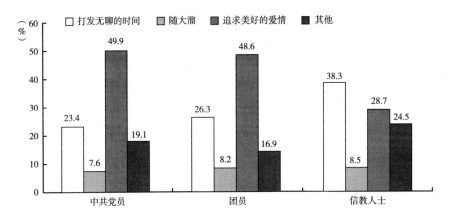

图 6 - 15　你如何看待大学生的恋爱主要动机

党员和团员大学生在择偶时显得成熟理性，而信教大学生的选择让人费解。如图 6 - 16 所示，当被问及"你的择偶条件是"时，有 29.2% 的党员大学生选择了"品德"，27.4% 团员大学生选择了此项，令人感到意外的是，信教大学生选择此项的比例只有 11.2%；有 33.2% 的党员大学生选择了"才华"，31.9% 的团员大学生选择了此项，信教大学生选择此项的比例只有 25.8%；有 33.9% 的党员大学生选择了"气质"，29.6% 的团员大学生选择了此项，信教大学生选择此项的比例只有 16.6%。综合来看，党员和团员大学生的选择大致相同，显示了他们成熟理性的一面。但是，信教大学生的选择却有些让人费解。按照常理来说，有宗教信仰的大学生应当更加注重内在的品质和道德修养才是，可是他们的选择却没有体现出这一点。

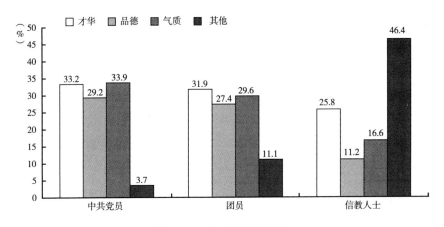

图 6 - 16　你的择偶条件是

信教人士对于"男女婚前同居"的现象更为宽容。如图 6 – 17 所示，当被问及"你对大学生男女同居现象的看法"时，信教大学生选择"双方愿意就可以"的比例在三种人群中是最高的，而在"伤风败俗，坚决反对"这个选项中，信教大学生的比例又是最低的。由此我们不难看出，对于大学生男女同居现象，信教大学生的态度更为宽容。

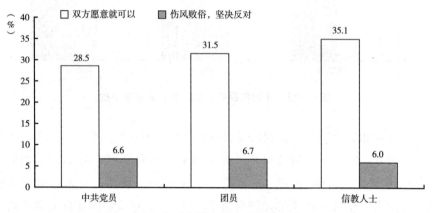

图 6 – 17　你对大学生男女同居现象的看法

党员大学生和团员大学生对待失恋的态度较为端正。如图 6 – 18 所示，当被问及"如果失恋了，你会如何处理"时，党员大学生和团员大学生选择"找一种方式排解郁闷心情"的比例都超过了六成五，基本相当，只有 33.3% 信教大学生认同这种观点。在"纠缠不清"的选项中，信教大学生的选择比例却远远高于党员大学生和团员大学生。这也体现了党员大学生和团员大学生对待失恋的态度基本上是正确的。

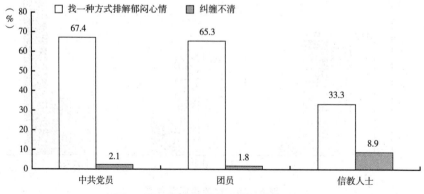

图 6 – 18　如果失恋了，你会如何处理

（三）在年级差异上，大学生在对待恋爱问题上的分歧并不大

低年级大学生的恋爱欲望更为强烈，而高年级大学生恋爱动机更加现实。如图 6 - 19 所示，当被问及"你是否渴望在大学期间谈恋爱"时，选择"是"的比例随着年级的升高而降低，从大一到大四，依次是：33.9%、31.2%、30.2%、18.8%，可见，低年级大学生的恋爱需求更为强烈。当被问及"你如何看待大学生的主要恋爱动机"时，如图 6 - 20 所示，选择"追求美好的爱情"的比例也是随着年级的升高而逐步下降，从大一到大四，依次是：52.3%、49.4%、48.5%、39.1%。可是，选择"满足生理的需求"的比例却是随着年级的升高而上升，从大一到大四，依次是：9.5%、9.6%、

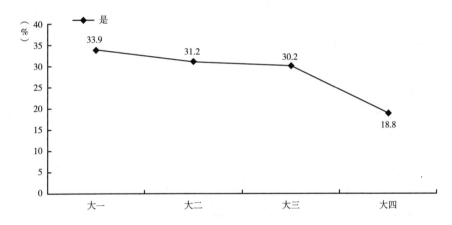

图 6 - 19　你是否渴望在大学期间谈恋爱

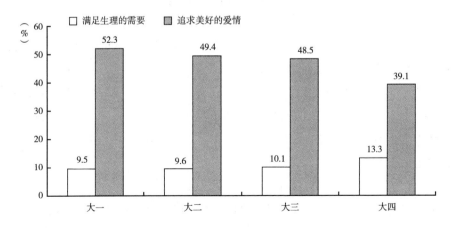

图 6 - 20　你如何看待大学生的主要恋爱动机

10.1%、13.3%。这三组数据告诉我们，历经岁月的洗礼，随着人生阅历的不断丰富，当代大学生们已经从刚进校门时的"理想主义者"变成了大四时的"现实主义者"，有一些大学生甚至变身为"物质男"，过分注重感官享受，直至把美好的爱情当成是发泄的工具，完全曲解了爱情的本质和恋爱的真正意义。

大学生择偶条件随着年级的升高而趋于现实。如图6－21所示，当被问及"你的择偶条件是"什么时，选择"气质"这个因素的比例随着年级的升高而下降，从大一到大四，依次是：58.6%、52.1%、51.0%、49.0%。选择"家庭背景"这个因素的大学生，除了大一（17.8%）略高于大二（16.2%）之外，从大二到大四的比例随着年级的升高而升高。两组数据对比，可以发现，随着年龄的增长，大学生在择偶时考虑的因素越来越现实。

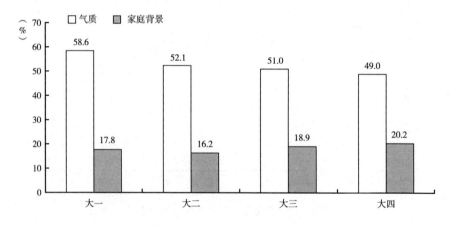

图 6－21　你的择偶条件是

大学生对男女婚前同居行为的态度都比较宽容。如图6－22所示，当被问及"你对大学生男女同居现象的看法是"什么时，从大一到大四，大学生们对"双方愿意就可以"的选择比例差异并不大，都在三成左右，对"伤风败俗，坚决反对"的选择比例都不足一成，差异也不大。由此可见，当代大学生对婚前同居的行为的态度基本上与年龄没有太大的关系，都持比较宽容的态度。

当代大学生对恋爱与自身成长之间的关系的认识高度一致，与年级差异无关。如图6－23所示，当被问及"你怎么看待大学生谈恋爱对自身的影响"时，不同年级的大学生的选择也是基本一致，差异很小。其中，选择"学习

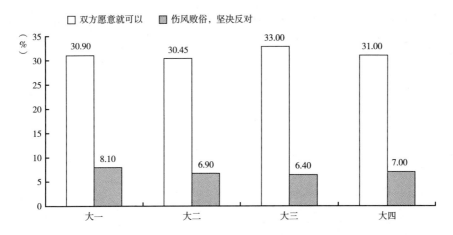

图 6 - 22 你对大学生男女同居现象的看法是

生活更有动力"的大学生都占两成以上，在 22% 左右。最高的 23.0% ，最低的也有 21.3% 。选择"分散精力，浪费时间和金钱"的大学生都是 15.0% 左右，最高 16.9% ，最低为 15.0% ，差异甚小。这就说明，当代大学生对恋爱与自身成长之间关系的认识高度一致，年级之间的差异并不大。

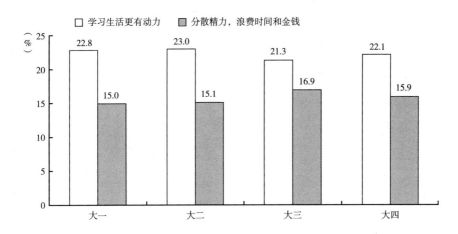

图 6 - 23 你怎么看待大学生谈恋爱对自身的影响

大学生们普遍能够正确面对失恋问题。如图 6 - 24 所示，当被问及"如果失恋了，你会如何处理"时，选择"找一种方式排解郁闷心情"的大学生的比例按照年级从低到高排列分别是：53.0% 、54.6% 、66.6% 和67.0% ，都超过半数以上，三、四年级大学生选择此项的比例明显高于一、二年级的大学生。选择"纠缠不清"的大学生的比例都很低,最高为三年级但不超过3.0%,最低为一年级只有1.1%。显然,当面对失恋问题时,当代大学生基本上都能够正确对待,尤其是高年级学生更善于寻找合适的方式排解由于失恋带来的郁闷心情。

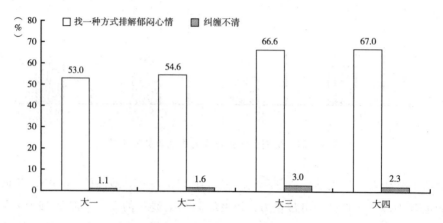

图 6 - 24　如果失恋了,你会如何处理

(四) 在专业差异上,理科生恋爱意愿更加强烈,可是恋爱状况不好,文科生的恋爱状况相对较好

理科生更加渴望爱情,但是,文理科大学生的恋爱动机差异不明显。如图 6 - 25 所示,当被问及"你是否渴望在大学期间谈恋爱"时,有35.5%的理科生选择了"是",明显高于做出同样选择的文科生(30.2%);有49.8%的理科生选择了"无所谓",明显低于做出同样选择的文科生(56.8%);有3.3%的理科生选择了"不是",也明显低于做出同样选择的文科生(13.1%)。由此可以推断,在高校里,文科生的恋爱态度更趋于无所谓,他们的恋爱意愿没有理科生那么强烈。当被问及"你如何看待大学生的主要恋爱动机"时,如图 6 - 26 所示,选择"追求美好的爱情"的文科生的比例为49.0%,与理科生的46.0%大体相当,差距甚小;这种现象也体现在其他三个选项中,分别是"满足生理的需要""打发无聊的时间"和"随大溜"。只是在"缓解紧张学习压力"这个选项的选择上体现出了文科生与理科生的差异性,选择此项的理科生远远超过了文科生。由此看来,由于所学专业的特点不同,理科生的学业任务普

遍重于文科生，学习压力较大，所以，他们也将谈恋爱当作了排解学习压力的一种手段。但是，从总体上看，当代大学生的恋爱动机并没有明显的学科差异。

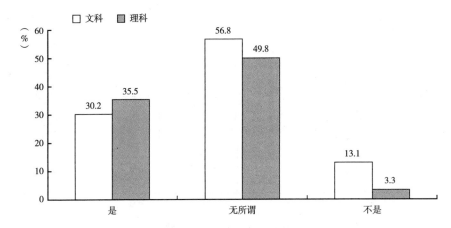

图 6 - 25　你是否渴望在大学期间谈恋爱

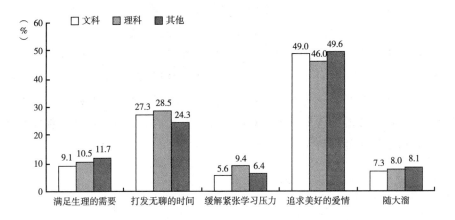

图 6 - 26　你如何看待大学生的主要恋爱动机

在择偶时，文科生更看重对方的内在品质，而理科生则更倾向外貌特质。如图 6 - 27 所示，当被问及"你的择偶条件"时，有 60.7% 的文科生选择"品德"，有 53.7% 的理科生选择了此项；有 45.0% 的文科生选择"才华"，有 38.2% 的理科生选择了此项；有 36.1% 的文科生选择"外貌"，40.0% 的理科生选择了此项；有 50.3% 的文科生选择"气质"，有 53.9% 的理科生选择了此项；21.6% 的文科生选择"家庭背景"，有 16.0% 的理科生选择了此项。由此看来，无论是文科生还是理科生，他们在选择恋爱对象时都考虑得比较周到，只是考虑的侧重点有所不同。相对而言，文科生更看重恋爱对象的内在品质，而理科生选择对象时会更多考虑对方的外在特征。

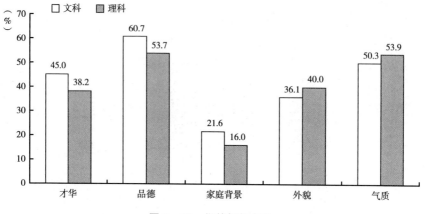

图 6 - 27　你的择偶条件

当代大学生对男女同居现象的看法的专业差异不大，文科生略显保守。如图 6 - 28 所示，当被问及"你对大学生男女同居现象的看法"时，文科生和理科生选择"双方愿意就可以"的比例都在三成左右，理科生略高，表明当代大学生对这种行为还是比较认可的。但是在选择"伤风败俗，坚决反对"这个选项的大学生当中，文科生的比例明显高于理科生，这就说明在女生占多数的文科大学生中对待婚前男女同居的行为态度比较保守和稳重，而男生居多的理科大学生显然更加开放。

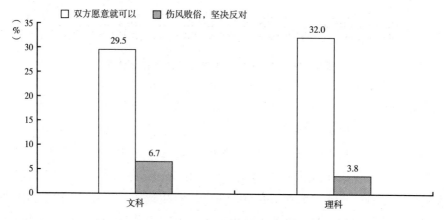

图 6 - 28　你对大学生男女同居现象的看法

理科生更加看重大学生恋爱的积极意义。如图 6 − 29 所示，当被问及"你怎么看待大学生谈恋爱对自身的影响"时，有 46.8% 的文科生选择了"能够更好地培养责任意识"，有 51.5% 的理科生也认同这种观点；有 20.7% 的文科生选择了"分散精力，浪费时间和金钱"，远远高于赞同此观点的理科生的比例（13.9%）；而认为谈恋爱会"影响正常的同学交往"的比例都不高，且文理科大学生的选择比例也几乎相同。由此可见，文科生对恋爱的负面影响考虑更多，而理科生对大学生恋爱的积极意义的认识更加准确。

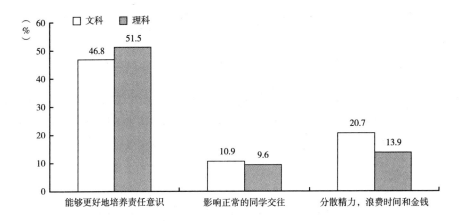

图 6 − 29　你怎么看待大学生谈恋爱对自身的影响

在对待情感挫折时，文科生显得更为理性，抗挫折能力较强。如图6 − 30 所示，当被问及"你怎么看待大学生因为学业或情感压力而选择自杀现象"时，有 62.6% 的文科生选择了"强烈反对，是极不负责任的行为"，明显高于做出同样选择的理科生（56.0%）；有 30.8% 的文科生选择了"可以理解，但我不会这样做"，明显低于做出同样选择的理科生（35.5%）；有 6.6% 的文科生选择"很正常，不必大惊小怪"，也略低于做出同样选择的理科生（8.4%）。显而易见，文科生对待情感挫折的态度比理科生更加理性，抗挫折能力较强。

（五）在家庭所在区域差异上，来自不同区域的大学生的爱情需求强弱程度相当，两者并无显著差别

当代大学生对待爱情的态度是复杂的，来自农村的大学生更加渴望"美好的爱情"。如图 6 − 31 所示，当被问及"你是否渴望在大学期间谈恋爱"

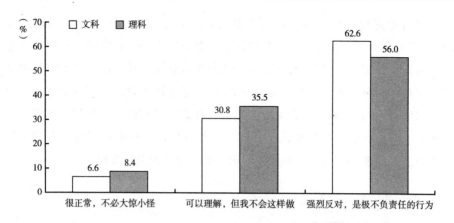

图 6 – 30　你怎么看待大学生因为学业或情感压力而选择自杀现象

时，有 30.4% 的来自城市的大学生选择了"是"，来自农村的大学生选择此项的比例是 33.0%；有 57.4% 的来自城市的大学生选择"无所谓"，有 65.3% 的来自农村大学生做出了同样的选择。有 9.6% 的来自农村的大学生选择了"不是"，仅有 2.2% 的来自城市地区大学生选择了此项。由此我们不难看出，虽然超过三成的大学生都表达了在大学期间渴望爱情的意愿，但是，却有超过 57.0% 以上的大学生并不在意这件事。总体来看，来自农村的大学生对大学生恋爱排斥心理比较强些。再如图 6 – 32 所示，当被问及"你如何看待大学生的主要恋爱动机"时，有 48.1% 的来自农村的大学生觉得恋爱是为了"追求美好的爱情"，明显高于来自城市的大学生（43.4%）；而在"满足生理的需要"和"随大溜"两个选项上，无论是来自城市还是农村的大学生做出的选择差异微乎其微。这样看来，当代大学生无论来自哪里，都表达了对"美好爱情"的期待，只是来自农村的大学生愿望更加强烈。

　　来自不同区域的大学生在择偶时注重的条件也不太一样，各取所需。如图 6 – 33 所示，当被问及"你的择偶条件是什么"时，虽然来自城市和农村的大学生都一致认为"品德""外貌"等因素是十分重要的，但是，在对待其他条件方面，来自城市和农村的大学生还是存在着一定的分歧。譬如，在"家庭背景"的选项上，有 21.3% 的来自城市的大学生选择了认同，明显超过了来自农村地区大学生的选择比例（16.8%）；在"年龄"的选项上，有 19.5% 的来自农村的大学生选择了认同，明显超过了来自城市的大学生选择比例（15.7%）。由此可见，来自不同地域的大学生由于成长的环境不同，在择偶时注重的条件也不太一样。

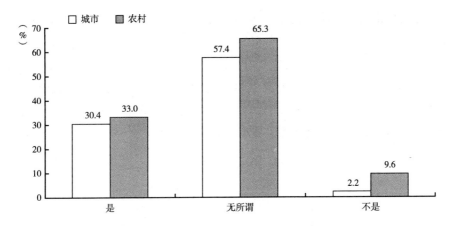

图 6 - 31　你是否渴望在大学期间谈恋爱

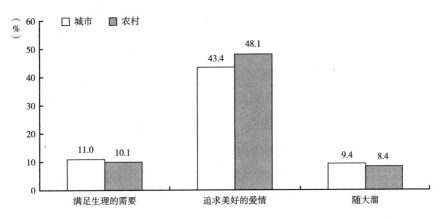

图 6 - 32　你如何看待大学生的主要恋爱动机

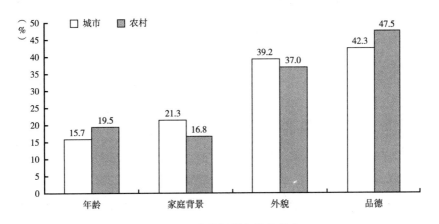

图 6 - 33　你的择偶条件是什么

来自城市的大学生的性观念更加开放。如图 6 – 34 所示，当被问及 "你对大学生男女同居现象的看法" 时，有 35.5% 来自城市的大学生选择了 "双方愿意就可以"，有 29.4% 的来自农村的大学生也同意这种观点，来自城市的大学生的比例高于来自农村的大学生的比例；认为这种现象是 "伤风败俗，坚决反对" 的大学生无论是来自城市还是农村，比例相当接近。可见，来自城市的大学生对待 "男女同居" 现象的观念更加开放。

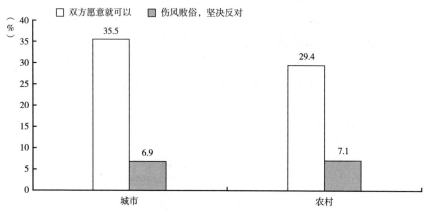

图 6 – 34 你对大学生男女同居现象的看法

当代大学生对恋爱的积极意义的看法没有地域之分。如图 6 – 35 所示，当被问及 "你怎么看待大学生恋爱对自身的影响" 时，来自城市和农村的大学生选择 "能够更好地培养责任意识" 的比例几乎是一致的，这就表明当代大学生对恋爱的积极意义的看法并不会因地域的不同而有重大的差异，高度认可恋爱的积极意义。

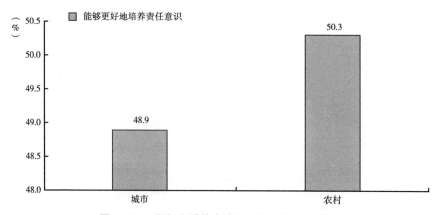

图 6 – 35 你怎么看待大学生恋爱对自身的影响

来自农村的大学生更加珍惜生命，认同因爱失败结束生命的概率较低。如图 6 - 36 所示，当被问及"你怎么看待大学生因为学业或情感压力而选择自杀的现象"时，有 56.8% 的来自城市的大学生选择"强烈反对，是极不负责任的行为"，有 61.3% 的来自农村的大学生认同这种观点，明显高于前者；有 34.6% 的来自城市的大学生觉得"可以理解，但我不会这样做"，有 31.9% 来自农村的大学生认同这种观点，两者相差不多；有 8.6% 的来自城市的大学生认为自杀行为"很正常，不必大惊小怪"，有 6.8% 的来自农村的大学生认同这种观点，两者差别甚小。综合来看，来自农村的大学生更加珍惜生命，对待恋爱挫折的心态更加健康。

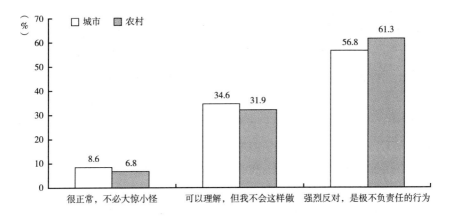

图 6 - 36　你怎么看待大学生因为学业或情感压力而选择自杀的现象

根据以上数据分析可知，当代大学生大部分都具有合理的爱情需求，他们的爱情观总体上是健康的。但是，也有部分大学生对在大学期间如何选择恋爱对象、谈恋爱应该要把握的度、该如何对待失恋等现实问题还缺乏理性成熟的态度。因此，我们要更加关注大学生的感情世界，加强大学生的婚恋观教育，正确引导大学生的恋爱需求，培养大学生的恋爱婚姻责任感和婚恋道德意识，为大学生成长营造良好的校园环境，从而更好地促进大学生的身心健康、协调地发展。

第七章
当代大学生精神需求的基本状况之
荣誉、自尊与成就需求

自尊是指人们在社会比较过程中所获得的有关自我价值的积极的评价和体验。心理学家普遍认为,自尊是心理健康的核心。自尊能够保证人格发展的稳定性,促进人格健康发展。要对自尊形成正确的认识,首先就必须正确看待各种荣誉和成就。考察当前在校大学生对于荣誉、成就的认知,我们可以从中看出他们对自尊的认知是否存在偏差,并以此来指导和完善高校思想政治教育工作。通过本次调研,我们发现,当代大学生的荣誉、自尊与成就需求具有以下几个方面的特点。

一 找到好工作成为上大学的首要理由

如图7-1所示,认为"你上大学的首要理由"是"找到好工作"的占51.7%,"学知识"的占31.3%,"尽孝道"的占7.2%,"谈恋爱"的占6.4%,"其他"的为3.4%。从中我们可以看出,"找到好工作"这个选项所占的比例远远高于其他选项,紧随其后的是"学知识""尽孝道"和"谈恋爱","其他"这个选项所占比例最低。由此可见,多数大学生学习的目的性比较明确,认为上大学是学习知识,增强自身的专业素养,为将来毕业找工作增加砝码。

我们从认为"上大学的首要理由是找到好工作"的角度,分别从性别、年级、家庭所在区域三个方面做了一系列的交叉分析,从中,我们发现了以下几个特征。

(一)性别差异上,如图7-2所示,在认为"上大学的首要理由是找到好工作"这个选项中,女生比男生多,女生占了55.7%,男生占了

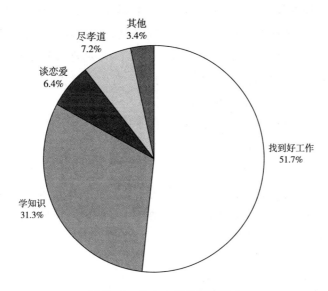

图 7 - 1　你上大学的首要理由

46.2% 。由于目前我国的就业形势较严峻，很多家长和学生都会把上大学看成是找到好工作的跳板。在找工作这个方面，相对男生来说，女生更倾向于知识的积累，找到稳定的工作，只要找到一个自己还算满意的工作也就不会轻易想到跳槽。而男生比较喜欢挑战，更看重个人的能力。可能已经找到一个还算不错的工作，但是当面临相对较好的新的工作机会时也会去尝试，即使失败了，其整体心态也比女生乐观。

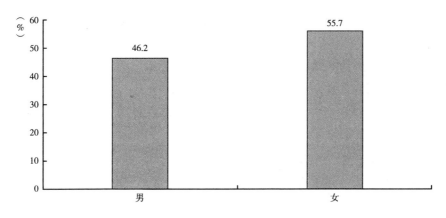

图 7 - 2　上大学的首要理由是找到好工作

（二）年级差异上，如图7-3所示，在认为"上大学的首要理由是找到好工作"这个选项中，随着年级的不断升高，所占比例却呈下降的趋势。大一的学生占54.1%，大二的学生占54.1%，大三的学生占52.1%，大四的学生占44.1%。刚从高中步入大学的大一新生，对大学充满了憧憬，觉得进入大学就是一种荣耀，还沉浸在享受大学生活的快乐之中，找工作似乎离他们还很远。而对于其他年级的大学生来说，随着对大学学习生活的不断熟悉，个人的心智不断成熟，以及离毕业和就业越来越近，他们看待问题也变得更现实、更理性。他们非常清醒地认识到，如果个人在大学四年的学习生涯中，不努力汲取知识和提升各种能力，个人的整体素质也并不一定会比没有读大学的同龄人高，就业竞争的优势将无从显现。所以他们十分注重知识的积累和个人能力的提升。

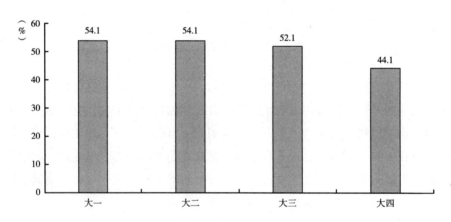

图7-3　上大学的首要理由是找到好工作

（三）家庭所在区域的差异上，如图7-4所示，在认为"上大学的首要理由是找到好工作"这个选项中，来自农村的大学生略高于来自城市的大学生，他们分别占53.2%和48.7%。来自农村的大学生，大多家庭背景不是太好，他们努力读书的重要目的就是通过掌握知识改变命运。如果不上大学，他们会觉得自己很难找到好工作，很难实现人生的理想，也无法承担所负的职责和使命，所以他们更强调上大学就是找到好工作。而来自城市的大学生，相比较而言，家庭背景较好，他们对改变自己现状的动力不如来自农村的大学生，更加安逸于现状，对未来的生活也比较乐观。

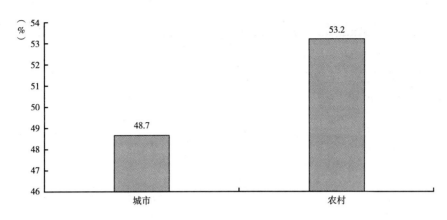

图 7 - 4 上大学的首要理由是找到好工作

二 家庭和谐、身体健康是心情愉快的主要源泉

如表 7 - 1 所示，令当代大学生感到愉快的原因，位于前四的有"家庭生活和谐""身体健康""人际关系较好""帮助了别人"，各项所占比例分别为19.8%、18.0%、16.8%、11.6%。除此之外，问卷中还涉及其他令人感到愉快的事情，包括"学习成绩优秀""困难时得到别人的帮助""做了对社会有贡献的事""个人兴趣爱好得到满足""工作能胜任""思想能够跟上时代的发展""长相较好""社会风气好"。这其中值得注意的是当前大学生对社会的关注度普遍不高，认为令自己感到愉快的事情有"做了对社会有贡献的事"和"社会风气好"的分别只占 4.5% 和 0.8%。从这一调查结果的总体状况来看，显示了令当代大学生精神愉悦的原因是多方面的，但是，主要还是集中在个人生活、学习方面，对他人与社会的关心度显然不够。

表 7 - 1 令你感到愉快的事情是

令你感到愉快的事情	回答次数		个案百分比（%）
	有效个案数（个）	百分比（%）	
家庭生活和谐	2478	19.8	70.3
身体健康	2253	18.0	63.9
帮助了别人	1452	11.6	41.2
学习成绩优秀	1294	10.3	36.7
人际关系较好	2108	16.8	59.8

续表

令你感到愉快的事情	回答次数		个案百分比（%）
	有效个案数（个）	百分比（%）	
困难时得到别人的帮助	561	4.5	15.9
做了对社会有贡献的事	570	4.5	16.2
个人兴趣爱好得到满足	979	7.8	27.8
工作能胜任	334	2.7	9.5
思想能够跟上时代的发展	207	1.7	5.9
长相较好	175	1.4	5.0
社会风气好	110	0.9	3.1
其他	7	0.06	0.2
总　计	12528	100.0	355.3

此外，我们从"家庭生活和谐""身体健康"这个角度，分别从性别、年级、家庭所在区域三个方面做了一系列的交叉分析，我们从中发现以下几个特征。

（一）性别差异上，如图7-5所示，在日常生活中令自己感到愉快的事情是"家庭生活和谐"这个选项中，男生选择比例低于女生，男生占64.2%，女生占74.7%。众所周知，女生的家庭观念比男生的要强。受中国"男耕女织"的传统观念影响，男性更倾向于在外打拼事业来养家糊口，而女性的主要工作是经营好家庭。俗话说："男怕入错行，女怕嫁错郎。"如果说事业是男性的生命线，那么家庭就是女性的生命线。在"身体健康"这个选项中，男生所占比例略高于女生，男生占64.8%，女生占63.3%。无论你走进哪所高校，我们在运动场上总可以看见男生运动的身姿。在运动方面，我们不得不承认男生比女生更加热衷。

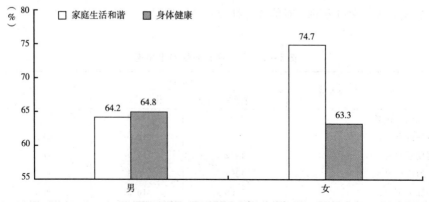

图7-5　家庭生活和谐、身体健康

（二）年级差异上，如图7-6所示，大学生选择在日常生活中令自己感到愉快的事情有"家庭生活和谐"这个选项的，随着年级的提升，比例呈不断下降的趋势。大一学生占77.0%，大二学生占74.7%，大三学生占71.2%，大四学生占53.1%。对于刚进入大学的大一新生来说，其中的大部分学生是第一次远离家庭、远离父母，所以对家庭和父母的眷恋要远远大于其他年级。而对于大四的同学来说，远离家乡外出读书已经形成习惯，在家的时间又少，自我在外独立生活的能力也越来越强，故家庭生活对其影响相对较小。在"身体健康"这个选项中，选择该项的比例虽然有所波动，但是总体上也是随着年级的提升而呈下降趋势，只是下降趋势并不明显。大一学生占64.8%，大二学生占65.9%，大三学生占63.8%，大四学生占59.8%。大四学生所占比例要低于其他年级。究其原因，主要还是大四学生的注意力主要集中在应付各种选拔考试和寻找理想工作上，需要日积月累才能达到的身体健康并不是他们关注的焦点。

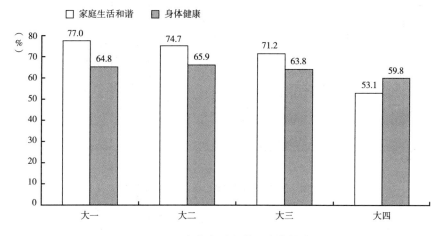

图7-6　家庭生活和谐、身体健康

（三）家庭所在区域的差异上，如图7-7所示，选择在日常生活中令自己感到愉快的事情是"家庭生活和谐"这个选项的，来自城市的大学生比例要低于来自农村的大学生。来自城市的大学生为68.5%，来自农村的大学生为71.2%。由于农村传统思想的影响，当前大学生父辈的婚姻主要是由长辈决定的，并没有过多地尊重当事人的想法，所以来自农村的大学生的父母很多感情基础不是特别牢固，只要能把日子过下去，也可以将就。再加上农村经济条件的欠缺，家庭生活的和谐程度会受到很大影响。相反，来自城市的大学生的父辈，由于生活在比较开明、开放的都市，接受的思想也比较开化，他们的感情大多都是自己选择，有更多的感情基础。再加上其基本生活条件的宽裕，家庭生活的和谐程度也会高于农村。所以家庭生活和谐的程度对来自农村的大学生影响更大，来自农村的大学生也更加深刻地体会到家庭生活和睦的重要性。在"身体健康"这个选项中，来自城市的大学生所占比例也低于来自农村的大学生。来自城市的大学生占61.0%，来自农村的大学生占65.4%。来自城市的大学生，从小养尊处优，甚至是好吃懒做，缺少艰苦生活的锻炼；而来自农村的大学生，由于家庭条件的限制，从小就需要帮助家里做些力所能及的事情，当然其身体健康状况要优于来自城市的大学生。

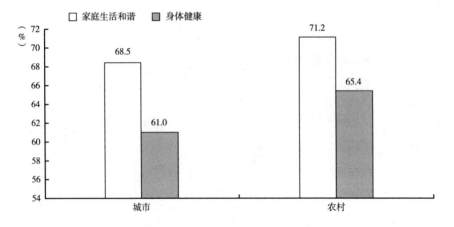

图 7 - 7　家庭生活和谐、身体健康

三　学习和就业压力、生活压力、情感挫折是"三座大山"

如表 7 - 2 所示，当代大学生的烦恼主要来源位于前三的"学习和就业压力""生活压力""情感挫折"，它们所占比例分别为39.2%、18.7%、14.2%。由此可知，"学习和就业压力"远远高于"生活压力"和"情感挫折"。这与我国目前的就业形势是一致的。除此之外，造成大学生烦恼的原因还有"生理病患""家庭变故""人际关系不佳"。从这一数据结果的总

体状况来看，造成大学生烦恼的因素呈多元化，但其主要烦恼还是来自精神
上的。这也警示我们高校的思想政治教育工作者要更加注重大学生的精神需
求，并对其进行正确的教育引导。

表 7-2　你烦恼的主要来源是

烦恼的主要来源	回答次数		个案百分比(%)
	有效个案数(个)	百分比(%)	
生理病患	530	7.3	15.1
学习和就业压力	2842	39.2	80.9
情感挫折	1027	14.2	29.2
家庭变故	447	6.2	12.7
生活压力	1360	18.7	38.7
人际关系不佳	908	12.5	25.8
其他	141	1.9	4.0
总　计	7255	100.0	206.4

　　此外，我们从"学习和就业压力""生活压力""情感挫折"的角度，
分别从性别、年级、家庭所在区域三个方面做了一系列的交叉分析，从中我
们发现以下几个特征。

　　（一）性别差异上，如图7-8所示，在烦恼主要来自"学习和就业压
力"的选项中，男生所占比例要小于女生，男生占78.8%，女生占82.4%。
我们前面已经阐述过，对于工作，男生更喜欢接受挑战，即使在工作中碰
壁，也能很快地调整好心态以再战。而女生的抗挫折能力相对较弱，希望能
够很快地安定下来。所以对于学习和就业，成功率要求比较高的女生压力自
然要大于男生。当然，还有一点不可忽视，在就业市场上"重男轻女"的
观念依旧存在，这也导致女生的压力要大于男生。在"生活压力"这个选
项中，男生所占比例也小于女生，男生占38.3%，女生占39.0%。女生在
日常开销方面，除开满足自身的温饱之外，当代的女大学生更注重自己的
外在形象，在服装、饰品、护肤品等方面会花相对多的金钱来装扮自己。
而男大学生在这些方面显然是不会花费大量金钱。所以说女生的生活压力
会大于男生。在"情感挫折"这个选项中，男生所占比例要高于女生，男
生占32.2%，而女生只占27.0%。俗话说："男追女隔座山，女追男隔层
纱。"在追求自己心动的异性时，女生的成功率要高于男生。当两个人的

感情淡化时，一般也是女方首先提出分手。所以男生所受的感情挫折要高于女生。

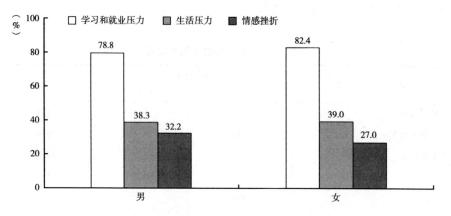

图 7 - 8 学习和就业压力、生活压力、情感挫折

（二）年级差异上，如图 7 - 9 所示，在烦恼主要来自"学习和就业压力"这个选项中，大四的学生所占比例要明显低于其他年级。大四的学生占 76.3%，大一的学生占 80.6%，大二的学生占 84.1%，大三的学生占 80.7%。由此看来，我们平常所持的观点与调查结果有出入。大四的学生虽然面临着毕业，学习和就业压力自然是不小，但是从调查数据看，大四学生的心态还是不错的，把压力转化成一种动力，以此来激励自己。也就是说，现实迫使大四学生自己准确定位，明确自己的奋斗方向。而其他年级的大学生虽说是距离毕业找工作有一定时间，但是对于自己未卜的前程经常表露出焦虑情绪。在"生活压力"这个选项中，大一学生占 39.7%，大二学生占 38.5%，大三学生占 39.7%，大四学生占 35.8%。从大一到大四，所占比例没有规律，大一到大三大体相当，大四略低。进入大学，不论是为了锻炼自己的能力，还是补贴自己的日常开销，大多数大学生都会做一些兼职。大四的大学生随着自己自立能力的增强，兼职经验的丰富，所赚取的"外快"也会多于其他年级，自然生活压力也相对较小。在"情感挫折"这个选项中，大一学生占 28.9%，大二学生占 28.6%，大三学生占 26.4%，大四学生占 35.7%，大四学生明显高于其他年级。究其原因，主要是在于大学期间的恋爱都比较单纯，两个异性在一起的时候没有深思熟虑，所以当大学生活即将结束的时候，他们要面临抉择，很多恋人将面对分居两地的痛苦。

144

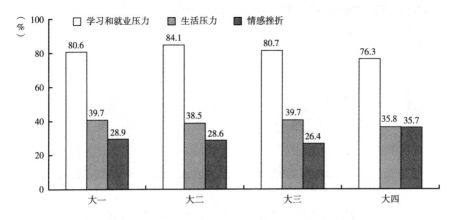

图 7 - 9　学习和就业压力、生活压力、情感挫折

（三）家庭所在区域的差异上，如图 7 - 10 所示，在烦恼主要来自"学习和就业压力"的选项中，来自城市的大学生所占比例要略低于来自农村的大学生，来自城市的大学生占 79.1%，来自农村的大学生占 81.7%。从前面的调查数据可以看出，当前大学生上大学的首要动机是找到好工作。而来自农村的大学生比来自城市的大学生的意愿更强，想通过学习知识改变命运的来自农村的大学生的学习和就业压力自然要大于来自城市的大学生。在"生活压力"的选项中，来自城市的大学生所占比例也要小于来自农村的大学生，来自城市的大学生占 34.2%，来自农村的大学生占 40.9%。大学生的生活压力主要来自金钱方面，经济条件较好的来自城市的大学生的压力自然要小得多。在"情感挫折"的选项中，来自城市的大学生所占比例反而要高于来自农村的大学生。来自城市的大学生占 31.2%，来自农村的大学生占 28.2%。受我国传统的"门当户对"思想的影响，大学生还是比较倾向于找与自己家庭背景相差不多的异性朋友。不管是生活经历、兴趣爱好，还是个性特点、为人处世，家庭背景差异不大的大学生还是比较有共同话题。而来自城市的大学生外向、自傲，在追求异性方面，敢于大胆表露，但是同样是来自城市的被追求者的要求也不是轻易就能达到的，所以成功率较低。而来自农村的大学生朴实、内向，在没有把握成功之前，不会轻易付出，所以其成功率相对较高。并且受浮华的都市生活的影响，来自城市的大学生对于感情的态度没有来自农村的大学生专一。

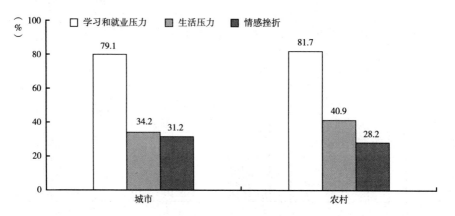

图 7 – 10　学习和就业压力、生活压力、情感挫折

四　个人能力的大小与努力的程度是成功与否的关键要素

为了进一步了解在校大学生对成功的看法，我们设置了"你认为成功与下列哪些因素有关"的问题。结果如表 7 – 3 所示，回答最多的是"个人能力"，占 22.7%；其次是"个人努力"，占 14.8%；再次是"机遇"，占 14.0%；位于第四的是"家庭背景"，占 12.3%；回答"血型"和"民族"的最少，分别占 0.5% 和 0.3%。从这一统计数据来看，大学生们认识到影响成功的因素是多样化的，但内因起决定作用。其中应当引起重视的是"机遇"和"家庭背景"所占比例仅次于"个人能力"和"个人努力"。也就是说，对于个人的成功，大学生认为某些外因也起着重大的作用。

表 7 – 3　你认为成功与下列哪些因素有关

与成功有关的因素	回答次数		个案百分比（%）
	有效个案数（个）	百分比（%）	
生辰八字	183	1.5	5.2
家庭背景	1527	12.3	43.4
个人能力	2820	22.7	80.2
教育背景	1046	8.4	29.7
机遇	1736	14.0	49.3
血型	56	0.5	1.6

与成功有关的因素	回答次数		个案百分比(%)
	有效个案数(个)	百分比(%)	
星座	110	0.9	3.1
个人努力	1838	14.8	52.2
性格类型	1254	10.1	35.6
社会关系	1469	11.8	41.8
遗传	146	1.2	4.2
风水	112	0.9	3.2
性别	72	0.6	2.0
民族	35	0.3	1.0
总　　计	12404	100.0	352.6

　　此外，我们从"个人能力""个人努力""机遇""家庭背景"的角度，分别从性别、年级、家庭所在区域三个方面做了一系列的交叉分析，我们从中发现以下几个特征。

　　（一）性别差异上，如图 7 - 11 所示，在"个人能力"的选项中，男生所占比例小于女生，男生占 77.0%，女生占 82.4%；在"个人努力"的选项中，男生所占比例也小于女生，男生占 47.9%，女生占 55.4%；在"机遇"的选项中，男生所占比例同样还是小于女生，男生占 44.4%，女生占 52.9%；而在"家庭背景"这个选项中，男生所占比例却大于女生，男生占 46.1%，女生占 41.4%。这种现象与我国传统的性别观念密切相关。相对于女大学生而言，男大学生更认为家庭背景与个人的成功密切相关。男性身上所担负的责任比较重，特别是在经济水平不断提高、竞争不断增强的今天，特别是在人情关系浓厚的中国，如果男性要开创自己事业的一片天空，除了自身必须具备的条件之外，家庭背景的好坏也对事业的成败产生重要影响。这是由于家庭背景与社会人脉紧密联系在一起。家庭背景优越的家庭，社会人脉关系广，取得成功的机会也比较多；相反，没有家庭背景的大学生，只能靠自己的实力，但是在与竞争对手相比优势不是特别明显的情况下，成功的概率却不是很高的。而女性在事业上的期望值普遍要低于男性，所担负的家庭责任也低于男性。只要个人工作有激情、个人能力较强，找到一个稳定的工作相对较容易。

　　（二）年级差异上，如图 7 - 12 所示，在"个人能力"选项中，大一学生占 84.2%，大二学生占 81.9%，大三学生占 81.0%，大四学生占

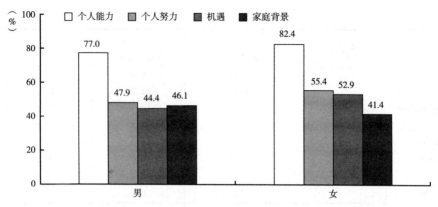

图 7 - 11　个人能力、个人努力、机遇、家庭背景

70.8%；在"个人努力"的选项中，大一学生占 60.3%，大二学生占 54.6%，大三学生占 51.4%，大四学生占 39.9%；在"机遇"这个选项中，大一学生占 55.8%，大二学生占 48.1%，大三学生占 50.2%，大四学生占 41.5%；在"家庭背景"的选项中，大一学生占 41.7%，大二学生占 45.1%，大三学生占 43.5%，大四学生占 42.8%。从这个统计数据我们可以看出，大四学生在这四个选项中所占比例基本上都低于其他年级。由此可见，大四的学生的心智比较成熟，理性与感性并存，理性多于感性，对于成功的看法他们不再持一种片面的认识，而认为一个人成功的原因是多方面的，内因和外因同样重要。首先，个人的能力以及个人的努力是一个人取得成功的基础；其次，机遇也是一个人取得成功不可忽视的因素；最后，家庭背景对一个人的成功也起着重要作用。

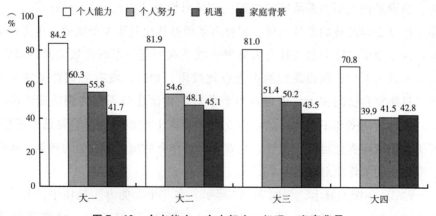

图 7 - 12　个人能力、个人努力、机遇、家庭背景

（三）家庭所在区域的差异上，如图 7-13 所示，在"个人能力"的选项中，来自城市的大学生选择此项的为 79.5%，来自农村的大学生则为 80.5%；在"个人努力"这个选项中，来自城市的大学生选择此项的为 49.9%，来自农村的大学生则为 53.4%；在"机遇"这个选项中，来自城市的大学生选择此项的为 48.1%，来自农村的大学生则为 50.0%；在"家庭背景"这个选项中，来自城市的大学生选择此项的为 45.1%，来自农村的大学生则为 42.5%。从中不难发现，来自城市的大学生在前三个选项当中所占比例都要低于来自农村的大学生，而在第四个选项中要高于来自农村的大学生。毋庸置疑，来自城市的大学生的家庭背景几乎都要优于来自农村的大学生。他们从小养尊处优，接受良好的教育，再加之社会人脉广，也就不用过于担心自己的未来。而来自农村的大学生，所接触到的人、物、事与来自城市的大学生无法相比，并且其父母受教育程度不高，对孩子的成长不能给予更多的有效指导，更不用说是社会人脉的帮助，所以来自农村的大学生会更加注重个人能力的培养，并通过自己的努力，抓住机遇改变命运。

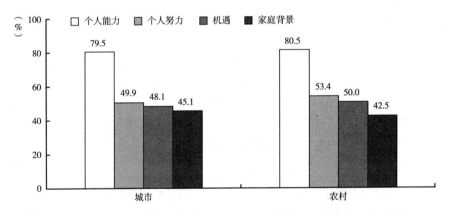

图 7-13　个人能力、个人努力、机遇、家庭背景

五　成就感主要体现在个人能力上

为了进一步了解大学生对自身成就的感受，我们设置了"你觉得大学生的成就感体现在哪里"这个专题。问卷的统计结果如表 7-4 所示，当被访者问到"大学生的成就感体现在哪里"时，回答占比最高的是"社会交际面广"，占 24.0%；其次是"优异的学业成绩"，占 20.8%；再次是"独

立的经济能力",占 19.6% ；最后是"担任大学生干部",占 12.2% ；回答"良好的家庭背景"和"其他"的占比最少,分别为 6.1% 和 1.4%。由此可见,大学生的成就感主要体现在个人能力上。究其原因,主要与大学生所处的环境有关。与复杂的社会环境比较起来,大学校园环境比较单纯,文化氛围更加浓厚,市场经济中的利益冲突不十分明显,是大学生尽情展现个人能力的大舞台。只要大学生严于律己、勤奋好学、自立自强、热心校园活动,就不怕没有发挥自己才干的舞台。

表 7-4　大学生的成就感体现在哪里

大学生成就感的体现	回答次数		个案百分比(%)
	有效个案数(个)	百分比(%)	
拥有各种证书	883	9.4	25.1
担任大学生干部	1147	12.2	32.6
良好的外表	607	6.5	17.3
社会交际面广	2246	24.0	63.9
独立的经济能力	1839	19.6	52.3
良好的家庭背景	567	6.1	16.1
优异的学业成绩	1950	20.8	55.5
其他	127	1.4	3.6
总　计	9366	100.0	266.5

此外,我们从"社会交际面广、优异的学业成绩、独立的经济能力、担任大学生干部"的角度,分别从性别、年级、家庭所在区域三个方面做了一系列的交叉分析,从中发现了以下几个特征。

（一）性别差异上,如图 7-14 所示,在"社会交际面广"的选项中,男生所占比例小于女生,男生占 57.2%,女生占 68.8% ；在"优异的学业成绩"的选项中,男生所占比例也小于女生,男生占 47.6%,女生占61.2% ；在"独立的经济能力"的选项中,男生所占比例同样也小于女生,男生占 46.3%,女生占 56.8% ；在"担任大学生干部"的选项中,男生所占比例却略高于女生,男生占 34.2%,女生占 31.5%。由此可见,男生在前三个选项中所占比例都小于女生,而在第四个选项中所占比例却要大于女生。也就是说,在个人能力上,男生更注重的是个人的管理能力,这跟我国传统的男权社会的影响是一致的。受我国男尊女卑封建思想的影响,男性普遍希望掌管主要权利。而新时代的女性也不再是唯唯诺诺,她们也敢于表达自己的观点、注重自身能力的培养，比如社交能力、学习能力、自立能力等。这些能力的培养与女性仔细认真、注重细节的性格特点密切相关。事实也证明，女性在这些方面并不亚于男性。

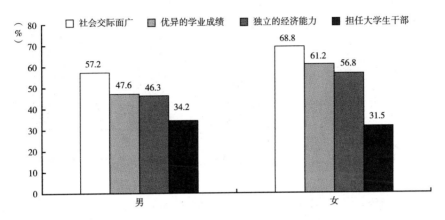

图7－14　社会交际面广、优异的学业成绩、独立的经济能力、担任大学生干部

（二）年级差异上，如图7－15所示，在"社会交际面广"的选项中，大一学生占74.4%，大二学生占64.9%，大三学生占64.6%，大四学生占47.8%；在"优异的学业成绩"的选项中，大一学生占63.7%，大二学生占55.1%，大三学生占56.2%，大四学生占44.3%；在"独立的经济能力"的选项中，大一学生占56.7%，大二学生占55.1%，大三学生占51.6%，大四学生占43.8%；在"担任大学生干部"的选项中，大一学生占29.1%，大二学生占28.8%，大三学生占31.9%，大四学生占44.5%。由此可见，在前三个选项中，从大一到大四随着年级的提升，所占比例却呈下降的趋势，而在第四个选项中，从大一到大四随着年级的提升，所占比例却呈上升的趋势。也就是说，大四学生认为个人的成就感更体现在担任学生干部上。担任学生干部，特别是优秀的大学生干部，不仅对大学生的综合素质要求比较高，而且更吸引大学生关注的是它可以培养自身的组织能力、社交能力、应变能力、解决问题的能力等，这些对以后找工作都有很大的帮助。

（三）家庭所在区域的差异上，如图7－16所示，在"社会交际面广"的选项中，来自城市的大学生占62.0%，来自农村的大学生占64.9%；在"优异的学业成绩"的选项中，来自城市的大学生占53.6%，来自农村的大

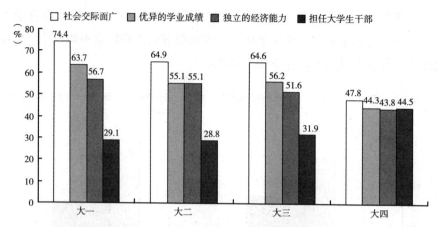

图7-15 社会交际面广、优异的学业成绩、独立的经济能力、担任大学生干部

学生占56.4%；在"独立的经济能力"的选项中，来自城市的大学生占51.6%，来自农村的大学生占52.7%；在"担任大学生干部"的选项中，来自城市的大学生占32.7%，来自农村的大学生占32.6%。由此可以看出，来自城市的大学生在前三个选项中所占比例都要低于来自农村的大学生，而在第四个选项中略高于来自农村的大学生。究其原因，主要由于来自农村的大学生本身缺乏家庭背景，父母不能给自己提供有效的帮助，自己的未来必须靠自己打拼。在外在条件不如他人的情况下，他们只能通过自身的努力取胜。所以他们更加注重个人能力的培养，认为大学生的成就感更多地体现在个人的能力上。

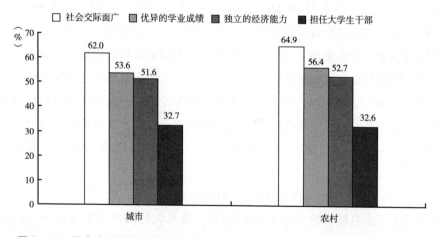

图7-16 社会交际面广、优异的学业成绩、独立的经济能力、担任大学生干部

六　个人成功需要他人的帮助

如图 7 - 17 所示，认为别人的帮助对自己的成功"重要，起决定性作用"的为 48.2%；认为"可有可无"的为 36.8%；认为"不重要，主要靠自己的实力"的为 15%。由此可见，将近一半的被调查者认为个人成功与他人的帮助密切相关。这也与我们的人情社会的现实是基本一致的。在追求实利的社会中，个人的实力固然重要，但是他人的帮助也不可或缺。

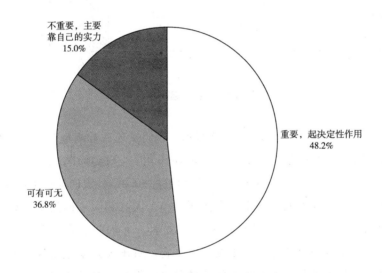

图 7 - 17　他人的帮助对自己成功的重要性

此外，我们从认为别人的帮助对自己的成功"重要，起决定性作用"的角度，分别从性别、年级、家庭所在区域三个方面做了一系列的交叉分析，我们从中发现以下几个特征。

（一）性别差异上，如图 7 - 18 所示，在认为别人的帮助对自己的成功"重要，起决定性作用"的选项中，男生所占比例略低于女生，男生占47.5%，女生占 48.6%。由此可见，男生对于成功的看法更加理性、独立。受传统男权社会的影响，当今的女性大部分还没有走向"台前"，比较依赖他人的帮助。也就是说，真正靠自己的实力去打拼自己事业的女性并不是很多，更多的是比较安于自己的现有工作或者小家庭。而男性在这个方面，更像是先天的挑战者，他们更敢于去拼搏，认为他人的帮助对自己的成功固然重要，但是起决定作用的并不是他人的帮助，而是自身的实力和素质。

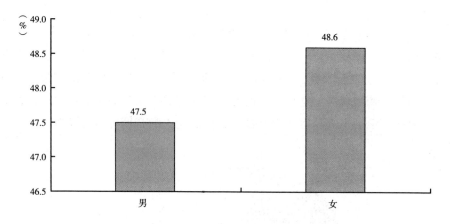

图 7 - 18　重要，起决定性作用

（二）年级差异上，如图 7 - 19 所示，我们发现在被调查者中，认为别人的帮助对自己的成功"重要，起决定性作用"的选项中，大一的学生占46.7%，大二的学生占51.4%，大三的学生占50.0%，大四的学生占41.5%。由此可见，大一和大四的学生所占比例要小于大二和大三的学生。对于大一新生来说，他们最大的成功就是考上了大学。而高考，是公开公平公正的"国考"，无疑是展示大家真实本领的大平台。对于大四学生来说，虽说是处于毕业找工作的阶段，似乎他人的帮助起决定作用，但是任何一个企事业单位的招聘人员都会对大学生的个人实力给予高度关注。所以这部分大学生会认为他人的帮助对自己的成功固然重要，但是起决定作用的还是自己的实力。

（三）家庭所在区域的差异上，如图 7 - 20 所示，在认为别人的帮助对自己的成功"重要，起决定性作用"的选项中，来自城市的大学生所占的比例要略低于来自农村的大学生，但是相差无几。来自城市的大学生占47.5%，来自农村的大学生占48.5%。一般而言，虽然有人脉关系会有更多成功的机会，但是自身能力的不足，对于竞争激烈的今天无疑是个人的软肋。对于自视较高的大学生来说，如果要放下身段恳求他人的帮助，他们更希望的是靠自己的能力来争取自己的未来。这说明，无论是来自城市还是农村，当代大学生都能正确看待"外来的帮助"对自己事业成功的意义。

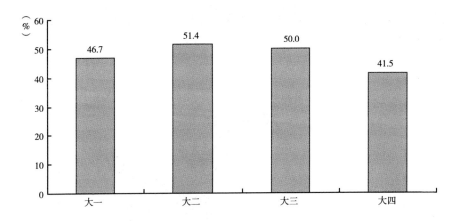

图 7 - 19　重要，起决定性作用

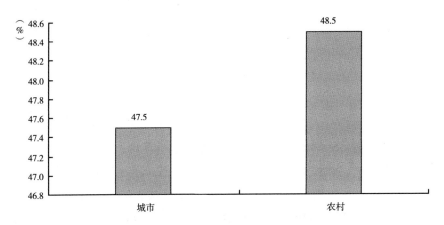

图 7 - 20　重要，起决定性作用

七　学习成绩对个人将来的成功影响较小

如图 7 - 21 所示，在被调查者中，认为学习成绩对个人的成功"影响较大"的为 36.1%，"影响较小"的为 58.6%，"没有影响"的为 5.3%。可见，当代大学生对于学习成绩对个人成功的影响程度的认识有较大的分歧。这与当前的时代背景密切相关。在经济全球化的背景下，市场的竞争越来越激烈，对个人的素质要求越来越高。社会对人才的评判已经从过去的"学习成绩"为绝对标准的单一评判，转变为将学习成绩与组织能力、社交沟通能力、团结协作能力、应变能力等个人能力相结合的综合评判。

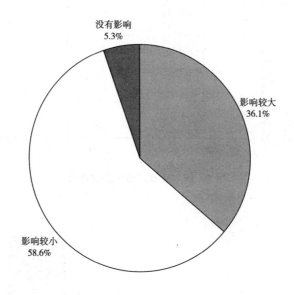

图 7 - 21   学习成绩对个人将来成功的影响

为了进一步了解学习成绩对个人成功的影响程度，我们从认为"学习成绩对个人将来成功的影响较小"的角度，分别从性别、年级、家庭所在区域三个方面做了一系列的交叉分析，从中发现以下几个特征。

（一）性别差异，如图 7 - 22 所示，在认为"学习成绩对个人将来的成功影响较小"的选项中，男生所占比例略低于女生，男生占 58.2%，女生占 58.9%。由此可见，与女生比较起来，男生更加在意学习成绩。这与我国高校存在的"理科男，文科女"的奇特现象密切相关。众所周知，理科侧重的是一种技能的训练，学习成绩在很大程度上意味着学生对某个学科知识的熟悉程度，甚至是对某一技能的掌握程度。而文科侧重的是一个人的思维方式的培养，学习成绩并不能明确地体现一个人的思维方式科学与否。

（二）年级差异，如图 7 - 23 所示，在认为"学习成绩对个人将来的成功影响较小"的选项中，大一学生占 52.2%，大二学生占 55.5%，大三学生占 63.8%，大四学生占 62.3%。对于大一新生来说，通过参加高考进入自己理想的大学，完全是靠自己的学业成绩，所以他们中认为学业成绩对个人将来的成功影响较小的比例最低。而随着大学学习的不断深入，大学生的

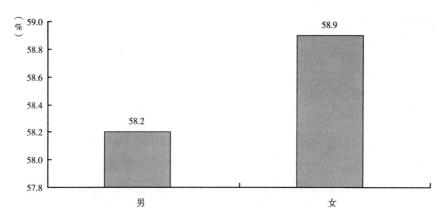

图 7 - 22 学习成绩对个人将来成功的影响较小

判断力也不断成熟，社会竞争的残酷性使他们日益明白社会需要的不是死读书的书呆子，更看重的是个人各方面的能力。

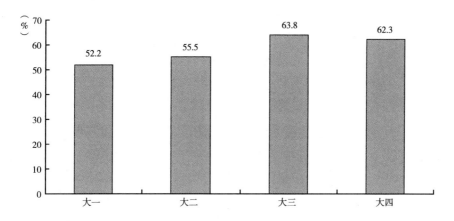

图 7 - 23 学习成绩对个人将来成功的影响较小

（三）家庭所在区域的差异，如图 7 - 24 所示，在认为"学习成绩对个人将来的成功影响较小"的选项中，来自城市的大学生所占比例要略低于来自农村的大学生。来自城市的大学生占 58.4%，来自农村的大学生占 58.7%。相比较来自城市的大学生，来自农村的大学生没有太多的家庭背景，想要事业有成，必须靠自己不断地努力奋斗，而作为大学生来说，能让他们骄傲的也就是自己的学习成绩。但是现实是，即使你的学业成绩再好，所获得的工作也很有可能比不上成绩稍差、但有家庭背景的大学生。

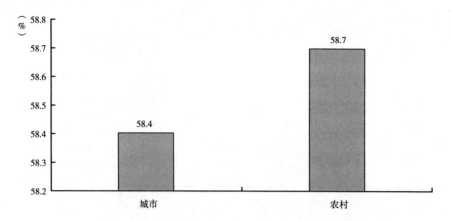

图 7 – 24　学习成绩对个人将来成功的影响较小

第八章
当代大学生精神需求的基本状况之
人际交往需求

　　人际交往是指社会中个人与个人之间，个人与群体之间，运用语言和非语言符号交换意见，交流信息，传达思想，表达情感和需要，从而在心理和行为上产生相互影响的过程。人际交往有利于大学生获得大量的新信息，有利于通过他人的评价来重新审视自我、完善自我，有利于促进大学生的身心健康。近年来，随着校园内外环境的变化，大学生的人际交往也呈现出新的趋势。调查研究大学生人际交往的现状，把握大学生人际交往的总体趋势，重视大学生人际交往中出现的问题，并对大学生人际交往进行积极的引导，对于大学生精神需求的满足意义重大。通过调研，我们发现，当代大学生的人际交往需求具有以下几个方面的特点。

一　同学关系比较融洽，大多数大学生能够正确处理同学之间的矛盾

　　如图8－1所示，当被问及"你所拥有的知心朋友的数量"时，认为自己有"4个以上"知心朋友的为29.8%，有"3～4个"知心朋友的为42.1%，有"1～2个"知心朋友的为24.9%，"没有"知心朋友的为3.2%。从中可以看出，回答自己有3个以上知心朋友的占了71.9%，属于绝大多数，只有极少数人没有知心朋友。

　　我们从认为"自己有3～4个知心朋友"的角度，分别从性别、年级、家庭所在区域三个方面做了一系列的交叉分析，从中发现以下几个特征。

　　（一）性别差异，如图8－2所示，在认为"自己有3～4个知心朋友"这个选项中，女生比男生略多，女生占43.6%，而男生占40.1%。我们普

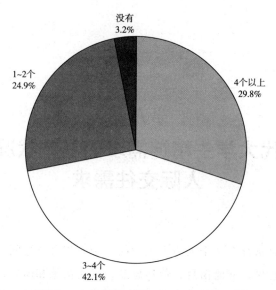

图 8 - 1　你所拥有的知心朋友的数量

遍认为女生的情感比较细腻,聊的话题也会比较倾向于情感化,比如逛街购物、电视剧电影和话家常等,这些都比较生活化。但男生比较豪迈,不会与朋友有过多的非常细腻的情感交流,话题也会比较集中于一些时政大事、体育明星等,这些看似都与我们的现实生活有点距离。所以相比男生而言,女生的这种性格特点也更容易拥有知心朋友。

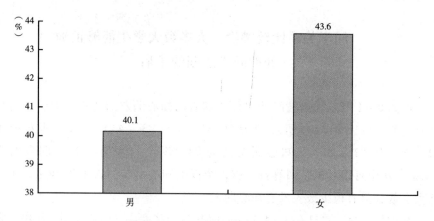

图 8 - 2　自己有 3 ~ 4 个知心朋友

(二)年级差异,如图 8 - 3 所示,在认为"自己有 3 ~ 4 个知心朋友"这个选项中,大一的学生占 39.7%,大二的学生占 42.9%,大三的学生占

40.6%，大四的学生占 46.7%。我们发现在这个选项上，各年级所占比例呈现出两端中一个最低，一个最高的明显特点，即大一学生所占比例最低，大四学生所占比例最高，总体上呈现出随着年级的逐渐升高，选择比例不断增加的趋势。究其原因，主要是大一新生来自五湖四海，个人的禀性都不相同，要结交到知心朋友，必须有一段时间来适应新环境、结识新朋友。而对于即将毕业的大四老同学来说，四年的大学生涯足以让他们结交知心朋友。面临毕业，也就是即将的分离，对于四年共同学习生活的朋友来说，自然是有着与其他年级不一样的感情。

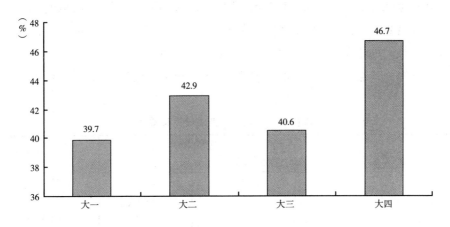

图 8－3　自己有 3～4 个知心朋友

（三）家庭所在区域的差异，如图 8－4 所示，在认为"自己有 3～4 个知心朋友"这个选项中，来自城市的学生所占比例要高于来自农村的学生。

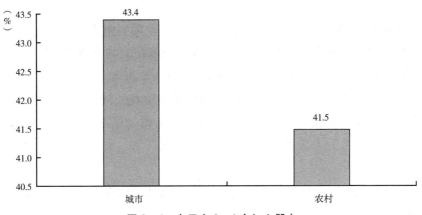

图 8－4　自己有 3～4 个知心朋友

究其原因，主要有以下两点：一是来自城市的学生普遍比来自农村的学生见识更加广泛，与同学的共同话题也更多，所产生的兴趣点也更多。二是来自农村的学生家庭经济条件相对来自城市的学生差，可能会产生一种自卑和自闭的心理，而不太愿意去接触和认识新的朋友。

二　大学生人际交往的途径和方式多样化

为了进一步了解在校大学生人际交往的途径和方式，我们设置了"你通过哪些途径结交朋友"和"你和朋友联系的主要方式"这样两个问题。

如表8-1所示，当被问及"你通过哪些途径结交朋友"时，所占比例最高的是"同学聚会"，为25.8%；其次是"朋友介绍"，占比为22.2%；回答"老乡聚会"和"其他"的次数最少，分别占比为12.0%和3.8%。

表8-1　你通过哪些途径结交朋友

途　径	回答次数		个案百分比(%)
	有效个案数(个)	百分比(%)	
朋友介绍	1602	22.2	45.7
上网	1110	15.4	31.7
同学聚会	1861	25.8	53.1
老乡聚会	862	12.0	24.6
学校社团活动	1500	20.8	42.8
其他	267	3.8	7.6
总　计	7202	100.0	205.6

如表8-2所示，当被问及"你和朋友联系的主要方式"时，占比最高的是"网络聊天"，为28.7%；其次是"电话"，占比为28.3%；回答"见面"和"写信"的占比最少，分别为16.1%和2.2%。由此可见，当代大学生结交朋友更倾向于自己的生活圈子。随着经济的快速发展和科学技术的不断普及，相对于传统的联系方式，比如"见面"和"写信"，大学生和朋友联系的方式主要是通过"网络聊天"和"电话"这些新型的联系方式。

另外，我们从"通过同学聚会和朋友介绍结交朋友"和"通过网络聊天和打电话保持联系的方式"的角度，分别从性别、年级、家庭所在区域三

表8-2　你和朋友联系的主要方式

联系的方式	回答次数		个案百分比(%)
	有效个案数(个)	百分比(%)	
写信	207	2.2	5.9
电话	2656	28.3	75.5
短信	2319	24.7	65.9
网络聊天	2695	28.7	76.6
见面	1519	16.1	43.2
总　计	9396	100.0	267.0

个方面做了一系列的交叉分析，从中发现以下几个特征。

（一）性别差异，如图8-5和图8-6所示，在"通过同学聚会和朋友介绍结交朋友"这个选项中，男生更倾向"同学聚会"，而女生更倾向"朋友介绍"。在"通过网络聊天和打电话保持联系的方式"这个选项中，女生比男生更喜欢通过网络聊天和打电话与朋友保持联系。究其原因，可能有以下两点：第一，女生天性较男性有依赖感，对介绍新朋友的敏感性强于男生，比较喜欢通过自己信得过的熟人介绍新朋友；而男生天性独立、外向，在认识新朋友中更加喜欢通过自己的直接判断做出抉择。第二，由于女生性格更内向，所以在与朋友保持联系方面，不太喜欢面对面的交流，而倾向于通过网络和电话交流，这种安全系数较高的联系方式也会让女生更加大胆地结交新朋友。

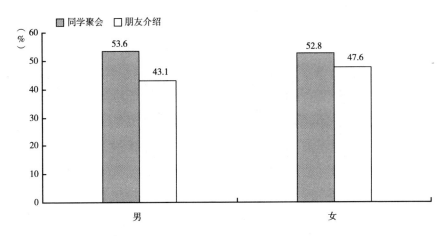

图8-5　通过同学聚会和朋友介绍结交朋友

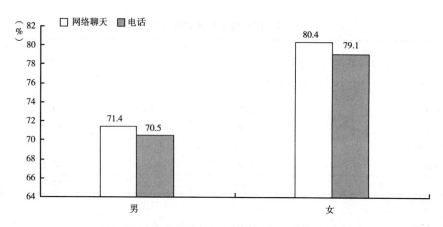

图 8-6　通过网络聊天和打电话保持联系的方式

（二）年级差异，如图 8-7 和图 8-8 所示，在"通过同学聚会和朋友介绍结交朋友"和"通过网络聊天和打电话保持联系的方式"这两个选项中，即将毕业的大四老同学所占比例都要低于其他年级的学生。造成这种现象的原因主要在于目前我国就业形势比较严峻，对于即将面临毕业的大四老同学压力不小。他们需要花大量精力谋划自己的未来，或是考取各种证书，或是考研究生，或是考公务员，或是直接找工作，等等，这些都不能一蹴而就，自然也就不会用更多时间去结交朋友。

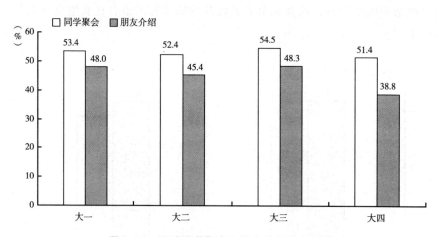

图 8-7　通过同学聚会和朋友介绍结交朋友

（三）家庭所在区域的差异，如图 8-9 和图 8-10 所示，在"通过同学聚会和朋友介绍结交朋友"这个选项中，来自城市的大学生更倾向于

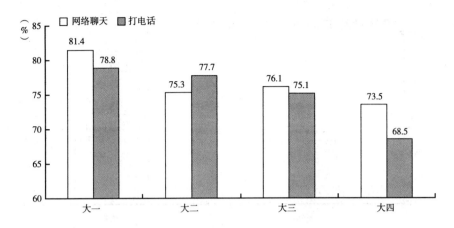

图 8 − 8 通过网络聊天和打电话保持联系的方式

"朋友介绍",而来自农村的大学生更倾向于"同学聚会"。通过"同学聚会"结交朋友对于见识较广的来自城市的大学生来说,已经是司空见惯了;而来自农村的大学生则相反,对于这种交友方式,他们会感到很新鲜。在"通过网络聊天和打电话保持联系的方式"这个选项中,来自城市的大学生则更倾向于"打电话",而来自农村的大学生则更倾向于"网络聊天"。在科学技术不断普及的今天,比如 QQ、微博、飞信、邮箱、MSN······这些的网络聊天方式也更加便捷;而相对于来自经济条件较好的城市大学生,来自农村的大学生更加喜爱这种不需要花费更多金钱的联系方式。

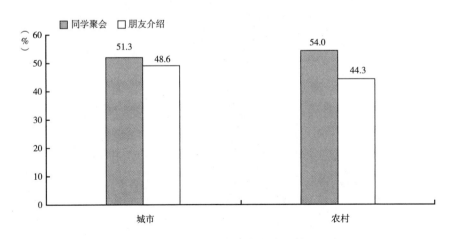

图 8 − 9 通过同学聚会和朋友介绍结交朋友

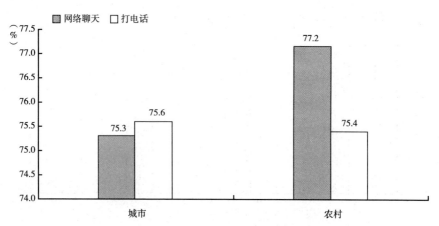

图 8 - 10　通过网络聊天和打电话保持联系的方式

三　同学之间人际关系总体和谐

如图 8 - 11 所示，当被问及你"在学校的人际关系状况"如何时，认为自己人际关系"和谐"的为 48.9%，认为自己人际关系"一般"的为 44.5%，认为自己在学校的人际关系"不和谐"的为 6.6%。由此看来，当代大学生在学校的人际关系总体来说比较和谐。但是仍然有一部分大学生的人际关系不理想，这需要我们高校教育者保持警惕，高度关注这部分学生的人际交往状况。

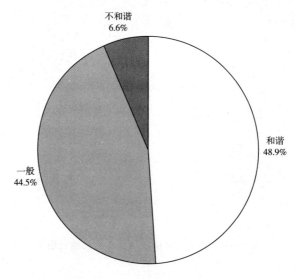

图 8 - 11　在学校的人际关系状况

　　另外，我们从大学生"自己在学校的人际关系和谐程度"的调查中，分别从性别、年级、家庭所在区域三个方面做了一系列交叉分析，从中发现以下几个特征。

　　（一）性别差异，如图8-12所示。在"自己在学校的人际关系和谐程度"这个选项中，女生比男生多。女生占49.2%，而男生只占了48.4%。由此可知，女生在校人际关系现状要略优于男生。相比男生，女生性情温和，即使与同学之间发生矛盾，也很少用暴力解决问题。反而，男生天性鲁莽，容易冲动，同学之间发生矛盾冲突的概率较高，影响了人际关系的和谐。

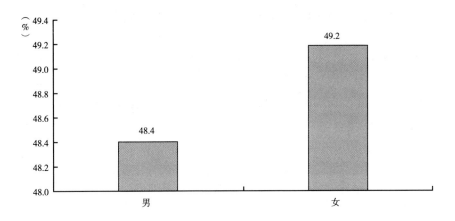

图8-12　自己在学校的人际关系和谐程度

　　（二）年级差异，如图8-13所示，大一新生在学校的人际关系明显要优于其他年级的学生。在"自己在学校的人际关系和谐程度"的选项中，大一的学生占53.8%，大二的学生占47.5%，大三的学生占48.7%，大四的学生占45.0%。大四老同学与大一新同学相比，心智更加完善，在人际关系处理上也更加成熟，特别是对一些名利的争斗也比懵懂的大一新生更有心机，在人际关系上也更近人性。而大一新生，刚刚进入陌生的环境中学习生活，对于一切都感到新鲜，保持着极高的热诚，真心想在大学四年里拥有自己的知心朋友。

　　（三）家庭所在区域的差异，如图8-14所示，来自城市的大学生人际关系明显优于来自农村的大学生。在"自己在学校的人际关系和谐程度"的选项中，来自城市的大学生占53.0%，来自农村的学生占46.8%。

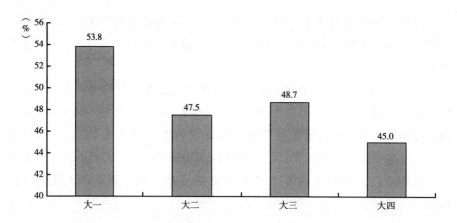

图 8 − 13　自己在学校的人际关系和谐程度

相对来自城市的大学生来说,来自农村的大学生视野较狭窄,心胸不够开阔,在人际交往方面更加情绪化,一旦在人际交往中遇到困难,心理恢复需要较长的时间。而来自城市的大学生更了解人情世故,对交往中的难题看得相对较淡,所以即使在人际关系上遇到挫折,也更容易走出心理的阴霾。

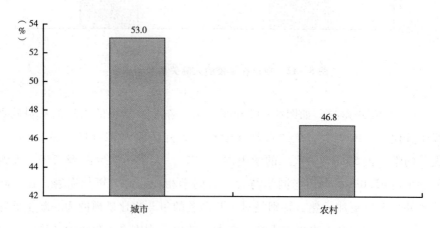

图 8 − 14　自己在学校的人际关系和谐程度

四　产生矛盾的原因复杂化,处事方式不一致是首因

如图 8 − 15 所示,在被问及"大学生与同学发生矛盾的主要原因"时,

选择"学业利益冲突"的占 5.5%，选择"性格不合"的占 31.8%，选择"生活琐事冲突"的占 25.4%，选择"处事方式不一致"的占 37.3%。从中可以看出，处事方式不一致已经成为大学生之间产生矛盾的首要原因。同时也要看到，"性格不合"和"生活琐事冲突"所占比例也不小。随着社会的不断进步，人们的观念也更具个性化，特别是"90 后"大学生。他们做事都有自己的风格，有自己的主见，敢想敢为。在与人相处的过程中，能够大胆地表露自己的想法，不会随意盲从他人。并且生活在大学校园里的每个个体来自不同的地方，他们的家庭背景、生活习俗、思想性格、兴趣爱好等都不尽相同。所以在平常的学习生活中，难免会因为各自的处事方式相异而发生一些不和。

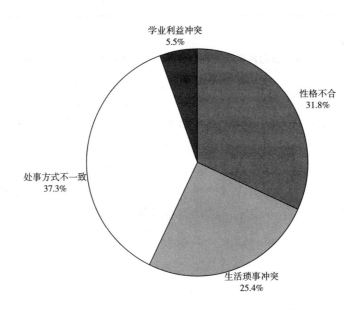

图 8 - 15　大学生与同学发生矛盾的主要原因

另外，我们从"自己与同学发生矛盾的主要原因是处事方式不一致"的角度，分别从性别、年级、家庭所在区域三个方面做了一系列的交叉分析，从中发现了以下几个特征。

（一）性别差异，如图 8 - 16 所示，在认为"自己与同学发生矛盾的主要原因是处事方式不一致"这个选项中，男生占 33.1%，女生占 40.6%。由此可见，女生更容易因为对方处事方式与自己不一致而发生矛盾。相对于男生来说，在人际交往中女生更注意细节，也就是公认的女生更容易计较，不如男生大度。反而，男生在人际交往中，只要不触及自己的底线，就不会因为小事而产生矛盾。

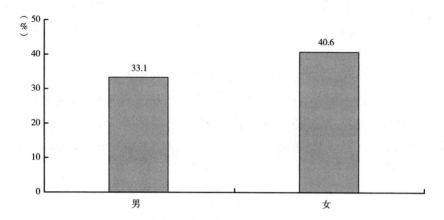

图 8-16　自己与同学发生矛盾的主要原因是处事方式不一致

（二）年级差异，如图 8-17 所示，在认为"自己与同学发生矛盾的主要原因是处事方式不一致"这个选项中，大一学生占 40.4%，大二学生占 38.4%，大三学生占 39.9%，大四学生占 27.5%。大一新生自我个性鲜明，自尊心强，以自我为中心，习惯了他人服从自己，一旦在生活中遇到与自己不合的处事方式，很容易表露自己的不满。而大四的老同学，经过大学四年学习生活，已经对他人的处事方式比较熟悉，能够和睦相处。

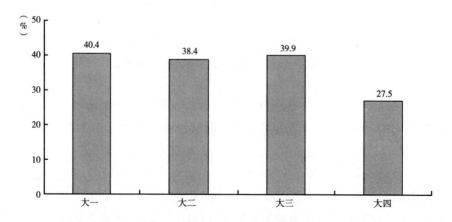

图 8-17　自己与同学发生矛盾的主要原因是处事方式不一致

（三）家庭所在区域的差异，如图 8 – 18 所示，在认为"自己与同学发生矛盾的主要原因是处事方式不一致"这个选项中，来自城市的大学生占38.5%，来自农村的大学生占 36.9%。相对于来自农村的大学生，来自城市的大学生更加孤傲和自负，对于自己看不顺眼的现象，更多的是选择当面指出，甚至是指责。而来自农村的大学生，由于自身的家庭背景不如人，在人际交往中表现出来的更多的是自卑。对于与自己为人处世风格相异的做法，更多的是藏在心里，不会随意表露出来。两种环境下成长起来的大学生，也就造就了两种不同的性情，所以对他人与自己的处事方式不一致也就采取不同的应对方式。当然，当面指责更容易引发矛盾。

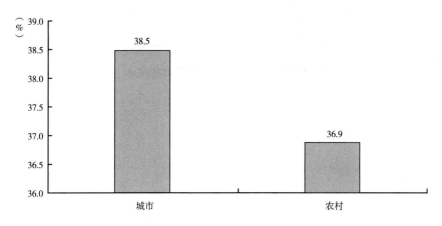

图 8 – 18　自己与同学发生矛盾的主要原因是处事方式不一致

五　解决同学之间矛盾的主动性较强

如图 8 – 19 所示，当被问及"解决同学之间矛盾的对策状况"时，选择"主动沟通，消除矛盾"的占 56.8%，选择"请别人帮忙，协调解决"的占 21.8%，选择"他主动招呼我，自己才回应他"的占 19.3%，选择"从此不理他"的仅占 2.1%。由此可见，即使与同学之间发生矛盾，大多数大学生还是会积极主动地去解决矛盾。尤其值得赞赏的是，有超过八成以上的大学生选择了"主动沟通，消除矛盾"和"请别人帮忙，协调解决"这两项，这充分说明当代大学生更希望通过自己的能力来解决生活学习中同学之间遇到的矛盾。

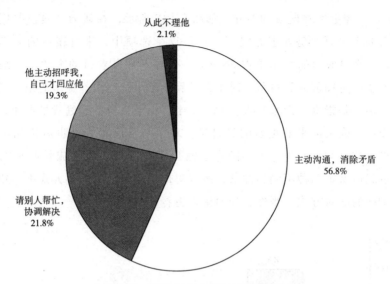

图 8－19　解决同学之间矛盾对策状况

　　另外，我们从当自己与同学发生矛盾，会"主动沟通，消除矛盾"的角度，分别从性别、年级、家庭所在区域三个方面做了一系列的交叉分析，从中发现以下几个特征。

　　（一）性别差异，如图 8－20 所示，在当自己与同学发生矛盾，会"主动沟通，消除矛盾"这个选项中，女生所占比例略高于男生，女生为58.4%，男生为54.8%。相对于女生来说，男生更爱面子。即使与同学发生矛盾，也不愿意撇下面子，主动示好，而是更倾向于通过第三方来化解矛盾。相反，女生在权衡利弊之后，会主动沟通，消除矛盾。

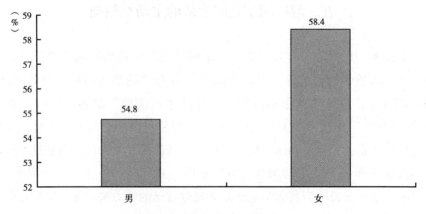

图 8－20　主动沟通，消除矛盾

（二）年级差异，如图 8 - 21 所示，在当自己与同学发生矛盾，会"主动沟通，消除矛盾"这个选项中，当代大学生的选择呈现出随着年级的升高，选择比例逐渐走低的趋势。大一学生占 63.1%，大二学生占 59.7%，大三学生占 54.6%，大四学生占 48.2%。究其原因，主要在于大一新生刚到陌生的学习生活环境，对于一切事物的热情都非常高。当与同学的人际关系出现矛盾的时候，会积极地主动解决。而其他年级的学生，随着对周围事物的不断适应，在人际交往上也会呈现出惰性。特别是对于即将毕业的大四学生来说，有些同学可能毕业之后没有再交流的可能，在大四阶段为自己职业生涯冲刺的时刻，不会花大量的时间和精力理会这些冲突。

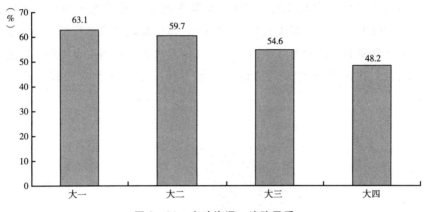

图 8 - 21　主动沟通，消除矛盾

（三）家庭所在区域的差异，如图 8 - 22 所示，在当自己与同学发生矛盾，会"主动沟通，消除矛盾"这个选项中，来自农村的大学生解决矛盾

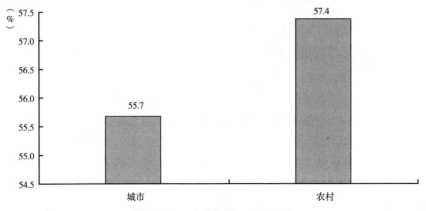

图 8 - 22　主动沟通，消除矛盾

的态度要比来自城市的大学生积极。这是由于，来自农村的大学生比较朴实、重感情，一旦认定了自己想相处下去的朋友，会更加珍惜。而来自城市的大学生，比较看淡人际关系，自尊心比较强，不容易主动放下架子对人示好。

六 师生之间交流渠道不够通畅，师生关系不够融洽

如图8-23所示，当被问及对"大学师生沟通交流满意程度"的看法时，选择"满意"的仅占11.0%，选择"一般"的占61.3%，选择"不满意"的占27.7%。由此可见，现在大学师生沟通交流状况不理想，不满意的大学生所占比例远远高于满意的大学生。师生交流的满意程度，表明了师生关系是否和谐，影响着教学的质量。高校教育者应该高度重视师生沟通交流的现状，找出沟通交流的障碍，对症下药，以构建大学校园和谐的师生关系。

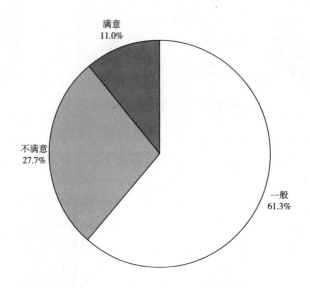

图8-23　大学师生沟通交流满意程度

另外，我们从认为"现在大学师生沟通交流的状况不满意"的角度，分别从性别、年级、家庭所在区域三个方面做了一系列的交叉分析，从中发现以下几个特征。

（一）性别差异，如图8-24所示，在认为"现在大学师生沟通交流的

状况不满意"这个选项中，男生所占比例与女生的相同，都为 27.7%。由此可知，在认为"现在大学师生沟通交流的状况不满意"这个选项上，不存在性别差异。也就是说，不管男生还是女生，都有近三成的学生不满意现在大学师生沟通交流的状况。

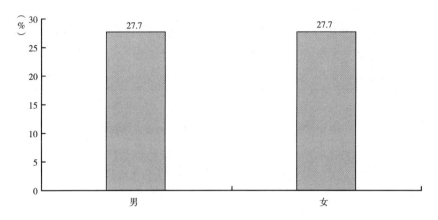

图 8－24　现在大学师生沟通交流的状况不满意

（二）年级差异，如图 8－25 所示，在认为"现在大学师生沟通交流的状况不满意"这个选项中，大一学生占 23.9%，大二学生占 29.1%，大三学生占 27.5%，大四学生占 30.6%。大四学生所占比例高于其他年级的学生。大学老师在教学方式方法、教学习惯、教学思维等方面都与中学老师大相径庭，对于刚进入大学的新生来说，大学老师身上这些特质都令他们好奇，也愿意与老师主动地交流。而随着年级的升高，与老师的接触也越来越多，逐渐熟知老师的性格特质、教学风格，大学生对老师的新鲜感越来越淡，与老师的联系也越来越少。而那些对于大一学生感到新鲜的东西，在大四学生眼里已经习以为常。

（三）家庭所在区域的差异，如图 8－26 所示，在认为"现在大学师生沟通交流的状况不满意"这个选项中，来自城市的大学生占 24.8%，来自农村的大学生占 29.1%，来自农村的大学生所占比例要高于来自城市的大学生。究其原因，主要有以下几点：第一，从老师角度来说，大学老师的素质也参差不齐，有些老师的素质并不是太高，可能依然有嫌贫爱富的观念，更喜欢与来自城市的大学生交流。第二，从学生角度来说，来自城市的大学生更外向、胆量更大、见识更广，能够比较主动地与老师沟通；来自农村的

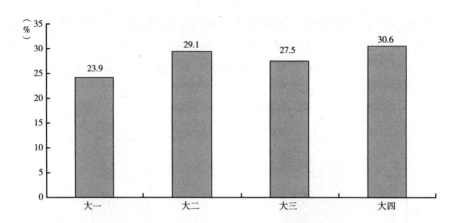

图 8 – 25　现在大学师生沟通交流的状况不满意

大学生更内向，不轻易将自己感到疑惑的问题同老师讨论，在师生交流中比较被动。

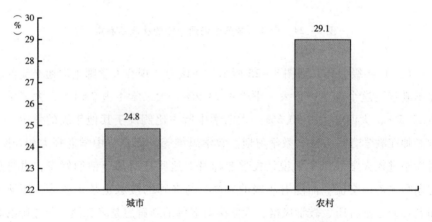

图 8 – 26　现在大学师生沟通交流的状况不满意

　　为了进一步了解学生不愿主动与老师交流的原因，我们设置了"如果你不愿意与老师主动交流，主要原因是什么"这个问题。回答的结果如表 8 – 3所示，回答最多的是"和老师没有什么好说的"，占所有回答比例的42.7%；其次是"怕自己说的话使老师不高兴"，占所有回答比例的22.5%；回答"我觉得老师不喜欢我"和"其他"的比例最少，分别占所有回答比例的 4.7% 和 6.6%。由此，我们可以得出结论：没有共同话题是师生交流的瓶颈。不管是知识容量，还是人生阅历，老师的整体水平要远远高于学生。比如有些问题在学生看来是百思不得其解，而在老师看来就是比较容易解决的。学生所疑惑的问题，感兴趣的话题，老师并不一定有同感，这些都制约着师生的进一步沟通交流。

表8-3　如果你不愿意与老师主动交流，主要原因是什么

不愿意与老师主动交流的主要原因	回答次数		累计百分比(%)
	有效个案数(个)	有效百分比(%)	
和老师没有什么好说的	1341	42.7	42.7
怕自己说的话使老师不高兴	705	22.5	65.2
老师没有亲和力	480	15.3	80.5
我觉得老师不喜欢我	146	4.7	85.1
怕同学们说我拍马屁	257	8.2	93.3
其他	210	6.6	100.0
总　计	3139	100.0	100.0

另外，我们从"如果你不愿意与老师主动交流，主要原因是和老师没有什么好说的"的角度，分别从性别、年级、家庭所在区域三个方面做了一系列的交叉分析，从中发现以下几个特征。

（一）性别差异，如图8-27所示，在"如果你不愿意与老师主动交流，主要原因是和老师没有什么好说的"这个选项中，男生所占比例要低于女生，男生占38.3%，女生占46.0%。众所周知，男生在交流中，倾向于时政热点、体育明星等话题；而女生的话题则倾向于生活琐事，比如逛街购物，聊电视剧、电影，话家常等。很明显，女生的话题比较适合关系亲近的同学朋友，而男生的话题比较适合师生探讨。

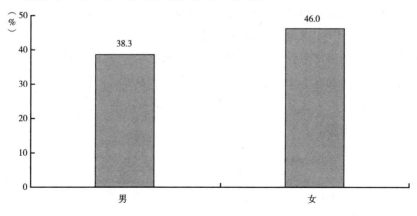

图8-27　如果你不愿意与老师主动交流，主要原因是和老师没有什么好说的

（二）年级差异，如图 8 - 28 所示，在"如果你不愿意与老师主动交流，主要原因是和老师没有什么好说的"这个选项中，随着年级从大一到大四的升高，所占比例越来越小。大一学生占 46.6%，大二学生占44.8%，大三学生占 41.9%，大四学生占 36.4%。随着大学四年知识的不断积累，相对其他年级的学生来说，大四学生知识的广度和深度都超过其他年级，又与大学老师相处时间较长，熟悉了老师的秉性，比较懂得把握与老师交流的分寸。而大一学生，还没有经过系统的理论知识的熏陶，在学术上可以说是空白，自然与老师交流的话题没有深度，聊不到一块去。

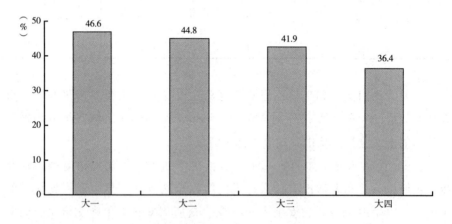

图 8 - 28 如果你不愿意与老师主动交流，主要原因是和老师没有什么好说的

（三）家庭所在区域的差异，如图 8 - 29 所示，在"如果你不愿意与老师主动交流，主要原因是和老师没有什么好说的"这个选项中，来自城市的大学生占 44.3%，来自农村的大学生占 41.9%。来自城市的大学生，由于自身的经济条件比来自农村的大学生好，比较容易养成自傲的性格，对自己不感兴趣的话题，不会委曲求全，会明确表示不喜欢；相反，来自农村的大学生，可能会因为自身的见识狭窄，而用心聆听一些不同的话题，即使不感兴趣，也不会随意打断或是表示厌恶。

为了进一步了解学生内心真实的想法，寻找构建和谐师生关系的良策，我们设置了"若有机会与老师交流，你希望和老师交流什么"这个问题。如图 8 - 30 所示，回答占比最高的是"人生经验"，占总数的65.7%；其次是"学习心得"，占总数的 14.3%；再次是"社会焦点话

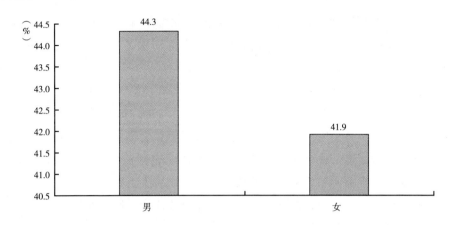

图 8 - 29　如果你不愿意与老师主动交流，主要原因是和老师没有什么好说的

题", 占总数的 11.6%; 回答"上课方式与内容"和"其他"的最少, 分别占总数的 6.5% 和 1.9%。由此可见, 希望与老师交流人生经验的学生远要多于其他交流内容。大学生随着年龄的增长和心智的成熟, 会花更多的心思思考自己以后要走的人生之路。而人生经验内容广泛, 实用性强。虽然每个个体所走的人生之路不尽相同, 但是对于一些比较有价值的人生经验, 对大学生还是有借鉴的意义, 可以帮助大学生少走弯路。

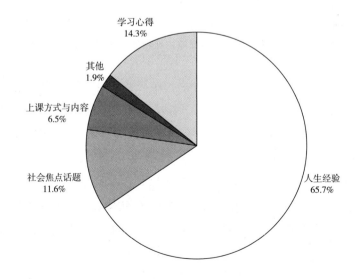

图 8 - 30　若有机会与老师交流, 你希望和老师交流什么

另外，我们从"若有机会与老师交流，你希望和老师交流人生经验"角度，分别从性别、年级、家庭所在区域三个方面做了一系列的交叉分析，从中发现以下几个特征。

（一）性别差异，如图 8 - 31 所示，在"若有机会与老师交流，你希望和老师交流人生经验"这个选项中，男生占 62.1%，女生占 68.2%，女生所占比例要明显高于男生。人生经验一般包括生存之道、为人之道、办事之道和心态修炼之道。这个话题较注重细节，除了老师需要花大量时间之外，学生也需要耐心听讲和思考。众所周知，女生比男生更加细心、耐心，女生比较喜欢小而细的话题，男生比较喜欢大而泛的话题。这种性格特点也就影响了各自兴趣的内容和程度。

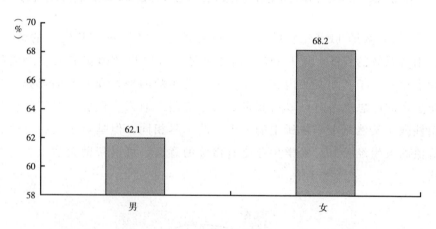

图 8 - 31 若有机会与老师交流，你希望和老师交流人生经验

（二）年级差异，如图 8 - 32 所示，在"若有机会与老师交流，你希望和老师交流人生经验"这个选项中，随着年级的逐渐升高，所占比例却逐步下降。大一学生占 70.2%，大二学生占 66.8%，大三学生占 64.7%，大四学生占 60.1%。大一新生，由于刚刚开始令人兴奋的大学生活，对自己的人生之路充满着好奇与未知，这种心理驱使着他们想去了解老师的人生道路和人生经验。而随着年级的升高，大学生对自我的认识也越来越成熟、理性，由于对自己的人生之路的认识逐渐清晰，对老师人生的经验的兴趣也逐渐降低。

（三）家庭所在区域的差异，如图 8 - 33 所示，在"若有机会与老师交流，你希望和老师交流人生经验"这个选项中，来自城市的大学生所占比

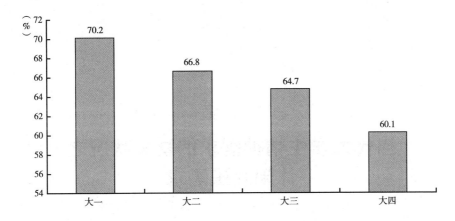

图 8 - 32　若有机会与老师交流，你希望和老师交流人生经验

例要略低于来自农村的大学生，前者占 64.4%，后者占 66.3%。在家庭背景、生活环境等方面，来自城市的大学生要优于来自农村的大学生，当然，来自农村的大学生在生活中遇到的磨炼要多于来自城市的大学生，在人生之路上也会更期待走得顺畅些。相反，来自城市的大学生可能没经过生活的磨炼，不能深刻地体会到生活的艰辛，所以，就很可能将老师的人生经验看作是一种老生常谈。

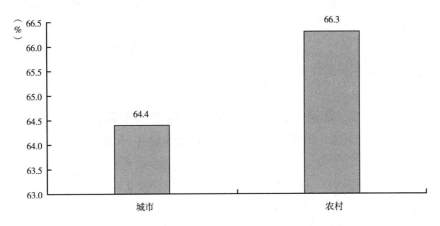

图 8 - 33　若有机会与老师交流，你希望和老师交流人生经验

第九章
当代大学生精神需求的基本状况之
休闲娱乐需求

随着社会的发展和人们生活水平的不断提高，休闲娱乐越发成为人们日常生活中不可或缺的部分。大学生是社会的一个年轻、进步的特殊群体，代表并引领着社会生活的潮流。他们的休闲娱乐活动情况不仅能反映当前全社会青年的要求，更能在一定程度上体现当代大学生的思想观念和价值取向，因而也是大学生精神需求的组成部分。步入大学后，大学生的课业比中学要轻松许多，可自主支配的时间也大大增加，但是否能较快地适应学习生活环境的转变，科学地支配课余时间、合理选择休闲娱乐，这就成了大学生面临的新问题。关注大学生的休闲娱乐生活情况，了解其行为特征，发现其行为规律，对了解大学生的学习生活状况，引导他们健康成长有重要指导意义。通过调研，我们发现，当代大学生的休闲娱乐需求具有以下几个方面的特点。

一 普遍重视休闲娱乐在生活中的重要性，
但进行休闲娱乐活动的频率不高

如图 9 - 1 所示，当被问及"你觉得休闲娱乐在大学生生活中重要吗"时，绝大部分的大学生都给予了肯定的回答。有 48.5% 的大学生认为休闲娱乐在大学生活中"很重要"，有 43.6% 的大学生认为"一般"，仅有 7.9% 的大学生认为休闲娱乐"不重要"。

虽然，大学生都认识到了休闲娱乐的重要性，但是，限于各方面条件，他们参加休闲娱乐活动的频率并不高，如图 9 - 2 所示，当被问及"参加休闲娱乐活动的频率"时，选择"每月一次"的人数最多，达到 40.9%；其

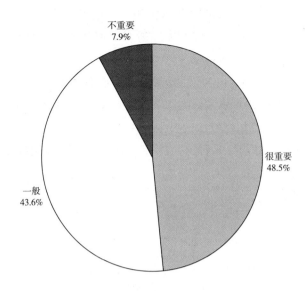

图 9 - 1 你觉得休闲娱乐在大学生活中重要吗

次是"每两周一次",占 26.8% ;选择"每周一次"和"每三个月一次或更少"的分别只有 17.6% 和 14.7% 。可见,大学生进行休闲娱乐活动的频率并不高,对他们学习生活的冲击不会太大。

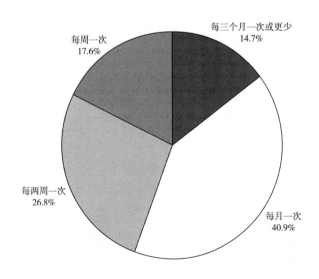

图 9 - 2 参加娱乐活动的频率

　　我们以"对娱乐休闲活动的重视程度"和"参加休闲娱乐活动的频率"为主要问题，分别从性别、年级和家庭所在区域三个方面做了一系列的交叉分析，从中发现了以下一些特征。

　　（一）从性别差异来看，女生略微比男生重视休闲娱乐，但是男生参加休闲娱乐活动的频率比女生高。如图 9－3 所示，有 49.3% 的女生认为休闲娱乐"很重要"，而持相同看法的男生有 47.5%。但是，男生休闲娱乐活动的频率比女生高，如图 9－4 所示，进行"每月一次"休闲娱乐活动的男生有 40.6%，而女生为 41.1%；"每周一次"休闲娱乐活动的男生有 20.1%，而女生为 15.8%。

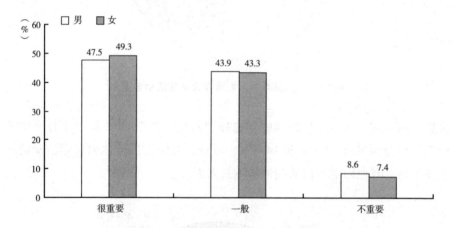

图 9－3　对娱乐休闲活动的重视程度

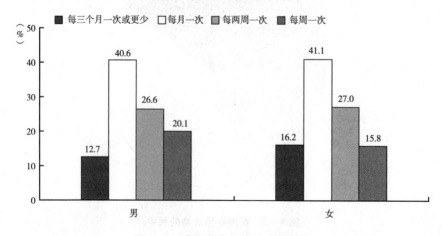

图 9－4　参加休闲娱乐活动的频率

　　（二）从年级差异来看，低年级的大学生更加重视休闲娱乐生活。如图 9 - 5 所示，总体来看，认为休闲娱乐重要的人数比例随着年级的升高而递减，相反，认为休闲娱乐不重要的人数比例随着年级的升高而逐渐增加。对刚完成高考、期待着大学生活的新生而言，他们对大学生活中的休闲娱乐活动期望值颇高，幻想大学生活就是充满各种丰富多彩的娱乐活动。由于饱受升学压力而长时间没有机会放松身心，他们对休闲娱乐的渴望多于其他人，所以，有 54.5% 的大一新生认为休闲娱乐很重要，而认为不重要的仅有 4.9%。对于即将毕业的大四学生而言，他们没有更多时间、精力休闲娱乐，他们面临就业压力或者升学压力，所以把大部分的时间用于考研、考级、考证，以确保他们找到一份称心如意的工作。因此，大四学生认为休闲娱乐重要的人数比例下降到 39.1%，认为不重要的比例则上升到 12.2%。

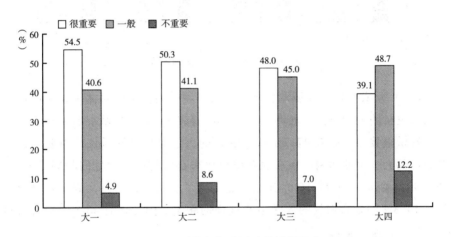

图 9 - 5　对休闲娱乐活动的重视程度

　　尽管在重视程度上大一学生要比其他年级的学生高，但是在进行休闲娱乐活动的频率上，大四的学生仍要比其他年级的学生高一些。如图 9 - 6 所示，大学生进行休闲娱乐活动的频率随着年级的不断升高而逐渐增加，选择"每月一次"和"每两周一次"的高年级学生明显高于低年级学生，究其原因，大致有三点：首先，大部分的高校课程设置前紧后松。一二年级的课程较多，低年级的大学生课余时间相对少，三四年级课程较少，尤其是四年级的大学生基本处于无课状态，自由支配时间多，能够进行休闲娱乐活动的时间也多。其次，刚步入大学的新生还没有完全适应大学的新环境、新生活，他们的生活习惯仍未从高中阶段紧张的学习生活中转变过来，并不能很好地安排课外时间，也不知如何利用课外时间进行休闲娱乐活动。最后，即将毕业的大四学生，尤其是在大四下学期，他们举行各种聚餐、聚会的次数相对频繁。

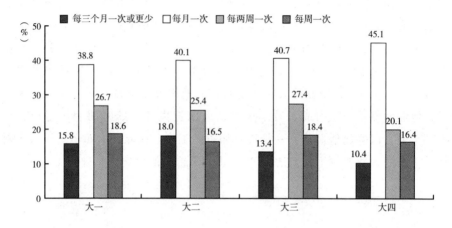

图 9 - 6　进行休闲娱乐活动的频率

（三）从家庭所在区域差异来看，来自城市的大学生对休闲娱乐的需求比来自农村的大学生高。如图 9 - 7 所示，有 50.2% 来自城市的大学生认为休闲娱乐很重要，而有 47.7% 来自农村的大学生持相同看法。事实上，来自城市的大学生的休闲娱乐活动频率也比来自农村的大学生的频率高得多。如图 9 - 8 所示，有 23.1% 的来自城市的大学生每周进行一次娱乐活动，而仅有 14.8% 的来自农村的大学生有这样的频率。但是，有 43.0% 来自农村

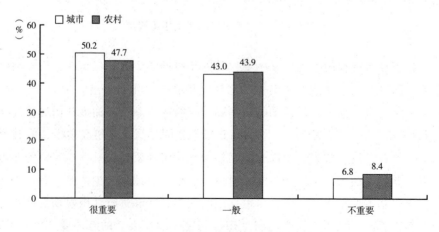

图 9 - 7　对娱乐休闲活动的重视程度

的大学生表明他们的娱乐活动频率为每月一次，这个比例比来自城市的大学生高得多。可见，大学生的休闲娱乐活动需求受家庭因素的影响比较大，来自城市的大学生家庭条件相对好，由于地域优势，所接触的各类休闲娱乐的场所、活动也多；而来自农村的大学生由于经济不够宽裕，休闲娱乐生活自然受到物质条件的限制。

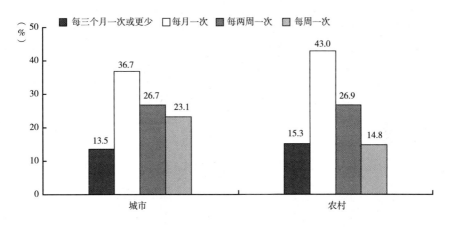

图 9 - 8　进行休闲娱乐活动的频率

二　休闲娱乐活动的目的和内容呈现多样化特征，但与学习的相关度不高

　　如图 9 - 9 所示，当被问及"进行娱乐活动的目的"是什么时，高达 67.9% 的大学生选择"放松自己"，其次是"联络感情"和"扩大交际圈"，选择比例分别为 46.4% 和 42.3%；选择"寻找刺激"的仅有 8.5%。由此可见，大学生进行休闲娱乐活动的目的多样化特征明显，出发点大多积极向上。

　　如图 9 - 10 所示，当被问及"主要的休闲娱乐活动"主要是什么时，排在前五位选项的分别是：上网（18.2%）、逛街（16.4%）、饭局（13.8%）、运动（13.5%）、K 歌（13.3%），选择阅读等与学习密切相关的活动相对较少。

　　我们以"进行娱乐活动的目的"是什么和"主要的休闲娱乐活动内容"是什么为基本问题，分别从性别、年级和家庭所在区域三个方面做了一系列

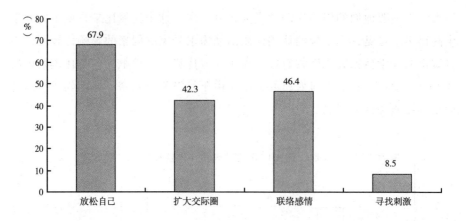

图 9 - 9　进行娱乐活动的目的

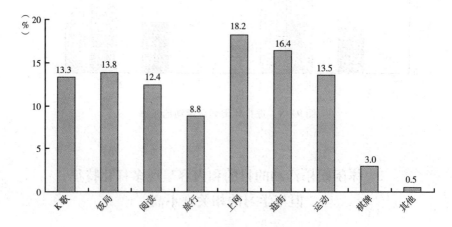

图 9 - 10　主要的休闲娱乐活动

的交叉分析，从中发现了以下一些特征。

（一）从性别差异上看，男女生的娱乐活动目的的侧重点不同。如图 9 - 11 所示，当被问及"进行娱乐活动的目的"是什么时，女生的选择依次是：放松自己（73.3%）、联络感情（47.7%）、扩大交际圈（38.2%）、寻找刺激（7.1%）；而男生的选择依次是：放松自己（60.5%）、扩大交际圈（47.8%）、联络感情（44.6%）和寻找刺激（10.4%）。显然，男生更加注重交际和寻求刺激，女生则注重放松自己和情感体验。

尽管男女生娱乐活动的目的侧重点不同，但是他们的娱乐方式却大致相同，如图 9 - 12 所示，逛街、上网、K 歌、饭局、旅行、阅读等都是他们常

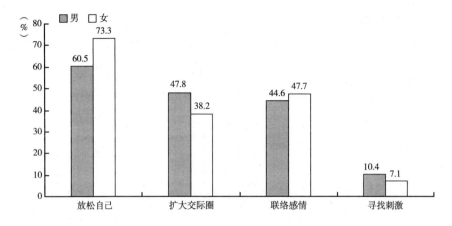

图 9－11　进行娱乐活动的目的

见的活动方式。只有在"逛街"和"运动"这两种方式上，男女生选择的比例差距颇大，只有 29.3% 的男生选择"逛街"的方式，而女生则高达 67.6%；选择"运动"的女生只有 33.2%，而男生则高达 54.6%。显而易见，女生更喜欢逛街，而男生则偏爱运动。从男女生的心理差异分析可知，女生趋于感性，更加注重感情交流和互动，倾向于集体活动。参加休闲娱乐活动时通常是几个熟识的人结伴而行，极少独自一人。甚至，若无同伴陪同，她们很有可能取消休闲娱乐计划，选择自己上网或休息。这也可以在一定程度上解释选择"上网"这一活动方式的女生比男生多的原因。相比之下，男生则倾向独自活动，他们往往不排斥独自参与休闲娱乐活动，并能很快融入活动之中，他们更热衷于结识新朋友，扩大交际圈，也更喜欢尝试新奇的事物，寻找新鲜感和刺激。

（二）从年级差异看，不同年级大学生休闲娱乐的目的和内容差异较大。如图 9－13 所示，当被问及"休闲娱乐的目的"是什么时，选择"放松自己"的大学生比例随着年级的上升呈下降趋势。大一学生为 76.4%；大二学生为 70.3%；大三学生为 70.1%；大四学生为 49.3%。大一新生初入大学，刚摆脱高考的束缚，必然想痛快放松一番，再加上他们对大学生活了解并不多，认为大学就是好好放松自己的地方。而大四学生选择该项的比例较其他年级明显下滑，说明他们由于升学压力、就业压力等现实因素，并不敢太放松自己。相比之下，在"联络感情"的选择上，大四学生的比例要比其他年级高，大四学生为 47.2%；大三

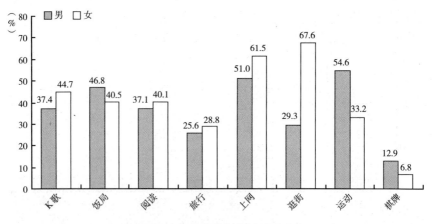

图 9 - 12　主要的休闲娱乐活动内容

学生为 46.7% ，大二学生为 45.4% ；大一学生为 46.4% 。即将毕业的大四学生会更加注重与同学之间的感情交流，他们通常以聚餐的形式联络感情。

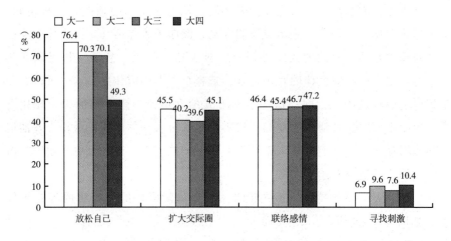

图 9 - 13　休闲娱乐的目的

　　如图 9 - 14 所示，在"休闲娱乐活动内容"的选择上，有 44.9% 的大四学生选择"饭局"社交，是所有选项中比例最高的。大一新生选择最多的则是"上网"，占 64.1% ，其次是"逛街"，占 53.7% ，可见新生对大学娱乐休闲内容的选择比较单调，高校应该主动为新生适应大学生活和参加各项活动进行积极有效的引导。

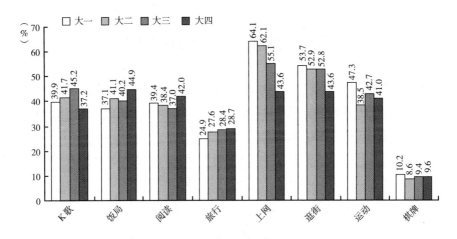

图 9 - 14 休闲娱乐活动内容

（三）从家庭所在区域的差异上看，如图 9 - 15 所示，在"休闲娱乐活动内容"的选择上，来自农村的大学生只有在"阅读"（40.7%）和"运动"（43.8%）这两个选项的比例上高于来自城市的大学生，其他休闲娱乐内容的选择比例均是来自城市的大学生高于来自农村的大学生。不难看出，来自农村的大学生在选择休闲娱乐活动时，会更加关注休闲娱乐活动产生的费用问题，他们更倾向于选择不开销或者低开销的活动。而来自城市的大学生，家庭条件相对优越，他们较少考虑休闲娱乐活动的经费问题，休闲娱乐方式也相对多样化。同时，受到家庭环境及所在生活地区环境的影响，在对娱乐休闲生活的要求，来自城市的大学生相对来自农村的大学生更高。

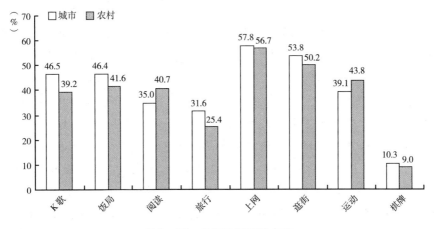

图 9 - 15 休闲娱乐活动内容

三 休闲娱乐活动消费总体理性

休闲娱乐活动必须要有一定的经济基础作为前提，经济条件直接关系到消费水平，费用的多少在一定程度上影响到休闲娱乐活动的频率和质量。如图 9-16 所示，当被问及"每月的娱乐费用占生活费用的比例"是多少时，选择"50%以上"的仅有 4.7%，"20%~50%"之间的有 33.4%，"20%以下"的有 61.9%。从总体上看，大学生进行休闲娱乐活动消费开支趋于理性、适度。

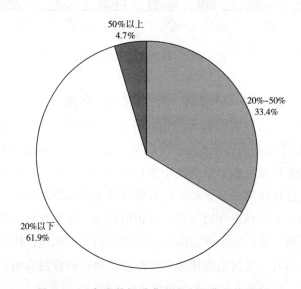

图 9-16　每月的娱乐费用占生活费用的比例

我们以你"每月的娱乐费用占生活费用的比例"是多少为基本问题，分别从性别、年级、专业和家庭所在区域四个方面做了一系列的交叉分析，从中发现以下一些特征。

（一）从性别差异上看，男生娱乐消费比女生高许多。如图 9-17 所示，选择每月娱乐费用占生活费比例为 20% 以下的男生为 57.0%，女生为 65.4%；费用比例为 20%~50% 之间的男生为 37.5%，女生为 30.5%；费用比例为 50% 以上的男生为 5.4%，女生为 4.1%。从男女心理差异来看，女生较为细心，在开销方面相对精打细算；而男生比较粗心大意、不拘小节，在开销方面比较随意。并且在通常情况下，恋爱的大部分开销由男生承担，而恋爱消费是娱乐消费的重要组成部分。因此，男生的娱乐消费自然比女生高。

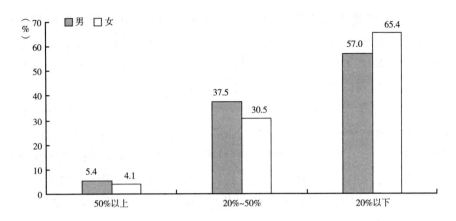

图 9 - 17　每月的娱乐费用占生活费用的比例

（二）从年级差异上看，随着年级的升高，大学生休闲娱乐活动开销的费用也逐步增加。如图 9 - 18 所示，有 66.4% 的大一学生选择在休闲娱乐消费占生活费比例在"20% 以下"，而只有 53.1% 的大四学生选择此项。相比之下，选择"20% ～ 50%"以及"50% 以上"的人数，大四的学生却比大一的学生高得多。究其原因，可归纳为以下几点：首先，大四学生通过兼职等方式，经济来源更广，用于开销的费用也更大。其次，随着休闲活动频率的增多、方式的多样，休闲开销必然只增不减。最后，大四学生与大一新生相比，花钱相对随意，大一新生大多刚刚体验自主支配财务的生活，会相对节俭。

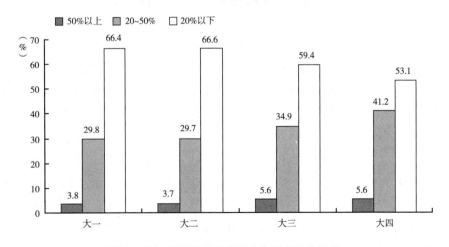

图 9 - 18　每月的娱乐费用占生活费用的比例

（三）从专业差异上看，文科生的休闲娱乐活动开销比理科生略多，但差别不大。如图9-19所示，有62.5%的理科生选择休闲娱乐消费占生活费比例在"20%以下"，也有60.9%的文科生选择了此项。休闲娱乐消费占生活费比例处于"20%～50%"之间的理科生有32.7%，而文科生有34.2%。从休闲娱乐活动开销的细微差距可以看出文科生与理科生对休闲娱乐活动的态度略微不同。学习文科的大学生相对学习理科的大学生而言，更活跃更积极一些，他们对休闲娱乐活动的渴望、参加娱乐活动的频率也会比理科生要多。理科生由于受所学专业特性以及课业繁多的影响，性格大多较为内敛，参加休闲娱乐活动的时间不多，积极性不高，频率较低，所产生的开销自然略低。

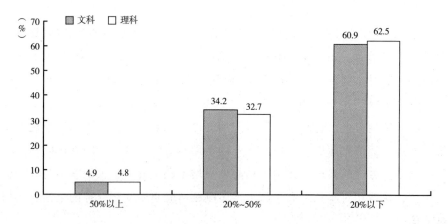

图9-19　每月的娱乐费用占生活费用的比例

（四）从家庭所在区域上看，来自城市的大学生的休闲娱乐活动费用较来自农村的大学生高得多。如图9-20所示，66.7%的来自农村的大学生将他们的娱乐消费控制在占生活费用的"20%以下"，有29.9%的来自农村的大学生选择娱乐消费占生活费的"20%～50%"，仅有3.4%的来自农村的大学生选择娱乐消费占生活费"50%以上"。相比之下，尽管大多数来自城市的大学生选择娱乐消费占生活费"20%以下"（占52.1%），但选择娱乐消费占生活费的"20%～50%"的人数却是来自农村大学生的两倍（占40.7%），另外也有7.2%的来自城市的大学生选择娱乐消费占生活费"50%以上"。显然，处在中高层次的休闲娱乐消费水平的来自城市的大学生要比来自农村的大学生多得多。这项调查结果同"城乡学生对休闲娱乐生活的重视程度""城乡学生娱乐活动方式的侧重点"以及"城乡学生娱乐活动频率"等项目的调查结果相吻合。来自城市的大学生家庭物质条件普遍较好，在生活节俭方面不如家庭物质条件相对较差的来自农村的大学生。此外，城市的生活相对丰富多样，来自城市的大学生长期受到生活环境的影响，他们对休闲娱乐生活的需求也比来自农村的大学生要高，因此，参加活动的频率和娱乐消费的费用也高。

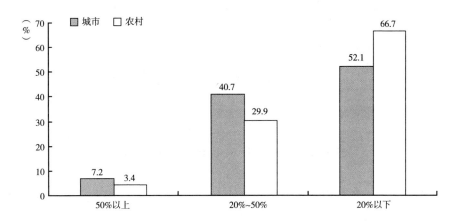

图 9 - 20　每月的娱乐费用占生活费用的比例

四　参加社团活动的积极性不高，对学校社团活动满意度较低

为了提升大学生休闲生活的质量，也为大学生提供娱乐和交往的机会，各高校的学生会、社团联合会等校园组织会适时举办各种社团活动来丰富大学生的课余生活。但调查数据显示，大学生对学校组织的各项活动参与积极性并不高。如图 9 - 21 所示，当被问及"你经常参加学校组织的社团活动吗"时，选择"偶尔参加"的比例为 70.5%，而选择"经常参加"和"从不参加"的比例相近，分别为 14.8% 和 14.7%。可见，绝大部分大学生对社团活动持观望态度，选择性地参加有兴趣的活动。

当被问及"你觉得学校组织的活动能够满足你的休闲娱乐需求吗"这一问题时，如图 9 - 22 所示，有 29.2% 的大学生认为学校组织的社团活动"不能满足"他们的休闲娱乐需求，而认为"能满足"的只有 9.8%，剩余

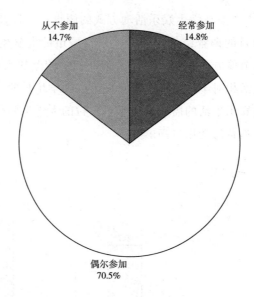

从不参加
14.7%

经常参加
14.8%

偶尔参加
70.5%

图 9 – 21　你经常参加学校组织的社团活动吗

60.9%的大学生则认为"一般，还有不足"。由此可见，大学生对学校组织的社团活动满意度低，只能满足极少数大学生的休闲娱乐活动需求。为了更好地迎合大部分大学生的需求，各社团、协会应该改变陈旧和单一的活动方式，适时创新，根据当代大学生的兴趣点，开展大家乐于参与的社团活动。

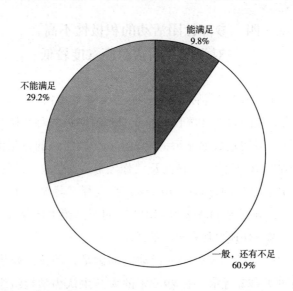

能满足
9.8%

不能满足
29.2%

一般，还有不足
60.9%

图 9 – 22　你觉得学校组织的活动能够满足你的休闲娱乐需求吗

　　我们以"你经常参加学校组织的社团活动吗"和"你觉得学校组织的活动能够满足你的休闲娱乐需求吗"为基本问题，分别从性别、年级和家庭所在区域三个方面做了一系列的交叉分析，从中发现以下一些特征。

　　（一）从性别差异上看，女生参加活动的积极性比男生稍高，女生对学校社团活动的满意程度也比男生略高。如图 9－23 所示，当被问及"你经常参加学校组织的社团活动吗"时，有 16.5％的男生选择"从不参加"，而选择该选项的女生只有 13.4％。男生的性格相对独立、自我，他们在对休闲娱乐活动的选择上更偏爱独立性活动，而并非互动性活动。他们宁愿打球、上网、打游戏，这样可以直接满足自身放松的需求。女生相对于男生而言，更有"凑热闹"的心理，对学校组织的社团活动多一些好奇和兴趣，促使她们有选择性地参与活动。另外，女生相对注重情感交流，会比男生更喜爱社交和互动性的活动。然而，在"经常参加"这一选项中，选择的男生却比女生多，有 16.1％，女生仅有 13.8％。可见，尽管在总体参与度上男生的积极性比女生略低，但个性外向、积极主动的男生，他们的积极程度甚至超过女生。

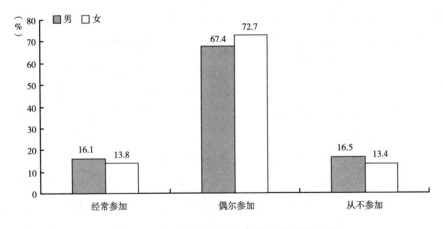

图 9－23　你经常参加学校组织的社团活动吗

　　此外，男女生对于学校社团活动满意度也有所不同，如图 9－24 所示，认为学校社团活动不能满足其需要的，男生比女生略高，男女比例分别为 29.6％和 29.0％。而认为需求度能够得到满足的男生也要比女生高，比例分别为 11.5％和 8.6％。由此可见，同女生相比，男生对学校社团活动的满意度呈现两极分化现象，这反映了男生对学校社团活动的矛盾心态。

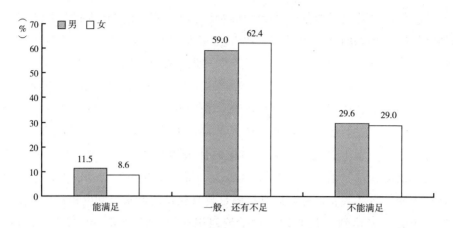

图 9 – 24 对学校组织社团活动的满意程度差异

（二）从年级差异来看，在四个年级中，大一新生参与学校社团活动的积极性最高，同时，他们对学校社团活动的满意度也最高。如图 9 – 25 和图 9 – 26 所示，大一新生刚脱离课业繁重的高中生活，对大学生活的一切都充满新奇，那些社团活动都是他们之前极少甚至是没有体验过的，尤其在他们还未能完全适应大学生活，以及还没能明白大学生活究竟是怎样之前，他们更乐意尝试这些活动。同时，参加学校组织的社团活动也是大一新生们快速建立友谊圈，适应并尽快融入大学生活的捷径之一。此外，大一新生参与社团活动的积极性普遍偏高的另一原因是，大一学生通常是学校组织各项活动的必须参与者，迫于某些强制性要求，他们即使不愿意也必须参加某些社团活动。值得一提的是，大四学生参与学校社团活动的积极性及对社团活动的满意度均仅次于大一新生，而高于大二、大三学生。大四学生深知即将毕业，工作之后就鲜有机会体验这样的社团活动，因此，在毕业之前，凡有参加社团活动的机会，他们都会积极参与。另外，在调查中还发现，对学校社团活动的积极参与程度同对学校社团活动的满意度成正比，即参与度越高的大学生，满意度也越高，反之亦然。可见，学校组织的社团活动大多还是适合在校学生的，至少他们参与后的满意度颇高。而有一些大学生，他们的潜意识就认为"社团活动没意思"，而不愿意尝试参与，从而坚持认为学校的社团活动不能满足他们的需求。因此，要想提高校园社团活动的参与度，应该从优化活动和引导学生两方面着手。

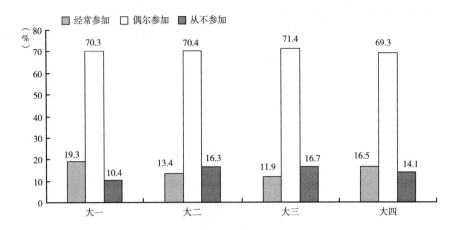

图 9 - 25　大学生参加学校组织活动的积极性

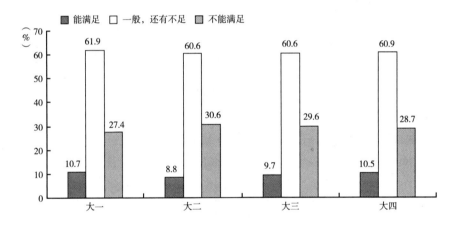

图 9 - 26　大学生对学校组织社团活动的满意程度

（三）从家庭所在区域的差异上看，来自城市的大学生对学校社团活动的参与度比来自农村的大学生要高。如图 9 - 27 所示，有 19.0% 的来自城市的大学生表示他们"经常参加"学校的社团活动，而来自农村的大学生仅有 12.7% 。并且，表示"从不参加"社团活动的来自农村的大学生比例也要比来自城市的大学生略高，分别为 14.8% 和 14.4% 。由于来自城市的大学生性格大多外向、开朗，乐于尝试各项新鲜事物，对新鲜事物的接受能力也相对较高，他们对参与各种社团活动的积极性在一定程度上同他们的好奇心和尝试心理有关。相比较而言，来自农村的大学生性格偏于保守、内向，他们对那些不太熟悉、没有尝试过的社团活动并没有太多的好奇心，而他们内敛的性格使他们不如来自城市的大学生那般爱出头，敢体验。但来自城市的大学生相对来自农村的大学生而言，对学校社团活动的要求更高，因此，他们对学校社团活动的满意程度会比来自农村的大学生略低。如图 9 - 28 所示，有 29.6% 的来自城市的大学生认为校园活动不能满足他们的娱乐需求，而来自农村的大学生为 29.1%。

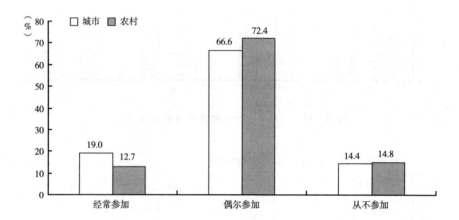

图 9 - 27　大学生参加学校组织活动的积极性

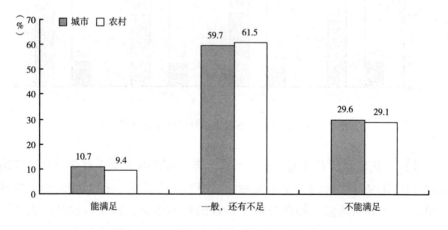

图 9 - 28　大学生对学校组织活动的满意程度

五　休闲娱乐时间相对合理，对学习影响不大

合理分配大学生活中的学习时间与休闲娱乐时间，是大学生面临的难

题。将过多的时间花费在休闲娱乐上而荒废了学业，必然得不偿失；而只注重学习却无视休闲娱乐生活，大学生活必然单调、枯燥、充满压力。因此，大学生应当正确处理学习与休闲娱乐活动的关系，通过适度的休闲娱乐活动减轻学习压力、增长见识、拓宽视野，使休闲娱乐活动与学习相得益彰。在调查中，当被问及"你会牺牲学习时间进行娱乐活动吗"，如图 9－29 所示，仅有 11.5% 的大学生表示"经常"这样做，有 29.0% 的大学生认为"不会，该学习时就学习"，剩下 59.5% 的大学生则选择"偶尔"会牺牲学习时间进行娱乐活动。从总体上看，当代大学生还是能够正确处理学习与休闲娱乐活动的关系。

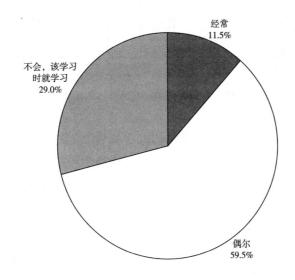

图 9－29　你会牺牲学习时间进行娱乐活动吗

我们以"你会牺牲学习时间进行娱乐活动吗"为基本问题，分别从性别、年级和家庭所在区域三个方面做了一系列的交叉分析，从中发现以下一些特征。

（一）从性别差异上看，男生会比女生更容易牺牲学习时间进行娱乐活动。如图 9－30 所示，当被问及"你会牺牲学习时间来进行娱乐活动吗"时，有 14.2% 的男生表示"经常"这样做，而女生仅有 9.5%。有 30.7% 的女生认为"不会，该学习时就学习"，男生则为 26.6%。从男生个性更加好动和更加活跃来看，他们更偏爱休闲娱乐。并且男生的自制力相对弱于女生，他们更难抵制自己所喜爱的休闲娱乐活动的诱惑。另外，还有少数男生沉迷于网游，从而严重影响学业。相对于男生而言，女生学习态度更加端正，自觉性更高，自制力更强，她们能够更好地分配学习与休闲娱乐活动的时间。

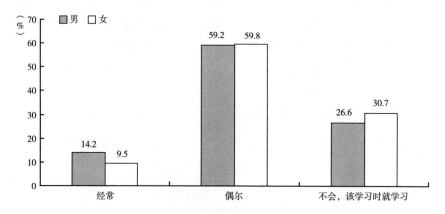

图 9 – 30   你会牺牲学习时间进行娱乐活动吗

（二）从年级差异上看，高年级的大学生利用学习时间进行休闲娱乐的更少。如图 9 – 31 所示，当被问及"你会牺牲学习时间进行娱乐活动吗"时，选择"经常"的大学生比例随着年级的升高而逐渐降低；选择"不会，该学习时就学习"的大学生比例随着年级的升高而增加；选择"偶尔"的大学生当中，大三、大四的学生的比例明显低于大一、大二的学生，这就表明，高年级的大学生对学习的重视程度高于对休闲娱乐的喜爱程度。主要原因有以下几点：首先，离开了学习压力繁重的高中生活，大一新生对休闲娱乐的渴望会在此时爆发，并希望得到满足。他们觉得暂时放松学习而进行娱乐活动未尝不可。其次，大一学生由于年龄低、心智弱等因素，学习的自觉程度及自制力不及高年级学生，对休闲娱乐诱惑的抵御能力相对较弱。最后，刚刚步入大学的大一新生对各种休闲娱乐活动都充满了新鲜感和好奇心，参加活动的积极性相对较高。相反，大四学生牺牲学习时间来进行娱乐的频率相对较低。即将毕业的他们面临升学压力和就业压力，迫使他们不得不努力学习；此外，大四的学生除了自身需要充电、学习以外，学校几乎不安排课程，学习时间同休闲时间均可以自主安排，存在冲突的情况相对较少。

（三）从家庭所在区域差异上看，来自城市的大学生牺牲学习时间进行

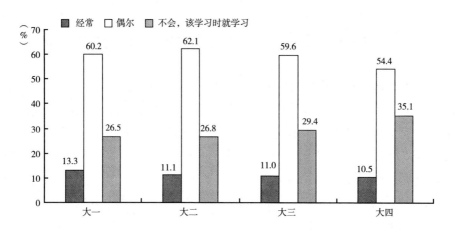

图 9 - 31　你会牺牲学习时间来进行娱乐活动吗

休闲娱乐活动的频率比来自农村的大学生略高。如图 9 - 32 所示，选择"经常"牺牲学习时间进行娱乐活动的来自城市的大学生比例为 13.7%，来自农村的大学生比例为 10.4%；认为"不会，该学习时就学习"的来自城市的大学生为 27.9%，来自农村的大学生则为 29.5%。总体来看，来自农村的大学生相对比来自城市的大学生更追求上进，他们更能抵制休闲娱乐活动的诱惑，对休闲娱乐活动的需求也没有来自城市的大学生高。同时，休闲娱乐活动也会增加开销，来自农村的大学生由于受到客观经济条件的限制和成长环境的影响，宁愿在学习上多花时间和精力。

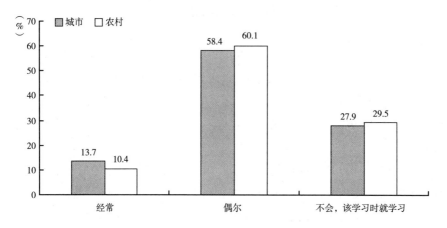

图 9 - 32　你会牺牲学习时间进行娱乐活动吗

六 上网时间大致合理，但上网目的与学习关联度不高

在这个网络普及的时代，上网已成为大学生活中必不可少的一部分，也成为大学生日常学习生活中的一种习惯。合理分配上网时间，科学利用网上资源，是大学生日常生活的一门必修课。当被问及"你日均上网时间是多少"时，如图 9-33 所示，每天上网时间主要集中在"1~3 小时"（为43.3%），其次是"3~5 小时"（为 34.8%），再次为"5 小时以上"（为13.1%），最后是"1 小时以下"（为 8.8%）。可见，大部分大学生的上网时间是相对合理的。

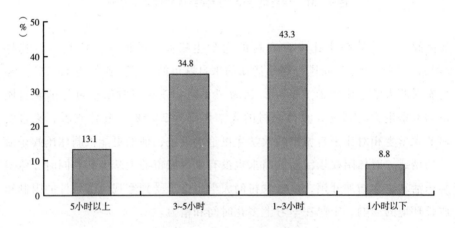

图 9-33 你日均上网时间是多少

进一步了解大学生上网的目的，如图 9-34 所示，我们发现大学生上网的目的比较单一，用于学习目的的比例不高。比例最高的为"看电影"和"交友聊天"，分别为 25.1% 和 24.5%。选择上网"学习"的比例相对较低，仅为 12.6%。可见大部分的学生上网是为休闲娱乐，而并非学习知识。

我们以"你日均上网时间是多少"和"你上网时大多数时间在做什么"为基本问题，分别从性别、年级、专业和家庭所在区域四个方面做了一系列的交叉分析，从中发现以下一些特征。

（一）从性别差异上看，男生每天上网耗费的时间比女生多得多，网上活动内容也有明显差异。如图 9-35 所示，男生选择每天上网时间为"3~5

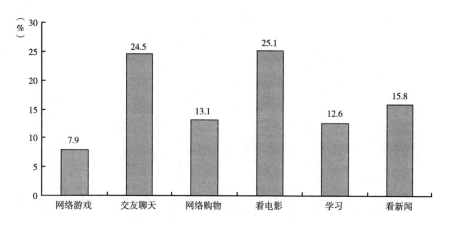

图 9 - 34　你上网时大多数时间在做什么

小时"的比例最高，为 38.7%；而将近半数的女生选择"1～3 小时"，为 46.8%。从上网的目的看，如图 9 - 36 所示，有超过半数的男女生均选择"交友聊天"和"看电影"。除此之外，男生上网更倾向于"网络游戏"和"看新闻"；而女生更偏爱"网络购物"和"学习"。可以看出，女生利用网络资源进行学习的比例相对比男生多。

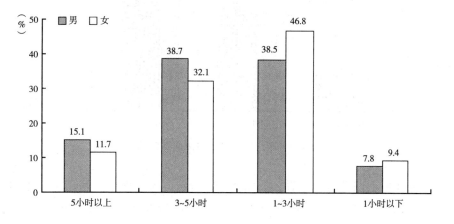

图 9 - 35　你日均上网时间是多少

（二）从年级差异上看，随着年级的升高，大学生每天上网的时间越来越长，网上活动内容不尽相同。如图 9 - 37 所示，大一、大二、大三这三个年级选择"日均上网时间为 1～3 小时"的比例最高，而大四学生选择比例最高的选项为"日均上网时间为 3～5 小时"，有 41.2%。大四学生因为无

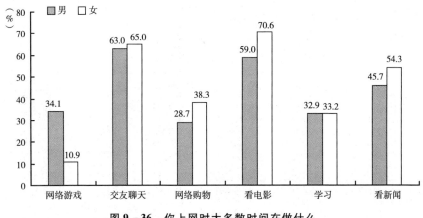

图9-36 你上网时大多数时间在做什么

课业压力、空闲时间较多，所以上网时间也多，此外，他们写论文、找工作也需要借助网上资源，所以上网时间更多些。

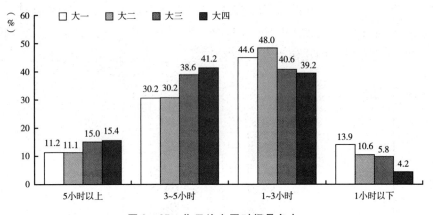

图9-37 你日均上网时间是多少

从他们上网的目的来看，如图9-38所示，大三学生上网用于"学习"和"看新闻"的最多；同时，他们用于"网络游戏"和"交友聊天"的相对较少。大三是大学中学习状态最好的阶段，大学的所有课业几乎都在大三结束，大三的学生面临着相对严峻的课业压力，迫使他们不得不认真学习。此外，大三也是开始思考未来出路及努力方向的时期，无论是打算考研究生、找工作、考公务员，还是参加教师招考都给他们带来了压力。而大四学生，尤其是在大四下学期，完成论文答辩；就业、考研究生等去向问题都已尘埃落定，他们有更多的时间和更轻松的心态上网娱乐和消遣。

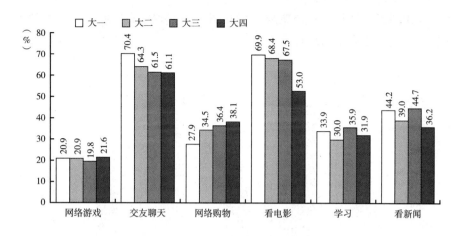

图 9 – 38　你上网时大多数时间在做什么

（三）从专业差异看，理科生日均上网时间相对比文科生短，网上活动内容侧重点也不同。如图 9 – 39 所示，选择每天上网时间"5 小时以上"的理科生为 11.6%，而文科生则有 14.7%。选择每天上网时间"1 小时以下"的理科生有 10.1%，而文科生仅有 7.5%。

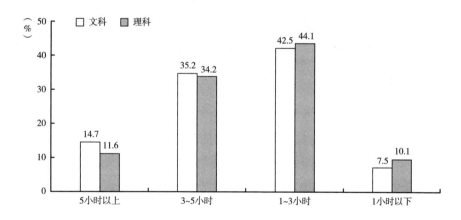

图 9 – 39　你日均上网时间是多少

从他们上网的具体目的来说，如图 9 – 40 所示，理科生的上网活动相对单调。数据显示，只有"网络游戏"这一选项中，理科生的选择比例比文科生高，"交友聊天""网络购物""看电影""学习""看新闻"的选择比例都是文科生居多。可见，文科生上网的活动内容相对丰富，但是由于文科生中女生居多，选择"网络游戏"的比例最少，她们更倾向聊天交流感情、淘宝购物、看电影来放松自己。

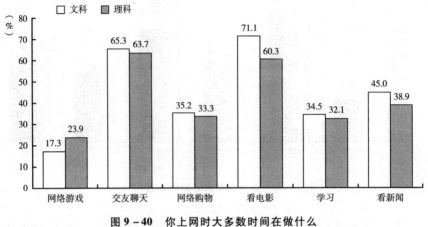

图9-40　你上网时大多数时间在做什么

（四）从家庭所在区域的差异看，来自城市的大学生每天上网时间比来自农村的大学生长，网上活动重心有较大差异。如图9-41所示，有15.7%的来自城市的大学生日均上网"5小时以上"，来自农村的大学生略少，为11.9%；而有6.9%的来自城市的大学生选择"1小时以下"，来自农村的大学生则有9.6%。来自城市的大学生接触网络的时间总体上比来自农村的大学生早，他们依赖网络的程度也会更深，运用网络更加得心应手，只有少数来自农村的大学生，在他们上大学之后才真正开始接触计算机、使用网络。

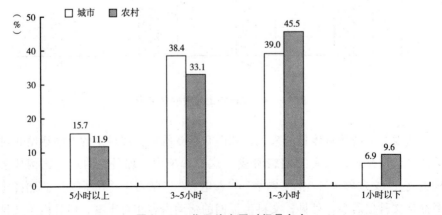

图9-41　你日均上网时间是多少

　　从他们上网的目的来看，如图 9 - 42 所示，来自农村的大学生相对会更多利用网上资源进行学习。在"学习"和"看新闻"这两个选项中，来自农村的大学生的比例高于来自城市的大学生。来自城市的大学生上网的时间多用作"网络游戏""网络购物""看电影"，其中"网络购物"这一选项中，两类学生的选择比例差距最大，来自城市的大学生为 40.2%，来自农村的大学生为 31.3%，这显然是受到经济条件的制约。

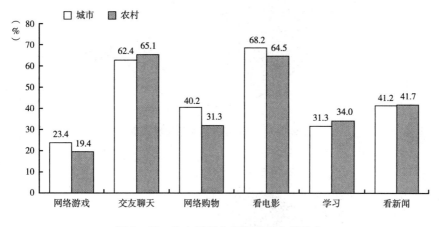

图 9 - 42　你上网时大多数时间在做什么

七　对待不健康网页的基本态度是正确的，但仍有部分大学生难以抵挡不良诱惑

　　网络的普及，随之而来的弊端亦层出不穷。网上发布的不健康、淫秽的信息、图片对大学生的身心健康发展产生了一定的副作用。抵御不健康网页的诱惑和侵蚀，不仅是全社会的责任，作为高素质的大学生更应该自觉维护网络文明风气，自动屏蔽不良网页。但是，事实并非如此。如图 9 - 43 所示，有 43.3% 的大学生"从不"浏览不健康网页，有 49.2% 的学生表示他们"偶尔"浏览不健康网页，还有剩余 7.5% 的学生承认"经常"浏览不健康网页。

　　进一步了解他们浏览不良网页的原因，如图 9 - 44 所示，"无意中进入"的高达 52.7%，其次是"好奇心强"，为 28.9%，最后是"从众心理"和"寻求刺激"均为 9.2%。总体上来说，大学生对待不健康网页的态度是正确的，但仍有少数大学生难以抵挡诱惑。

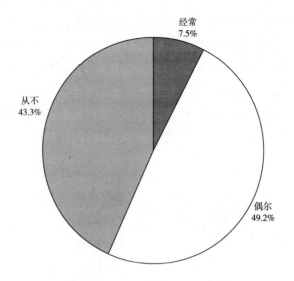

图 9 - 43 你是否浏览过不健康网页

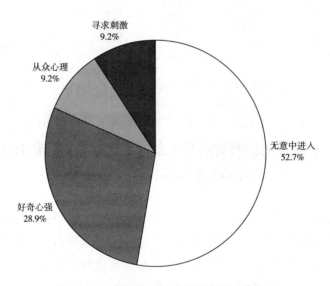

图 9 - 44 你浏览不健康网页的原因是什么

我们以"你是否浏览过不健康网页"和"你浏览不健康网页的原因是什么"为基本问题，分别从性别、年级和家庭所在区域三个方面做了一系列的交叉分析，从中发现了以下一些特征。

（一）从性别差异看，男生浏览不健康网页的频率比女生高出许多，主要原因是受好奇心驱使。如图 9 - 45 所示，"经常"浏览的男生比例为 12.7%，而女生仅为 3.7%。而高达 59.9% 女生表示"从不"浏览不良网页,而仅有 20.5% 的男生选择此项。可见女生在这方面的自觉度比男生高出许多。

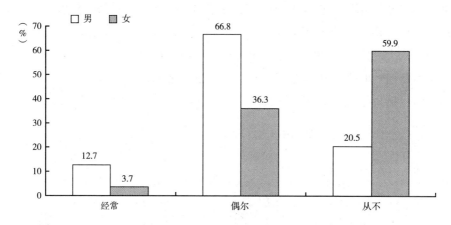

图 9 – 45　浏览不健康网页频率

当被问及你"浏览不健康网页的原因"是什么时,如图 9 – 46 所示,有 69.7% 的女生表示她们浏览不良网站是由于"无意中进入",选择此项的男生仅有 31.5%;有更多的男生表示是因为"好奇心强"(38.6%)和"寻求刺激"(17.1%)而浏览不良网站。男生不同于女生,他们受到同伴的影响及自身生理需求刺激,对此类网页颇为好奇、感兴趣。女生相对于男生而言,由于受到更多的道德约束和舆论压力,以及女性自身特质的影响,使她们对不良网页有抵触心理。

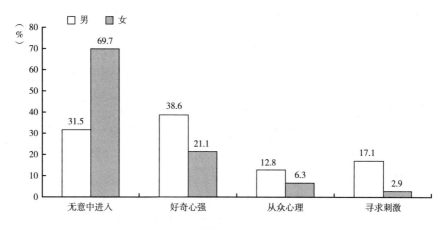

图 9 – 46　浏览不健康网页的原因

（二）从年级差异看，随着年级的升高，大学生浏览不良网页的频率亦逐步增加，高年级大学生更加喜欢浏览不良网页。如图 9 - 47 所示，大学生选择"经常"浏览不良网页的比例，随着年级的升高而呈现逐年递增的趋势，选择"偶尔"浏览不良网页的大学生中，除了大一学生略高于大二学生外，从大二到大四的学生选择比例逐年升高，反之，大学生选择"从不"浏览不良网页的比例却随着年级的升高而呈现递减趋势。这就表明，高年级的大学生更加喜欢浏览不良网页。

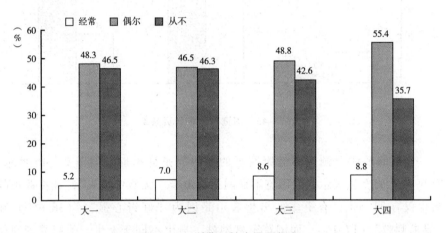

图 9 - 47　浏览不健康网页频率

当被问及你"浏览不健康网页的原因"是什么时，如图 9 - 48 所示，选择"无意中进入"的比例最高，呈现出随着年级的升高而比例逐渐降低的趋势；但是选择"好奇心强"的比例却呈现随着年级升高而逐渐增加的趋势。由此推断，大四学生随着年龄的增长，对不良网页的内容有了更多的接触，他们对不良网页越发不忌讳、不抵触。另外心智发育趋于成熟，辨别是非的能力也逐渐完善，他们在一定程度上能较为客观地对不健康网页进行评价，避免沉迷其中。但在"寻求刺激"这一选项中，大一、大二选择的比例略高于大三、大四，低年级的学生不够成熟，思想容易受到不健康信息的影响，片面寻求刺激，满足好奇心则会造成不良后果，需要适时教育、引导。

（三）从家庭所在地域差异看，来自农村的大学生浏览不健康网页的频率略高于来自城市的大学生，好奇心是主因。如图 9 - 49 所示，有 7.9% 的来自农村的大学生承认"经常"浏览不良网页，来自城市的大学生为

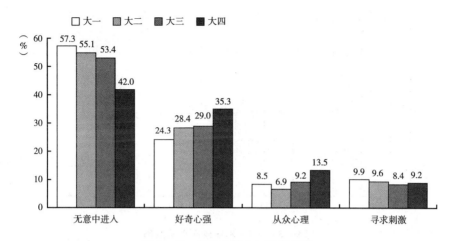

图 9 - 48　浏览不健康网页的原因

6.8％。而选择"从不"的比例中，来自农村的大学生比来自城市的大学生低。可见来自农村的大学生对不良网站的着迷程度略高于来自城市的大学生。来自农村的大学生的精神生活相对匮乏，他们对于此类信息的接受相对晚，新鲜感强，好奇心重。

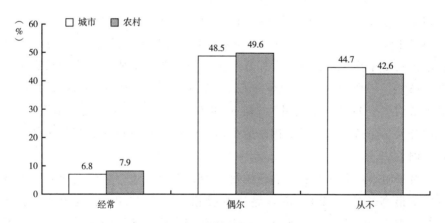

图 9 - 49　浏览不健康网页频率

当被问及你"浏览不健康网页的原因"是什么时，如图 9 - 50 所示，有 30.3％的来自农村的大学生表示是"好奇心强"，而来自城市的大学生仅有 26.2％。与其他各项选择数据比较起来，选择此项的来自农村的大学生明显多于来自城市的大学生，这可能与来自农村的大学生所处的成长环境有关。

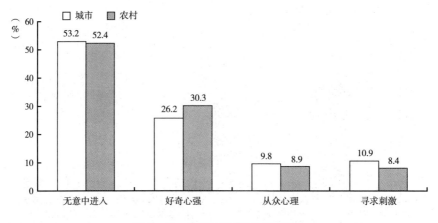

图 9－50　浏览不健康网页的原因

八　对网络的依赖程度比预计略低，多数能够
辩证看待网络带来的影响

　　网络给人们生活带来的便捷之处不胜枚举，人们可以上网娱乐、学习、购物等，它日益成为人们日常生活中不可缺少的部分。不少人曾经担心青少年会沉迷于网络，影响身心健康。可是，我们的调查却发现，大学生对网络的依赖程度并没有人们想象得那么严重。如图 9－51 所示，认为没有网络会"茫然，无所适从"的大学生仅有 17.4%，超过半数（54.5%）的大学生认为"会找其他事情做"，剩下 28.0% 的学生认为"无所谓"。可见大部分大学生可以适应没有网络的生活，他们仍然可以找到其他事情来替代上网。

　　对于网络对大学生的影响，如图 9－52 所示，认为"因人而异"的选择比例最高，为 38.9%，其次是"利弊相当"为 33.8%，认为"利大于弊"的有 16.9%，认为"弊大于利"的相对较少，为 10.5%。由此不难看出，大部分大学生能够辩证地看待网络影响问题，认为网络同其他任何事物一样，都具有两面性，而其利弊作用的发挥则是由人们自身的使用方向和手段决定的。

　　我们以"如果没有网络，你觉得自己会怎样"为基本问题，分别从性别、年级和家庭所在区域三个方面做了一系列的交叉分析，从中发现了以下一些特征。

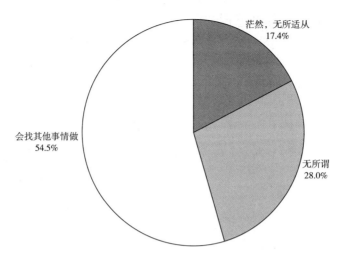

图 9 - 51 如果没有网络，你觉得自己会怎样

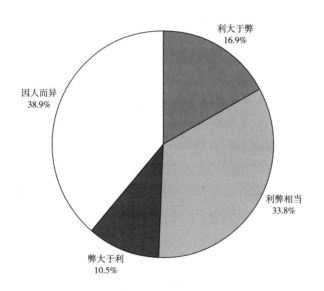

图 9 - 52 总体来说，你认为大学生上网的利弊

（一）从性别差异看，男生比女生更加依赖网络。如图 9 - 53 所示，如果没有网络，有 19.5% 的男生会觉得"茫然，无所适从"，而女生仅有 15.9%。选择"会找其他事情做"的男生仅为 47.3%，而女生为 59.9%。根据之前的调查，男生日均上网时间比女生多得多，也就是说，网络对于男生而言，更是他们日常生活中不可缺少的一部分，若是没有了网络，他们平日的大部分时间就不知所措了。与女生相比，有更多的男生沉迷于网络游戏，这使他们对网络的依恋程度更加严重。还有一部分男生表示，网络已经成为他们认识异性、谈恋爱的重要渠道，通过网上聊天可以避免面对面的交流的紧张、尴尬，使他们更放松更自在。可见，网络已经大大影响了男生的日常生活，并给他们带来诸多便利和乐趣。

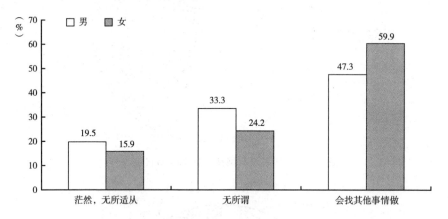

图 9 - 53　如果没有网络，你觉得自己会怎样

　　（二）从年级差异看，对网络依赖程度随着年级的升高而不断加深。如图 9 - 54 所示，认为没有网络将会"茫然，无所适从"的大一学生有 15.5%，而大四学生则上升至 21.6%。表示"会找其他事情做"的大一学生选择比例为 60.2%，而大四学生选择比例仅剩下 45.2%。大一新生在进入大学之前，由于受到升学压力的影响，上网时间受到家长和老师的严格控制，他们大多数只是把上网当作偶尔休息和放松的一种途径，并未成为他们日常生活的一部分。而经过大学四年，他们对网络有了更广泛的认识，能充分利用网络资源为自己提供服务，网络对他们而言不再是一种单纯的娱乐方式，而逐渐成为日常生活的一部分，他们对网络的依赖程度必然日益加深。

　　（三）从家庭所在区域看，来自城市的大学生对网络的依赖程度略高于来自农村的大学生。如图 9 - 55 所示，有 20.2% 的来自城市的大学生在没有网络的情况下会觉得"茫然，无所适从"，而只有 16.1% 的来自农村的大学生有同样的感觉。而认为"会找其他事情做"的来自城市的大学生有 53.8%，来自农村的大学生略高，为 54.9%。来自城市的大学生接触网络的时间相对更久，对网络的应用方面也相对广泛；来自农村的大学生受到成

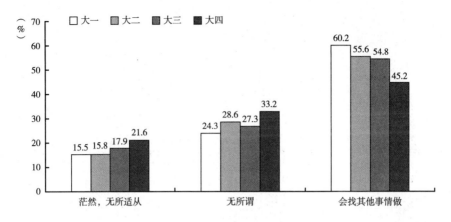

图 9 - 54　对网络的依赖程度

长环境和家庭因素的影响，对部分网上服务持有保守、谨慎的态度。还有少数来自农村的大学生的家里没有网络设备，他们只能在学校享受网络服务，而回家就不得不适应没有网络的生活。

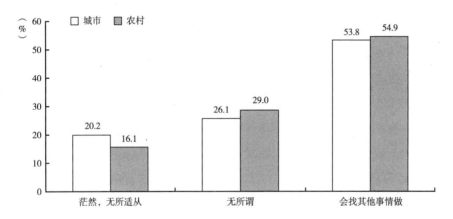

图 9 - 55　学生对网络的依赖程度

下　篇

承认并满足大学生合理而健康的精神需求，是全社会都应高度重视的系统工程，尤其是大学生所在的高校更应发挥主体作用，一方面，想方设法满足大学生合理而健康的精神需求；另一方面积极调适和引导大学生精神需求的发展方向。大学生的精神需求是通过精神生产和精神消费来满足的，在这个过程中必须充分发挥高校和大学生自身双主体的积极作用，从而达到精神生产与精神消费之间的平衡，为大学生的精神需求提供强有力的保障。首先，高校要采取负责任的科学的行为，制定精神生产的科学规划，加大精神生产的力度，切实保质保量地满足大学生的合理健康的精神需求；其次，高校还要密切关注大学生精神需求变化的趋势，对大学生精神消费过程中存在的问题及时地进行调适和引导。最后，大学生个人要进行合理地精神消费，促进自身的健康成长。

第十章
当代大学生精神生活的现实图景

著名学者许纪霖指出："当代中国人承受着双重的痛苦，一种是不发达之苦；另一种则是信仰失落之苦。从某种意义上说，后一种痛苦更为深刻，更为可怕，更为折磨人。"① 当代大学生承载着实现中华民族伟大复兴的"中国梦"的重任，在物欲横流的市场经济社会里，大学生一方面要抵御世俗和功利的双重袭击；另一方面又要坚守理想和使命的精神高地，这对他们来讲，需要应对多么艰巨的挑战啊！

一　当代大学生的精神需求在矛盾交织中发展

通过调查，我们对当代大学生精神需求的基本状况有了全面的了解，我们既看到了大学生丰富的精神需求中可喜的一面，同时，我们也看到了大学生的精神需求存在的误区，以及我们在满足大学生精神需求方面存在的差距和不足。总的来看，当代大学生精神需求的基本状况呈现以下三方面的特点。

（一）精神需求的多样性与精神生产落后之间的矛盾

当代大学生的精神需求丰富多彩，主要包括获取爱情需求，满足荣誉、自尊和成就的需求，进行人际交往的需求，学习理论知识的需求，休闲娱乐活动的需求和追求理想信念与树立价值观的需求六个方面。虽然这六个方面需求在大学生的精神生活中分别占据不同的地位，但是由它们所构建起来的精神需求体系支撑起了大学生精神生活的大厦，对大学生们的成长产生至关

---

① 许纪霖：《现代变迁中的价值探寻》，《知识分子》1993 年春季号。

重要的影响。

虽然，在当代大学生丰富多样的精神需求中，未必每一个需求都是合理的，然而，即使是合理健康的精神需求，高校也无法完全满足，这就抑制了大学生们进一步向上的欲望。以求知需求为例，在调查中，我们发现，当代大学生对于自身所学的专业并不十分满意，认为所学专业能够满足其需要的仅占14.0%，认为所学专业不能满足需要的占28.3%，而选择"一般"满足需求这个选项的占57.7%。在所学专业无法真正满足大学生求知需求的情况下，他们把获取知识的途径转向了社会。在调查中，当被问及"你觉得在你的大学生活中，最重要的是什么"时，37.5%的被调查者认为是"参加社会实践"，远远超过了"学习理论知识"的28.1%的比例。再以休闲娱乐需求为例，当被问及"你觉得学校组织的活动能够满足你的休闲娱乐需求吗"这一问题时，有29.2%的大学生认为学校组织的社团活动不能够满足他们的休闲娱乐需求，而认为能满足的只有9.8%，剩余60.9%的大学生则认为"一般，还有不足"。由此可见，大学生对学校组织的社团活动满意度低，只能满足极少部分大学生的休闲娱乐活动需求。显然，对于大学生们合理健康的精神需求，高校还是难以给予应有的满足，迫切需要改变。

（二）精神需求的客观性与满足方式的主观性之间的矛盾

大学生精神需求是对大学校园生活的比较直接的反映，是大学生们在日常生活中形成和积累起来的对各种利益关系、自身生存的社会条件和环境的经验式反应，虽然是一种不系统的、不确定的、自发式的主观反应形式，但仍以客观的校园生活背景为决定性因素，大学生精神需求的内容具有鲜明的客观性。这种客观性主要体现在无论校园生活如何变化，大学生精神需求都会有一些恒定的超时代的内容，譬如情感的需求、审美的需求、求善的需求、学习知识的需求等。倘若大学生没有这些方面的精神需求，缺乏了精神领域的发展，纵使他们在物质领域获得了较为充分地享受，过上无忧无虑的物质生活，但是在马克思的眼里也只不过是"片面的、抽象的个人"，"作为单纯的劳动人的抽象存在"。如此，则必然使大学生的精神与心灵追求走向两个极端，一个是"拜金主义"的追求物质享受的极端；一个是"虚幻缥缈"的追求精神虚无的极端。当今社会，部分大学生慨叹"生活无价值、无意义、无目标感"，因而迷茫、无所趋赴、焦虑甚至恐慌，这就是他们精神需求得不到满足的典型表现。

　　到 21 世纪，随着我国进入建设全面小康社会阶段，大学生们追求更高层次的精神生活的欲望更加强烈，亟须高校拿出有效的解决办法满足大学生们的合理健康的精神需求。可是高校有关部门却不愿意俯下身去，深入到大学生中去了解他们精神需求的真实情况，而是采用经验主义的做法，俨然无视各方面条件的巨大变化，以"不变应万变"的心态对待当代大学生已经发生改变的精神需求，仍然沿用传统的方式方法去迎合大学生的精神需求。以求知需求的满足为例，在调查中，大学生们表达了"通过社会实践获取知识"的强烈愿望，可是在现有的课程体系中，实践课的比例却非常少，尤其是文科专业，几乎所有的课程都是在课堂上完成的，与实践活动脱节现象明显。所以，当被问及"你觉得在你的大学生活中，最重要的是什么"时，文科生选择"大学生活中最重要的是参加社会实践"的比例是最高的，占 40.5%，但是，就是常要通过实验才能完成课业任务的理科生，他们选择此项的比例也达到 35.6%，比例之高让人吃惊。其实，细究起来，一点也不奇怪。因为，在我国高校的办学理念里，只有课堂教学才被认为是正道，其他的教学手段都是旁门左道。要是有人提出把课堂搬到社会上去，必定会被有关部门以安全、经费等各种理由拒绝。所以，在现有的各专业的培养方案体系里，几乎所有的课程都没有将社会实践的环节作为必备环节赋予一定的学分，从源头上"杜绝"了社会实践课的产生，即使是部分课程设计了课堂教学和实践教学的教学时数比例（一般为8:1），但是，在实际教学中，却鲜有实施，有的只是用自学或课堂讨论取而代之。殊不知，这对求知欲特别旺盛、探索欲特别强烈的大学生来说是一种伤害，这浇灭了他们积极探索未知世界的激情！

（三）精神需求的多变性与满足方式滞后性之间的矛盾

　　一个人的精神需求不是凭空产生的，它是人们在具体的社会历史条件和社会实践中产生的。虽然精神需求具有客观性和恒定性，但是，它也有时代性和变动性，它会随着社会历史条件和社会实践的变化而变化，不同的时代产生不同的精神需求，每一个时代的精神需求的内容都是不一样的。正如马克思、恩格斯所指出："人们的观念、观点和概念，一句话，人为的意识随着人们的生活条件，人们的社会关系，人们的社会存在的改变而改变。"[①]

----

① 《马克思恩格斯选集》第 1 卷，人民出版社，1995，第 291 页。

大学生作为这个社会特殊群体的精神需求不仅受到整个社会历史条件的影响，而且还要受到大学生所处的校园生活的制约，是对当代大学校园生活的反映。所以，不同时代的大学生精神需求的内容是不同的，即使是表现形式相同的精神需求在整个精神生活中的地位和作用也是不一样的，这就是精神需求的变动性。在 20 世纪，50～70 年代中期，大学生的精神需求充满英雄主义的浪漫色彩；70 年代中后期～80 年代初期，大学生的精神需求充满怀疑主义的悲情色彩；80 年代中期～90 年代初期，大学生的精神需求充满自由主义的理性色彩；90 年代中期～21 世纪初期，大学生的精神需求充满实用主义的功利色彩。每一个时代的大学生的精神需求都深深地刻上了那个时代的烙印，这就是新中国成立以来我国大学生精神需求变化的轨迹。

可是，面对大学生们在新时代出现的一些新的精神需求，高校有关部门却没有采取及时有效的措施去满足，大学生们只好各自寻求满足之道。以当代大学生的休闲娱乐需求为例，前文提到，大学生们对当前学校社团活动的满意程度比较低，离满足自身的休闲娱乐需求还有较大的差距，这就对高校提出了加强校园文化建设，提高校园文化活动的质量的基本要求。可是，在当前高校校园的文化建设中，存在着以下几个比较突出的问题。首先，是重物质轻文化。在校园文化建设中，许多高校都投巨资进行校园环境的改造，重视绿化、美化环境，以营造舒适宜人的外部环境，有些高校还因此获得了"花园式学校""最美高校"等荣誉称号，甚至还成为对外开放的旅游景点。可是对校园精神文化的建设却由于建设周期长、见效慢而没有得到应有的重视，对学校的办学历史和办学经验不加以梳理，对学校的办学宗旨和办学理念不加以定位，对学校的校风和校训不加以传扬，这样的校园只会让身处其中的莘莘学子和众多的参观游览者产生如同"公园"的幻觉，而无法产生"大学校园"的神圣感。其次，是重形式轻内容。高校是传承人类文明，创造知识价值的文化高地，是以文育人、以精神育人的重要场所。这就决定高校的校园文化建设应当以内涵建设为本，借助有效的形式传播学校精神、凝练经典校训、营造优良校风，使大学生能够受到良好校园文化氛围的熏染和浸润，健康成长。可是，一些高校却在校园文化建设过程中将重点放在了如何突出视觉冲击力和听觉的震撼力，力求形式的美轮美奂，而淡化了内容的影响力。最后是重传承轻创新。在科学技术突飞猛进的时代里，创新精神就是时代精神，创新是这个时代的主题，高校理所当然是创新的先锋队，引领时代发展的潮流和风气。可是，高校的大多数校园文化活动都给人以"似曾相识"的感觉，一些部门奉行"拿来主义"，虽美其名曰"传承历史"，却不顾时代的变化和生源的变化，不愿进行与时俱进的改造，结果导致许多的校园文化都因为缺乏时代感而无法引起大学生的共鸣。如此的校园文化活动因此给人以"轰轰烈烈搞活动，快快乐乐走过场"的感觉，校园文化活动变成了校园快餐式文化，学生貌似"吃"饱了，可是却"营养"不足。

（四）精神需求娱乐化倾向与高格调之间的矛盾

所谓娱乐性需求，直观地理解就是人们对快乐的向往和追求。就"娱乐"一词的本来意义而言，并无褒贬的倾向性，"娱乐"并非就是洪水猛兽。事实上，娱乐自古有之，从《诗经》到元曲，相当数量的文学作品原本就是因娱乐活动而产生（如柳永所说的"浅斟低唱"）。娱乐活动本身是正常甚至积极的日常生活行为。从心理学上看，娱乐乃是源于人"求趣"的天性。在可预见的未来，随着生产力水平和社会文明程度的不断提高，娱乐的内容和方式只会越来越多样。马克思、恩格斯对此有精妙的论述："并不需要多大的聪明就可以看出，关于人性本善和人的智力平等，关于经验、习惯、教育的万能，关于外部环境对人的影响，关于工业的重大意义，关于享乐的合理性等等唯物主义学说，同共产主义和社会主义有着必然的联系。"① 这里所说的"娱乐"难道要比马克思、恩格斯说的"享乐"更让人觉得可怕和排斥吗？毫无疑问，娱乐是大众的权利。对处于青年时期的大学生来说，娱乐活动更是不可或缺的。

大学生是一个独特的群体，他们毫无疑问是我们这个国家最可依靠的建设者和接班人，理所当然地承受着来自个人成长、家族荣耀、社会发展、民族复兴、国家繁荣的巨大压力，他们尤其需要通过各种方式来排解这些压力，娱乐当然是其中之一。虽然娱乐的方式各式各样，但是，对内心丰富、热情奔放、走在时尚潮流前面的大学生来说，网络娱乐却是最主要的方式。从历年中国互联网信息中心发布的数据看，大学生对互联网娱乐功能的使用远远超过其他任何一种功能，就连信息渠道功能也在其之后。通过走访，我们发现，大学生们对时尚前卫的电子产品情

---

① 马克思、恩格斯：《神圣家族》，人民出版社，1982，第166页。

有独钟，智能手机人手一部，70%以上的大学生拥有笔记本电脑或者MP3、MP4、iPad等现代电子产品，这些电子产品成为大学生日常生活的必备工具，他们将这些电子产品与互联网连接，在网络上玩电子游戏、聊天、观看影视剧、追星、购物等，除了个别时段用于完成老师布置的作业外，其余时间几乎全用在了娱乐消遣上，以至于频频闪亮的智能手机在大学形成了一道独特的"风景线"，也造就了大学校园里蔚为壮观的"低头族"。除了上网，外出逛街、交友、聚餐、体育锻炼等也是大学生们娱乐的方式。与庞大的"上网族"比较起来，通过阅读的方式打发业余时间的大学生的人数却少得可怜，即使是参与课外阅读的大学生中，"快餐式"的文化作品也成为阅读主流，从包装得花里胡哨的娱乐杂志到五颜六色的口袋读物；从校园青春读物，漫画，武侠、魔幻小说到名目众多的名著缩写和经典人物故事精读以及经典恶搞；从转瞬即逝的流行娱乐时尚到网络五光十色的疯狂调侃、逗乐与桃色新闻；从经典著作的影视改编到蓄意炒作，以及内容不甚高雅的文化制品，无一不是大学生们的手中读物。在诸多的肥皂剧、穿越剧等荒诞不实的"快餐式"文化产品中，大学生沉迷在一些有剧情而缺乏内涵的文化中，身临其境地去虚构自己在剧中的角色，严重地脱离了社会现实，从而影响了他们自身的长远发展。将工作挣钱、养家糊口、谋取官职设定为自己的人生目标，缺少长期的人生规划和远大的抱负，严重地助长了拜金主义、享乐主义的错误观念。总之，在这"娱乐至死"的喧嚣年代里，娱乐化思维方式已经深刻地影响了大学生对待传统与主流价值观念的态度，逐渐形成一种以叛逆与游戏的态度来认知严肃教育所传递的价值观念与人生态度的潮流，在道德人格形成与价值观念建构的关键期面临误入歧途的危险，这种现象应当引起高度重视。

二 大学生对精神需求难以满足的苦痛

有人曾经这样描述精神危机的情景："人是悬挂在他自己编织的具有文化意义的网上动物，但是传统社会为我们编织的'意义之网'已被冲得千疮百孔，新的'意义之网'尚未编织成功，于是，人被挂在这张破碎的'网'上怎么也不得安宁，极不稳定的情绪搅得人心烦意乱，并为整个世界披上了一层灰色的枢衣。无聊、空虚、烦恼、冷漠、急躁、一边倒，笼罩着人们的心理世界，心态表现出严重的不平衡，好像抽掉了主心骨似地震颤起来。"① 这种情境也出现在了部分大学生的生活中。

（一）理想信念渐趋功利化

人区别于动物的一个重要标志，就是动物只有物质的需求，而人除了基本的物质需求之外，还有更高层次的精神需求，在多方面的精神需求中，理想精神是核心，追求理想是最高层次的精神需求，甚至在物质欠缺的情况下，也不会放弃这种精神追求。孔子就说过："君子食无求饱，居无求安，敏于事而慎于言，就有道而正焉，可谓好学也已。"② 意思是说，一个有理想的人，即便是在没有实现温饱的情况下，也应该坚持对学业的追求。因为，人不能只满足于吃喝，只有超越现实，寻求精神世界，才能找到心灵的归宿。理想信念是人类存在和发展的依归，它为个体提供了一个精神家园和意义世界，为个体的自我实现提供精神动力。理想信念的确立会使主体在认识和实践活动中显得更加自觉，目标更加明确，意志更加坚定，情感更加专一。如果失去了理想信念，人就如同没有了灵魂，形同行尸走肉，生活不再具有任何意义，因而就更谈不上对伟大事业的追求。

由于肩负着家庭、社会和国家的众多期待，加之年轻人固有的特点，大学生理应是最富青春理想的独特群体。然而，不幸的是，在市场经济大潮的冲击下，一些大学生对理想精神的追求从过往的一个极端滑向了另一个极端，理想精神成为孤立的个人自身价值的体现。他们把理想精神仅仅作为个人的信仰而完全抛弃了群体与他人，"其结果使得理想精神世俗化、工具化，工具变成了价值。工具的价值化使所有人类历史上对精神的追求——古希腊求真、求美，古希伯来坚持信仰，中国自古以来的仁爱精神，都变得无足轻重。"③ "理想理想，有利就想；前途前途，有钱就图"成为挂在许多大学生嘴边的口头禅，告别崇高、淡化政治也日益风行。功利主义的盛行使大学生们趋于媚俗，于是主导人们生活的价值观全面向功利滑落。幸福观变成金钱与权力，英雄观变成了失去道义的江湖义气，生活观充斥着严重的痞子化、虚无主义、低级庸俗下流的享乐主义和东方神秘主义，于是，人们更加

---

① 申平华：《再造中国人》，湖南人民出版社，1996，第33页。

② 《论语·学而》。

③ 赵华：《众声喧哗：媒介时代的道德流变》，社会科学文献出版社，2002，第182页。

关注世俗生活、崇尚物质、追求时尚、专注眼前，传统的乌托邦式社会理想被终结，传统的神圣化的理想主义遭到反叛，导致理想信念淡漠，精神家园失落。在调查中，虽然有71.1%的大学生选择了"愿意加入中国共产党"，可是也有27.1%的大学生选择了"不愿意"。当继续追问选择"愿意"加入中国共产党的2508名大学生"你加入中国共产党的主要动机是什么"时，其中有38.9%的大学生选择了"可以为他人和社会多做贡献"，同时，有13.7%的大学生认为自己入党是"信仰共产主义"，但是也有15.7%的大学生认为能得到很多好处，甚至有15.7%的大学生认为入党是因为"周围入党的人比较多，自己不要求不好"。由此不难发现，当代大学生加入中国共产党的动机呈现多元化的态势，虽然有超过半数的大学生入党动机纯正，但是也有不少大学生的入党动机不纯，他们或者把加入中国共产党作为以后找到好工作的砝码，或者是把加入中国共产党作为赶时髦的事，而不是打心底里热爱中国共产党，信仰社会主义和共产主义。

（二）主导价值观逐渐旁落

本来社会价值体系是一个整体，体系中的各种价值观念不仅具有一致性，而且价值观念之间的从属关系也是分明的，核心价值观念主导价值体系的方向，其他价值观念则保持与核心价值观念的一致。这样，人们对事物和行为的理解才能保证可靠和稳定，不会出现价值空虚。但是，随着其他价值观的轮番冲击，社会主义核心价值观的主导地位正在逐渐旁落，价值体系内部的价值冲突越来越激烈，人们也就逐渐失去了统一的主导价值标准，导致其他价值标准乘虚而入，左右人们的思想和行为。长期以来，社会主义的集体主义价值观在人们的思想观念体系中占据绝对的主导地位，"八亿人民同一种声音"使得安定祥和的大好局面得以维持，"集体的事再小都是大事"的信念鼓舞了几代人热火朝天地干革命、搞建设，"个人的事再大都是小事"也使得多少热血青年纵情忘我地为伟大的社会主义事业添砖加瓦。尽管集体主义宣扬到极致难免有压抑个性之嫌，但是，集体主义观念的深入人心确实为社会主义事业的发展凝聚了各方的力量。

而如今，拜金主义、极端利己主义、享乐主义等消极有害的价值观念，正在不断地侵蚀"集体主义"的理念，在这些不良观念的强烈冲击下，集体主义正慢慢地淡出人们的视线。在调查中，当被问及"你认为目前你周围大多数人的思想追求是什么"时，有38.2%的大学生选择的是"利己主义"，有 37.6%的大学生选择的是"享乐主义"，此外，有 12.4%的大学生认为是"拜金主义"，但是选择"集体主义"的却只有 8.2%的大学生。由此，我们不难看出，在当今科学技术进步的社会，人的思想也越来越多样化，但是追求集体主义价值观的学生越来越少了，集体主义的式微是不争的事实。社会主义主导价值标准的旁落，使得相对主义、怀疑主义和虚无主义逐渐盛行。

（三）道德责任意识淡化

马克思、恩格斯在谈到一个人的责任时指出："作为确定的人，现实的人，你就有规定，就有使命，就有任务。"① 马克思把人的全面发展诠释为"以一种全面的方式占有人的全面的本质"。人的全面发展，无论是生理、心理还是社会活动等方面，都跟道德责任意识的作用密切相关。从个人的内在心理发展需要来看，道德责任意识是个人得到自我满足和自我完善的需要。因为道德责任的实现就意味着个人价值的实现，个人能在践行道德行为的过程中体会到满足感，以此获得精神上的愉悦和人格上的升华。从个人的外在社会关系发展需要来看，道德责任意识是协调各种社会关系、进行自觉活动的需要。个人只有具备了道德责任意识，才有可能进行自觉自主的道德行为活动，积极地处理和协调自己在社会劳动中所结成的各种社会关系，形成全面和谐的物质关系和精神关系。

新中国成立以来，努力把大学生培养成德智体美全面发展的社会主义建设者和接班人是高校的共同使命，大学生拥有高度负责的责任意识是全面发展的核心要求，然而，大学生们在现实生活中的行为选择却真切地告诉我们，他们的道德责任意识正在淡化。在调查中，当被问及"当你路过车祸现场看到伤者躺在地上时，你会怎么做"时，其中 6.7%的大学生选择了"扭头就走"，4.1%的大学生选择了"围在旁边看热闹"，31.0%的大学生选择了"会毫不犹豫上前帮助"，58.2%的大学生选择了"不亲自出手，但会采取其他方式帮助"，由此可见，从小接受"见义勇为"传统美德教育的当代大学生，虽然在道德价值观方面总体上是健康的，也显得更为成熟理性，但是仍然有少数的大学生在他人和社会需要时，选择充当"看客"或者"扭头就走"，体现了这部分大学生的道德冷漠的态度，值得我们警惕。

---

① 《马克思恩格斯选集》第 1 卷，人民出版社，1995，第 60 页。

（四）心理健康问题突出

人的意识是心理和思想的统一，既没有不依赖于理性认识的心理活动，也没有不渗透感性认识的思想。思想问题在现实中突出表现为世界观、人生观、价值观的问题，而这些问题的产生也同时伴随着负疚感、偏激等心理问题。在改革开放和发展社会主义市场经济条件下，由于竞争机制强化，社会变化节奏加快，工作、学习、生活的紧张度增加，大学生普遍承受着各种心理压力，心理障碍和心理疾病的出现也比较频繁，并呈现不断增长的趋势。据《中国青年报》2007 年 2 月 25 日报道，在我国，精神疾病发生的数量已超过了心血管疾病，跃居疾病发生率的首位。目前我国约有 3000 万青少年存在不同的心理问题，其中，中小学生中有心理障碍者为 21.6% ~ 32%，大学生中有心理障碍者为 16% ~ 25.4%，而且呈现上升趋势。有关研究显示，目前在我国每年有 25 万人自杀，这已经成为青年人群的首位死因，每年约有 150 万人因家人或亲友自杀而产生长期、严重的心理创伤，从而成为一种严重的社会负担。随着社会的发展，大学生们越来越多地认识到真正的威胁不仅来自躯体的不适，更多地还来自我们的内心世界的苦闷、焦虑、孤独、恐惧。贝尔特兰德·罗素说："人类还从来没有过像今天这样如此多的忧虑，也从来没有过如此多的原因而忧虑。"生活中困扰我们的不仅有物质的匮乏、生理的疾病，还有许多我们无法把握的情绪、欲望、烦恼。"改革开放以来，中国经济高速发展，成绩有目共睹。但发展不平衡、不协调、不可持续的问题比较突出，贪污腐败、分配不公等现象屡屡出现。在一些领域，让人们觉得无章可循、不可预期，容易产生焦虑感、挫折感。"[1] 一时的焦虑和个别人的焦虑也许无所谓，但是长时间焦虑和群体焦虑就会形成社会问题，应当引起高度重视。

---

[1] 崔鹏：《化解焦虑离不开平常心》，《人民日报》2011 年 8 月 11 日。

第十一章
当代大学生精神生活的现代性境遇

现代性是一个涉及当今社会发展过程，反映经济、政治、文化、社会等诸多方面发展情况的基本特征。根据卡林内斯库的观点，"现代性是一个时间/历史概念，我们用它来指在独一无二的历史现时性中对于现时的理解，也就是说，在把现时同过去及其各种残余或幸存物区别开来的那些特性中去理解它，在现时对未来的种种允诺中去理解它——在现时允许我们或对或错地去猜测未来及其趋势，求索与发现的可能性中去理解它"，① 他把现代性勾勒为"现代主义、先锋派、颓废、媚俗艺术和后现代主义"五副面孔。由此可见，现代性与一个社会的现代化发展程度是密不可分的，它"内涵于资本的逻辑之中，处于历史的流变之中，行处在社会的矛盾裂变之中，呈现于全球性的视域之中。"② 作为内涵丰富又一直变动不居的现代性，它本身就具有解构和重构的双重作用。当代大学生虽然身居校园，却有着与现实社会千丝万缕的联系，不能不受到现代性的双重影响，他们精神生活中所展现出来的种种图景就是现代性的缩影。

一　社会变迁与大学生精神生活

新中国经济建设起步时，面对的是一个千疮百孔的烂摊子。在这种情况下，必须实行全国财政和经济的高度统一，最大限度地组织和调动全国的财力、物力、人力。而由国有经济和国家行政力量支持的财政经济的高度统

---

① 〔美〕马泰·卡林内斯库：《现代性的五副面孔》，顾爱彬、李瑞华译，商务印书馆，2002，第284页。
② 丰子义：《马克思现代性思想的当代解读》，《中国社会科学》2005年第4期，第53~62页。

一，使中国的经济建设之路自然而然逐步走向计划经济的轨道。毛泽东在探索社会主义建设道路的过程中之所以选择高度集中的计划经济体制，一是在理论上遵循了马克思主义关于社会主义基本特征的理论，即把计划经济同社会主义联系在一起，把市场经济同资本主义联系在一起。毛泽东曾经指出："资本主义道路，也可以增产，但时间要长，而且是艰苦的道路，我们不搞资本主义的，这是定了的。"[①] 二是在实践中学习苏联经验的结果。有人说，当毛泽东开始探索中国社会主义发展道路时，面对的几乎是一片空白的中国经济。这不仅是指当时的中国还缺乏社会主义制度赖以巩固的工业化基础，只能走边建设边发展边巩固的道路，而且还因为没有任何现成的经验可循，哪怕是失败的经验。唯一可以借鉴的，便是苏联的经验。毛泽东后来在总结历史经验时，也多次谈到这一点。他曾经说过：对于建设社会主义经济，我们没有经验，"是懵懵懂懂的"，"只能基本上照抄苏联的办法。"[②] 他还说："为了使我国变为工业国，我们必须认真学习苏联的先进经验。苏联建设社会主义已经有四十年了，它的经验对我们是十分宝贵的。"[③] 毛泽东的这些话确实反映了那个时候中国共产党人所面对的实际情况。用历史的眼光来看，在当时物资短缺而需求紧迫的严峻形势下，这只能是中共中央和毛泽东的选择。这种选择，在当时是完全正确的。如果当时不采取高度集中的计划经济体制，就不可能取得新中国成立初期经济建设的一系列成就。事实证明，新中国学习苏联建立高度集中的计划经济体制，在新中国成立初期基本适应了当时中国的生产力发展水平，并且在一个时期内明显推动了生产力的发展。

不仅如此，在计划经济体制下，单位制成为我国社会结构的基本特征，单位成为社会的基本组织形式，单位不仅是每个人从摇篮到坟墓的真实生存空间，而且是每个人心灵归属的精神空间，它对社会成员的思想整合起到了极其重要的作用。在单位制条件下，每个社会成员的利益都是相同的，即每一个社会成员的利益实际上是由国家、集体、组织通过单位制平均分配到每一个人身上的，每个人的利益都是高度一致的，所有社会成员都不必为自己的个人利益操心。"革命工作无高低贵贱之分，只是分工不同而已"，无论是工作、住房，还是医疗、养老，甚至是结婚生子，统统由单位替社会成员

---

① 《毛泽东文集》第6卷，人民出版社，1999，第299页。
② 《毛泽东文集》第8卷，人民出版社，1999，第117页。
③ 《建国以来毛泽东文稿》第6册，中央文献出版社，1992，第357页。

安排。因此，在这种体制下，单位具有绝对的权威，每一个社会成员只要服从单位组织的安排便可以确保自身的利益安全。这个时期的思想政治教育也就相对简单易做，一切都以单位、组织利益为出发点，要求社会成员无条件服从组织的安排，宣扬"组织（集体）的事再小都是大事，个人的事再大都是小事"，倡导"牺牲个人，奉献组织"，社会成员行为的评价标准也就相对单一，主流的意识形态起着绝对的主导作用。因此，在这种背景下，所有社会成员别无选择地只能将自己的命运与自己所在的组织紧密地联系在一起，"同呼吸共患难"，听从组织的安排，思想政治教育行之有效。

　　然而，高度集中的计划经济体制发展到后来，越来越僵化，以致被推向极端，阻碍和破坏了生产力的发展。这成为"文化大革命"结束之后中国共产党及其领导层必须面对和解决的问题。正如邓小平所说："这才迫使我们重新考虑问题"，"考虑的第一条就是要坚持社会主义，而坚持社会主义，首先要摆脱贫穷落后状态，大大发展生产力，体现社会主义优于资本主义的特点。"① 要发展生产力，就必须改革，邓小平指出："如果再不实行改革，我们的现代化事业和社会主义事业就会被葬送。"邓小平所说的改革，是全面的改革，包括经济体制改革，即"对妨碍我们前进的现行经济体制，进行有系统的改革。"② 1978 年 12 月，中国共产党十一届三中全会在北京召开，全会作出了实行改革开放的新决策，从此，中国进入了改革开放的新时代。

　　随着改革开放政策的逐步落实，尤其是社会主义市场经济体制的确立，中国的社会变迁开始了：从人民公社体制到家庭联产承包责任制；从单一的公有制形式到多种所有制形式并存；从指令性计划经济到指导性的社会主义市场经济；从"平均主义"的分配方式到以按劳分配为主体的多种分配方式并存；从社会成员的单位化生存方式到自由选择的多元化生存方式；从"宁要社会主义的草，不要资本主义的苗"到必须大胆吸收和借鉴人类社会（包括资本主义）创造的一切文明成果；从封闭保守到开拓进取；从扼杀个性到个性张扬；从"泛道德主义"到以德治国与依法治国相结合；从"以阶级斗争为纲"到以经济建设为中心；从"唯生产力论"到经济社会和谐发展……总之，中国社会的变迁正以前所未有的速度、广度和深度进行着。

---

① 《邓小平年谱（1975～1997）》（下），中央文献出版社，2004，第 1182 页。
② 《邓小平年谱（1975～1997）》（下），中央文献出版社，2004，第 996 页。

巨大的社会变迁使我国社会由单一型向多样型转变，突出地表现在四个方面：经济成分和经济利益的多样化；社会生活方式的多样化；社会组织形式的多样化；就业和分配方式的多样化。"多样化"的社会存在，使得原本以单位为清晰边界的单位群体被打乱，取而代之的是以在改革中获利多少为依据而重新划分的不同利益群体。陆学艺教授主编的《当代中国社会流动》指出，中国内地社会可以划分为十大阶层："（一）国家与社会管理者阶层；（二）经理人员阶层；（三）私营企业主阶层；（四）专业技术人员阶层；（五）办事人员阶层；（六）个体工商户阶层；（七）商业服务业人员阶层；（八）产业工人阶层；（九）农业劳动者阶层；（十）城乡无业、失业、半失业者阶层。"[1] 不同利益群体的形成，表明我国社会各身份群体成员间区分的变量不再主要是职业，区域、组织类型、权力、声望、金钱等都成为界定某一社会成员身份的变量指标。与此相适应，传统单位制的评价标准弱化了，社会的评价标准开始多元化起来，"几千年历史文化依旧在现代中积淀下来的义利观、经过几十年的大力弘扬而早已深入人心的社会主义平等价值观、改革后形成的现实物质利益观，再加上大量涌入的众多社会成员尚未充分消化吸收从而能做出明确判断的各种西方思潮等诸多因素的影响，使社会成员评判社会地位高低的标准变得多元、混杂起来，很难有一个统一的原则将这些常常是相互冲突的标准相整合。"[2] 不仅不同利益群体的社会成员倾向的价值取向可能不同，就是同一利益群体的社会成员的价值取向也可能不同，甚至是同一个社会成员在不同时期的价值取向也可能不同，甚至不同价值取向有时还会互相冲突，使得他们在追求个人利益的过程中不由自主地陷入迷茫和困惑之中，一切都变得不那么确定和似是而非了，复杂性和陌生感很快就成为这个时代人们的共同社会感受。整个社会呈现出"社会优化与社会弊病并生、社会进步与社会代价共存、社会协调与社会失衡同在、充满希望与包含痛苦相伴"[3] 的两重性和复杂性，大学生的精神生活需要很难靠传统的方式得到满足。一方面，"现代性以前所未有的方式，把我们抛离了所有类型的社会秩序的轨道，从而形成了其生活形态。在外延和内涵方面，现代性卷入的变革比过往时代的绝大多数变迁特性都更加意义深远。在外延

---

① 陆学艺：《当代中国社会流动》，社会科学文献出版社，2004，第13页。
② 孟伟、张岩鸿、王连喜：《转型期思想政治工作问题研究》，人民出版社，2004，第9页。
③ 郑杭生：《改革开放30年：快速转型中的中国社会——从社会学视角看中国社会的几个显著特点》，《社会科学研究》2008年第4期，第9页。

方面，它们确立了跨越全球的社会联系方式；在内涵方面，它们正在改变我们日常生活中最熟悉和最带个人色彩的领域"①，传统社会人与人之间守望相助的共同体关系日趋消解，从"熟人社群"的一员逐渐转变为"陌生人社群"中的"原子化"个人，法理、契约、功利等成为人与人之间联系和交往的主导原则，人际关系更多地表现为资本逻辑、功利取向和契约关系，澎湃的物欲就如一头闯进"道德瓷器店"的怪兽，将社会道德与传统价值观打破和解构。

急剧的社会变迁引发了大学生们最为现实的是就业焦虑，这种焦虑成为大学生四年大学生活挥之不去的梦魇，严重影响着他们的精神生活质量。由于从 20 世纪 90 年代起，国家对大学生就业制度进行改革，逐步将大学生工作包分配的就业制度调整为双向选择、自主就业的就业制度，并于 1999 年全面取消大学生工作分配制度。这就使得大学生们不得不抛弃"通过读大学捧上铁饭碗"的传统观念，改变"单位化生存"的幻想，被迫选择多元化的生存方式，在就业市场上"八仙过海，各显神通"。然而，随着高校的连年扩招，大学生毕业人数的逐年增加，"就业难"成为摆在学校、学生和家长面前的一大难题。根据教育部网站 2012 年 11 月 24 日发布的关于做好 2013 年全国普通高等学校毕业生就业工作的通知，指出 2013 年全国普通高校毕业生规模将达到 700 万人，比 2012 年增加 20 万人。2014 年全国高校毕业生规模将达到创纪录的 727 万人，同时根据 2011 年 2 月召开的全国就业工作座谈会公布的数据表明 2010 年应届毕业生规模是 21 世纪初的 6 倍，"十二五"时期应届毕业生年平均规模将达到近 700 万人（如图 11 - 1 所示）。面对严峻的就业形势，自主择业的就业方式无疑对他们的大学生活带来了巨大的就业压力，并且由此引发就业心理问题。在巨大的就业压力下，大学生们从走入大学校门的那一天起，还没来得及从高考的重压下恢复过来，还没来得及适应全新的大学环境和大学生活，就已经开始处于就业的焦虑之中。他们关于大学生活的美好憧憬在了解了严峻的就业形势后很快就破灭了，原本应该多姿多彩的大学生活从此蒙上了一层灰色，他们不得不生活在紧张与不安之中。大学生们忙于专业辅修班、英语提高班、计算机培训班，有的从大二就开始准备考研，其精神压力丝毫不亚于高考。这一方面反映了他们的紧张与不安；另一方面又使得紧张不安的情绪越来越严重。由于

---

① 郑杭生、李路路：《社会结构与社会和谐》，《中国人民大学学报》2005 年第 2 期，第 3 页。

大学生没有经历复杂的社会实践，耐受能力较差，客观环境造成的巨大压力，主观上又无法承受，焦虑水平往往很高。持续过高的就业焦虑水平（合并其他心理压力和问题），会使大学生出现身体疾病和心理障碍。从身体方面来看，人的免疫功能将会下降，容易出现肌肉紧张、呼吸不畅、失眠、神经衰弱、消化性溃疡、心脏病等症状和疾病。从心理方面来看，心理健康水平会降低，严重的会出现心理障碍，甚至导致极端事件的发生。如，情绪持续低落、兴趣丧失、看破"红尘"；与人交往中，讨厌别人、脾气古怪、关系紧张；夸大失败、怀疑和轻视自己，甚至彻底地自我否定。这些因素导致部分大学生出现心理障碍以及自毁、自杀等极端事件的发生。

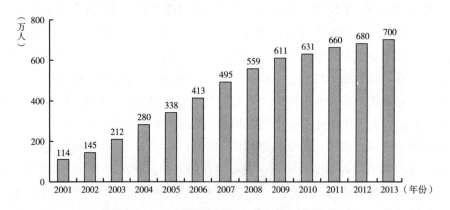

图 11 - 1　全国普通高校毕业生规模变化趋势

　　在社会主义计划经济体制快速向社会主义市场经济体制转变以实现物质财富急剧积累的同时，人们对物质利益的诉求变得极为迫切，整个社会笼罩着浓郁的功利主义的色彩。在无孔不入的新媒体时代，地处校园的大学生们依然无法抵抗功利主义的侵袭。在"利益为先"的影响下，大学生的人生价值观也发生了微妙的变化，关切的目光由以前的"为了现代化建设""祖国的需要就是我们的志愿""到祖国最需要的地方去"的激情理想主义开始逐步转向现实，投向自身利益。当前部分大学生存在着日益浓厚的"金钱至上"的拜金主义意识，大学生中追求物质利益、崇尚经济实惠的人日益增多。一些人受"金钱万能"思想的影响，一切向钱看，见利忘义，把追求物质利益作为人生的最大目标。他们的学习目标日益功利化，在专业选择和课程学习上，有些学生认为自己所学的专业没有"钱途"而不安心专业学习，还有些学生对经济、外语、计算机之类的社会热门专业和课程很感兴趣，对社会上冷门的、"钱"景不佳的专业和课程漠不关心，对思想政治理论课更是嗤之以鼻。他们在职业选择上奉行"现实主义"，相当一部分大学生不是把是否有利于发挥自己的才能和社会的需要作为择业的主要标准，而是把经济收入的高低作为考虑的首要因素，高收入的职业出现千人求一职的情况，而一些收入不理想、不能"以权换钱"的无实权单位备受冷落。他们在人际交往中奉行"实用主义"，将人际关系庸俗化，有的大学生把商品经济中的等价交换原则运用于人与人的交往，传统的以情义为重的同学之交，开始向图利的方向倾斜。同学之间吃吃喝喝已成为人际交往中不可或缺的内容，以往在学习上比学赶超的良好竞争风气，演变成了斗富摆阔的恶俗的攀比。他们在物质生活上追求享乐主义，把艰苦奋斗、勤俭节约看成是过时的观念，为了满足自己的消费欲望，有的大学生一味向父母索取金钱，以满足高消费甚至超前的消费；有的身在学校，心在商场，搞营销、炒股票、到处兼职，名义上是勤工俭学、社会实践，实际上是热衷于赚钱。他们的理想追求趋于实利化，一些大学生把金钱作为衡量价值的尺度，丧失了积极向上的荣誉感和精神上的崇高追求。少数人只对金钱感兴趣，胸无大志，目光短浅。一些大学生对入团、入党持冷漠的态度，对当不当先进觉得无所谓；雷锋式的英雄在他们眼里是傻瓜。他们把拥有多少金钱作为衡量一个人自身价值的标准，为了使自己显得有"品位"，不惜高消费，买名牌、用名牌、穿名牌，甚至因此引发在校学生的偷盗、抢劫等犯罪行为。

二　西方文化霸权主义与大学生精神生活

信息技术的飞速发展、经济全球化的进一步加剧，使信息传输的途径发生了巨大的变革，人们一改过去传统的通信工具和交流方式，越来越依赖于电信网络的交流方式，这就为文化传媒与文化交流开辟了新时代。随着卫星电视和互联网在全球的普及，信息无疆界传媒成为现实，借助卫星电视和互联网，各种思想、价值观、道德观等在全球范围内自由迅捷地传播，极大地推动了全球异质文化之间的相互吸收和融合。同时，也为西方文化霸权主义打开了方便之门。

所谓文化霸权，就是指一些发达国家将其物质生活方式、人生观和价值观作为一种普世的行为准则通过各种渠道向其他国家和地区积极渗透和大力推行，谋求自己在全球文化体系中的统治地位的行径。文化霸权的实质是以文化为手段谋求世界霸权。正如美国学者弗兰克·宁柯维奇在《文化外交》一书中所指出的："文化手段和政治、经济、军事手段一样，不但都是美国外交政策的组成部分，在大国间军事作用有限的情况下，特别是在现代核战争中无法严密保护本国不受报复的情况下，文化手段尤其成为美国穿越障碍的一种更加重要的强大渗透工具。"美国的国际战略家们认为，多极化趋势不利于世界的稳定，因为，新兴国家的崛起会改变实力均衡，必然威胁和挑战现有的霸权秩序，但是，面对崛起的亚洲和统一的欧洲，美国要维护霸权已经显得力不从心，必须采取新战略，从针对苏联、中国的强硬冷战遏制战略，转变为采取软硬兼施的"缓和"战略，局部放弃封锁遏制社会主义国家，有意识地通过经济文化交流培育对方的依赖性，从精神上涣散社会主义国家的斗志，再利用依赖性作为攻击、制裁的手段，施展"胡萝卜加大棒"的手腕，软硬兼施地诱迫社会主义国家"和平演变"。文化霸权的目的和用意是昭然若揭的——力图继续保持其在世界文化发展中的霸主地位，并通过这些手段获得大量的政治资本和商业利润，进而干涉别国内政，分化或"西化"这些国家。对此，美国基辛格同仁公司总裁戴维·罗斯科夫曾经露骨地坦言："美国应该确保：如果世界向统一语言方向发展，那么这种语言就应该是英语；如果世界向统一的电信、安全和质量标准发展，那么这些标准就应该是美国的标准；如果世界逐渐被电视、广播和音乐联系在一起，那么节目的编排就应该是美国的；如果世界正形成共同的价值观，那么这些价值观就应该是符合美国人意愿的价值观。"[①] 为了实现这一目标，美国正在凭借其先进的信息技术，向其他国家输送大量信息，兜售他们的文化意识形态。据联合国教科文组织统计，美国电视节目的输出量居世界第一；美国电影生产量仅占世界电影产量的7%，却占据了世界电影放映时间的50%；互联网上的信息80%以上使用英语，并有一半以上源自美国。

那么美国人的价值观是什么呢？据《文化霸权概论》一书的作者刘伟胜分析，美国价值观包含三个核心理念：第一是美国生活方式的优越性；第二是美国在全球负有的特殊使命；第三是美国式的民主。众所周知，在阶级社会里，文化是带有阶级性和政治性的，所谓的纯文化是没有的，"普及美

---

① David Rothkoph, "In Praise of Culture Imperialism", In Foreign Policy, NO. 107, Summer1997, p. 45.

国文化"的战略和美国其他对华政策一样,万变不离其宗,都是按照美国的价值观改造中国,最终达到"西化"和"分化"中国的目的。如今随着经济全球化和信息全球化的到来,"普及美国文化"对我们(尤其是青少年)的影响已经悄然显现:今天的青少年喜欢吃麦当劳快餐,爱喝可口可乐饮料,抢看欧美大片。2003年10月,据北京勺海公司对831名在京沪生活的人员的调查,获知他们心目中的美国文化是:浪漫迷离的好莱坞影片、自由豪放的西部牛仔、可口的麦当劳、技术超群的Windows以及Intel,这种现象是令人担忧的。正如著名作家王朔所言:如果我们现在把外来语和由外来语言影响翻译、意译及其生造的词语,统统从汉语中剔除,我们就说不成话了。文化涉及一个民族全面的生活方式,它包括价值、规则、体制和在一个既定社会中历代人形成的思维模式。消解民族文化,必将化解中华民族的内聚力,造成中国深层次的"文化弱势",削弱中国的综合国力。不仅如此,西方生活方式的渗透和理论上的话语霸权,将使社会主义核心价值观失去在社会生活中的主导地位。我们将失去共同的、稳定的基本价值观念,或者是分裂为许多不同的相互冲突的价值观念,那么社会中具有不同基本价值需要、运用完全不同的话语体系的各种利益集团就必然沿着不同的价值观念的边界进一步发生深刻的,乃至不可弥合的分裂,党和国家的价值观的基础将遭到怀疑,由于失去共同价值观的支撑而必然产生的"合法性危机"将导致国家意志、价值观念和国民心理的崩溃。

中国作为世界上最大的社会主义国家,早已成为西方敌对势力的"眼中钉""肉中刺",成为他们对外进行思想文化渗透的重要目标。在对我国的文化传播与政治渗透上,有的西方战略家公开地宣称他们的最终目标就是要改变中国的社会主义制度以及与之相适应的马克思主义意识形态。美国前总统尼克松在其撰写的《1999,不战而胜》中写道:"侵略的代价将更加高昂,而经济理论和意识形态号召力将成为决定性因素。""最终对历史起决定作用的是思想,而非武器"。"我们最强大的力量也在于思想"。由此不难理解,以美国为首的西方大国为什么会通过文化的大众传播,一方面向我们的青年一代尤其是大学生鼓吹资本主义社会制度,极力宣扬个人主义、拜金主义的价值观及三权分立、多党制、自由民主等资本主义制度。另一方面他们又借助在全世界的话语霸权抨击社会主义制度及其价值观。当前,美国文化在世界互联网资源中占有主导地位,西方国家把网络作为对我国实施"西化"图谋的新手段。凭借网络的交互性、渗透性、虚拟性等特点，他们经常在网络上宣扬西方价值观念，传播消极腐朽的生活方式，从而对我国的大学生形成不良影响。西方文化对大学生的影响有如下诸种表现：其一，政治观念发生改变。由于资本主义国家的虚假宣传，许多青年人不顾中国革命建设的实际及具体国情，盲目否定中国特色的政治制度。其二，价值观念上的变化。西方文化的渗透也对大学生的价值观产生一定影响。西方个人主义思潮涌入中国，使得青年的人生观、价值观发生了变化。那种个人至上、金钱万能、生活就是享乐的价值观对正在成长中的大学生产生不利影响，也给社会主义的义利观和道德观带来挑战。其三，民族精神和爱国情感的淡化。西方国家的文化传播也对我们国家的民族文化带来了一定的冲击，大学生的民族认同感被弱化、民族自信心和自豪感有所淡化，并出现了盲目崇拜西方文化的倾向。西方消费思潮也直接影响着大学生的生活消费方式。一部分大学生爱慕虚荣，在购买商品时都以购买外国货为荣，崇尚洋品牌，并把它作为时尚的象征，盲目攀比现象愈演愈烈。这些不顾个人消费能力的行为，加重了学生的家庭负担，使人际关系世俗化，侵蚀着社会风气。

三　经济全球化与大学生精神生活

早在 150 多年前，马克思、恩格斯在《共产党宣言》中就指出：资产阶级由于开拓了世界市场，使一切国家的生产和消费都成为世界性的了。这个论断是对经济全球化趋势的准确预判。

经济全球化就是指随着社会生产力的发展，世界各国、各地区经济，包括生产、流通和消费等领域相互联系、相互依赖、相互渗透，以前那些由于民族、国家、地域等因素造成的阻碍日益减少，世界经济越来越成为一个不可分割的有机整体。经济全球化的主要特征是：（1）生产全球化。由于生产技术的日益成熟、劳动力价格的差异以及世界分工的不同，许多行业的生产在全球范围内同时进行，世界性的生产体系正在形成。（2）贸易全球化。世界市场的形成使各国市场逐渐融为一体，并极大地促进了全球贸易的发展。国际贸易范围不断扩大，世界市场容量也越来越大，各国对世界市场的依赖程度也与日俱增。（3）金融全球化。各国金融更加紧密地与国际市场联系在一起。迅速扩展的跨国银行，遍布全球的互联网使世界变得狭小，巨额资本和庞大的金融衍生品在全球范围内自由流动。（4）投资全球化。以增殖为"天职"的国际资本，凭着灵敏的"嗅觉"在国际市场上流动，不仅流动规模持续扩大，而且流向也发生了变化，即由过去的单向流动变为双向流动，发达国家与发展中国家之间的资本相互流动，共同促进了世界经济的繁荣。(5) 区域性经济合作日益加强。如今，区域性合作组织遍布全球，如欧洲联盟、北美自由贸易区、东南亚国家联盟等。这些组织内部，基本上都实现了商品、资本、人员和劳务的自由流通，使得区域内的资源配置得到优化，经济效益显著提高。

经济全球化是一把双刃剑，它的影响遍及各个领域，从最直接的经济生活一直深入到最抽象的精神生活，这种影响无处不在。由于经济生活与人们的日常生活密切相关，全球化对经济生活的影响最容易被人们观察到，因而也最容易被人们所利用。但是，全球化对精神生活的影响却是最隐蔽的，需要经过较长时间才能浮现出来，因而最难被发现，也就最难对付。我国于2001年成为世界贸易组织（WTO）的成员国，迄今已有13年。自从加入WTO以来，经济全球化的两面性影响正逐步显现，这些影响主要表现在：(1) 经济全球化的开放性使得各国或地区的经济活动超越了现实中的疆域，冲击和消解着以爱国主义、民族主义为基础的国家主权，淡化了祖国和民族的观念。在经济全球化的浪潮下，国际分工日益深化，贸易和金融市场融为一体，各国经济在全球范围内相互依存、相互融合，使得整个世界正在变成一个密不可分的相互依存的整体，你中有我，我中有你，国家地域概念在经济交往中日益淡化。超越国家界限的跨国公司和跨国金融机构等各种新势力在经济上越来越强大，在世界政治和文化领域中也发挥着越来越大的作用。它们正制约和影响着国家的主权功能，同时各主权国家出于不同的利益考虑也不断地让渡部分主权。著名学者巴蒂就曾认为，经济全球化将毁灭主权国家，联通世界版图，挑战社会契约，改变国家主权的内涵。经济全球化、互联网和生态环境的国际化，使越来越多的公民淡化原来的国家认同，而滋生出全球意识，出现了所谓的"新认同政治"，少数先锋派如国际环境保护主义者甚至以"全球公民"自居。对此，一些学者提出"非民族国家化"理论，认为民族国家"已经过时"或"正在终结"。[①] "地球大同""全球主义""超民族主义"等西方社会思潮蜂拥而至。不少大学生受到这些理论的影响，认为世界各国的一切经济、政治与文化的纷争正在退居到同一的

---

① 俞可平：《全球化与政治发展》，社会科学文献出版社，2005，第1~4页。

"公域生活"背景之下，国家会随着跨国公司等全球性机构的出现而逐渐消亡，经济全球化时代无须再强调民族国家的主权与利益，人们对全球和人类整体利益的关注已渐渐强于对本国、本民族利益的关注，民族的和国家的意识正在逐渐淡化。（2）资本主义国家在经济全球化中的优势地位使资本主义观念逐渐深入人心。在经济全球化进程中，发达资本主义国家始终试图利用其统治地位和经济优势吞噬社会主义，达到资本主义经济体系对世界进行支配和控制的目的，只是以往的激烈对抗被掩盖在表面平和的经济、政治、文化的各种交流之中罢了，意识形态领域的斗争表现得更隐蔽、更复杂。这些都极易使我们对西方敌对势力对我国实施的"西化""分化"和"和平演变"战略丧失警惕，削弱社会主义意识形态的防御能力。早在1999年，美国前总统克林顿在瑞士达沃斯演讲时就曾经指出："由于全球化不仅限于经济领域，我们的相互依存，要求我们想方设法迎接增强我们的价值观的挑战。"美国国务院1999年的"人权报告"进一步解释了克林顿的观点，说："今天，人人都在谈论全球化。但是，无论是全球化的倡导者还是批评者，都几乎千篇一律地将全球化说成是一种纯粹的经济和技术现象。实际上，在新的千年中，至少存在着三种世界语言：金钱、因特网以及民主和人权。"

不可否认，我国借助经济全球化的东风，实现了国民经济的腾飞，国民生产总值迅速跃居世界第二，再加上我国经过改革开放30多年的积累，政治、军事、文化、科技等领域也取得举世瞩目的成就，综合国力有了显著增强，在国际舞台的影响力与日俱增，甚至在一些领域已经超越美国，令美国感受到了中国的挑战。正如法国战略研究基金会分析家瓦莱里·尼凯强调的："近一两年来，发达国家意识到，中国的形象不再像从前那样正面。"法国《回声报》2011年2月3日载文指出："每周都会出现中国的某个举动让我们的经济界人士恐慌的情况。"可见，中国的迅速崛起导致西方大国从经济、政治、安全到心理、自尊都感觉受到"中国威胁"，于是大造"中国威胁""中国恐惧"的舆论，借以孤立中国、遏制中国的发展。他们企图采取各种手段扼杀崛起中的中国。如1999年中国驻南联盟大使馆被炸，部分大学生不管不顾，冲击美国驻华大使馆，甚至打出"美帝亡我之心不死""血债血偿""我们不要学英文""美国，披着人权羊皮的狼"这样的口号；再如，因日本右翼势力篡改教科书和奥运火炬法国传递受阻，引发一部分大学生自发组织抵制日货、法货的运动。部分大学生将这些冲突事件自然地直接同中国近代遭受的屈辱历史联系起来，过激的言行容易为西方反华人士提供遏制中国的口实，不利于我国参与经济全球化。

四　政治格局分化组合与大学生精神生活

150多年前，马克思主义诞生，社会主义由空想变为科学。马克思主义的创始人运用辩证唯物主义和历史唯物主义的观点，在深刻分析人类社会特别是资本主义社会基本矛盾的基础上，揭示了人类社会发展的规律，指出封建社会代替奴隶社会，资本主义社会代替封建社会，社会主义代替资本主义社会是历史发展不可逆转的大趋势。当进入20世纪后，1917年俄国十月革命爆发，第一个社会主义国家宣告成立，人类历史从此掀开了崭新的一页。到20世纪中叶，社会主义运动在世界范围内蓬勃兴起，一批国家先后建立了社会主义制度。社会主义国家诞生后，在国内保证全体人民的政治平等和当家做主、消灭人剥削人的制度、解放和发展生产力、消除两极分化、建立新型的思想道德文化制度等方面进行了大胆的尝试，并且取得了巨大的成就，显示出社会主义制度无与伦比的优越性。在国际上，在社会主义影响下，特别是第二次世界大战后，民族解放运动的浪潮席卷全球，先后有100多个国家获得独立，使殖民主义和帝国主义经营了几个世纪的殖民体系彻底崩溃，世界面貌得到极大改变。正如江泽民所言："实践证明，社会主义是指引世界上处于剥削制度压迫之下的无产阶级和劳动人民改变自己命运、获得社会解放、建设幸福生活的正确道路。"[①] 因此，我们断言，没有社会主义就绝不会有世界的今天。

在社会历史进程中，社会主义由于代表绝大多数人的根本意志和愿望，体现着千百年来人类的不懈追求，从而表现为社会历史合目的运动的必然结果，因而具有巨大的内聚力、向心力和生命力。社会主义运动的蓬勃兴起确实激发了我们的昂扬斗志，我们也怀抱美好的憧憬描绘社会主义和共产主义的远大前程，社会主义和共产主义的信念也坚如磐石地成为人们的理想，一首"砍头不要紧，只要主义真，杀了夏明翰，自有后来人"的革命诗歌就是真实的写照。然而，国际气候风云变幻，20世纪80年代末90年代初，世界社会主义运动遭受重大挫折，先是东欧剧变、后有苏联解体，国际共产主义

---

① 《江泽民文选》第3卷，人民出版社，2006，第77页。

运动陷入低潮。反观资本主义社会，自从"二战"结束，尤其是近20多年来，西方发达资本主义国家通过实施积极的经济政策、调节社会关系、缓和阶级矛盾，借助发达的科技，呈现出稳定发展的势头，无论是从经济、科技发展还是从物质文化生活水平来看，发达资本主义国家比发展中社会主义国家要高得多。邓小平曾一针见血地指出："讲社会主义，首先就要使生产力发展，这是最主要的。只有这样，才能表明社会主义的优越性。……空讲社会主义不行，人民不相信。"① 面对社会主义国家和资本主义国家发展成果的强烈反差，"一些善良的人们产生了疑问和困惑，对世界社会主义的前途也存在这样或那样的忧虑，甚至在我们一些党员、干部中也程度不同地存在'信仰危机'。"② 一些人因此甚至接受了一些西方政要、学者抛出的所谓"历史已经终结"，"社会主义是一个错误"，"共产主义是20世纪最大的空想"，"唯物史观已经过时"等论调，对其中包含的政治企图不加分辨。与此相联系的另一种倾向是，仅仅把社会主义当作一种权宜之计，将其实用化，或者将其书斋化，使社会主义变成脱离实际的抽象的政治口号。

20世纪80年代末社会主义阵营的巨大变化对有着远大抱负的大学生群体无疑具有重大影响。大学生精力充沛、踌躇满志，期待着在实现中国特色社会主义理想的过程中贡献自己的青春，实现人生的价值和社会价值。然而，当他们看见社会主义阵营的挫折，一些大学生理性思索，寻找这种现象的合理解释；而有些大学生却陷于非理性思考，对理想信念持种种错误的态度。首先是"怀疑主义"态度。一些大学生认为共产主义是一种遥不可及的良好愿望，是渺茫的幻想。认为与其为虚无缥缈的理想而奋斗，还不如实实在在地享受今天的生活。认为"各尽所能，按需分配"的共产主义社会与人口膨胀、资源枯竭、环境污染、贫富差距严重的现实社会形成鲜明对比。对理想信念持"怀疑主义"态度，还体现在部分大学生不能正确认识具有中国特色的社会主义。虽然绝大多数同学认可改革开放以来我国社会发展所取得的成就，对党的大政方针高度赞成，对我们建设中国特色社会主义充满信心和希望。但仍有一些同学对转型时期中国社会产生的一些社会问题表示"担心"，担心地区差距、贫富差距不断加大会导致社会不稳定；担心多元化经济动摇社会主义根本制度；担心腐败问题无法从根本上解决；等

---

① 《邓小平文选》第2卷，人民出版社，1994，第314页。
② 《江泽民文选》第3卷，人民出版社，2006，第78页。

等。这些担心导致他们对中国特色社会主义最终能否成功产生怀疑。其次是"功利主义"态度。主要体现在部分大学生的理想追求具有明显的功利化趋势，过于强调实际功用，过分强调片面的个人生活理想、职业理想等，对理想追求定位有偏差；也体现在部分学生片面追求自我价值，热衷于自我设计、自我奋斗、自我实现，认为"人活着就是为自己"；还体现在一些学生的"有钱就是幸福"，"有钱就有价值"的思想观念上，时下流行的"理想理想，有利就想；前途前途，有钱就图"的说法，就是一个最好的说明。最后是"虚无主义"态度。主要体现在部分大学生对理想信念问题持一种无所谓的态度。这部分学生认为，只要过好当下的每一天，使生活快乐无忧，就是最大的幸福；无须庸人自扰，寻求虚无的、空洞的理想。他们的理由是，我只想过一种平凡人的生活，只想拥有一个平凡人的理想。对理想信念持"虚无主义"态度，既与"怀疑主义"态度不同，也与"功利主义"态度相区分。持"怀疑主义"态度的学生，多少还关心理想信念问题，对国家社会政治生活有关注、有思考，只是认识上发生了偏差；持"功利主义"态度的学生，对共产主义、社会主义、国家民族、社会政治等自身以外的事物不加关注，他们只关注自身的发展，只有较低层次的个人理想和追求。持"虚无主义"态度的学生，既对国家社会政治生活不加关注，也对个人的职业、前途、生活不加考虑，完全是一种得过且过、无所追求的态度。

理想和信念是我们的力量源泉和精神支柱。理想在青年学生的成长、成才过程中所起的导向和驱动作用是巨大的。一个人只有确立了正确的奋斗目标，才能实现对世俗观念的超越，也才能正确地认识和对待现实社会中的种种不正之风，以及市场经济带来的负面影响，从而才会感到人生的充实和丰富，才会有对生活的热情，才能真正懂得人生的价值和意义。邓小平同志多次强调："我们多年奋斗就是为了共产主义，我们的信念理想就是要搞共产主义。在我们最困难的时期，共产主义的理想是我们的精神支柱，多少人牺牲就是为了实现这个理想。"[①] "要特别教育我们的下一代下两代，一定要树立共产主义的远大理想。一定不能让我们的青少年作资本主义腐朽思想的俘虏，那绝对不行。"[②] "为什么我们过去能在非常困难的情况下奋斗出来，战

---

① 《邓小平文选》第3卷，人民出版社，1994，第137页。
② 《邓小平文选》第3卷，人民出版社，1994，第111页。

胜千难万险使革命胜利呢？就是因为我们有理想，有马克思主义信念，有共产主义信念。"① 部分大学生对理想信念的错误态度必须引起重视，高校应当采取有效措施进行教育引导，使他们正确认识当前的各种社会现象，正确处理个人与集体、国家与社会、自己与他人等各种关系，最终确立对社会主义的坚定信念。

五　新媒体技术与大学生精神生活

20世纪90年代以来，以互联网、智能手机为代表的新媒体飞速发展，特别是近年来，诸如微信、微博、社交网络、搜索引擎、手机报、手机短信等新媒体应用形式不断涌现。新媒体是以现代信息技术为基础，在新的技术支撑体系下出现的媒体形态，如网络、手机短信、移动电视、数字杂志、数字报纸、数字广播、数字电视、数字电影等。新媒体是相对报刊、户外、广播、电视四大传统媒体而言，所以被称为新媒体。与传统媒体相比，新媒体是依托数字技术、互联网络技术和移动通信技术实现交互的新型媒体，它具有传播内容海量化、传播形式生动化、传播效率即时化等诸多特点，以其独特的功能和魅力对人们的生活产生了十分深刻的影响。著名传媒大师麦克卢汉曾说，"任何技术都倾向于创造一个新的人类环境"。大学生作为年轻人的代表，由于自身的好奇心驱使，受新媒体的影响更加突出。据中国互联网信息中心（CNNIC）发布的第33次中国互联网络发展状况统计报告显示，截至2013年12月，我国网民规模达6.18亿人，其中学生依然是中国网民中最大的群体，占比达25.5%，互联网在该群体中的普及率已经处于高位。根据职业结构来看，在所有的网民中，大专生占10.1%，大学本科生占10.8%。从年龄来看，20~29岁的网民的比例是31.2%，在所有网民中占比最大。随着智能手机的市场价格不断降低和互联网络资费的不断下调，人手一机在大学校园里已经成为现实。有调查表明，新媒体技术的广泛运用对大学生的学习方式和生活方式都产生了重要影响，详细情况见表11-1和表11-2②。

---

① 《邓小平文选》第3卷，人民出版社，1994，第110页。
② 高爱芳、高卫松：《对大学生使用新媒体的调查分析及德育引导》，《思想政治教育研究》2010年第1期，第133页。

表 11 - 1　大学生获取信息主要来源的调查（可多选）

选项	比例(%)
互联网等新媒体	62
报纸、广播、电视等传统媒体	28.9
课堂、会议	12.7
道听途说	12.2

表 11 - 2　对大学生喜欢的沟通交流方式的调查（可多选）

选项	比例(%)	选项	比例(%)
电话、短信	74.1	聚会、联谊	17.4
QQ	63.7	信件来往	13.8
面对面	45.6	MSN	5.1
E - mail	20.1	其他	2.6

进入大学以获取更多知识体现了大学生们成长的渴望。在新媒体时代到来之前，大学生们获取知识和信息的方式主要通过课堂学习和书本知识。然而，随着新媒体技术的推广，大学生们获取知识和信息的方式有了极大的改变。强调信息在全球自由高速流动，实现资源共享共建，是互联网创始者的初衷。新媒体是当前计算机网络技术、数字化技术、移动通信技术发展的成果，以其强大的技术力量，海量的信息，"网"尽全球文化，实现信息的光速传递，构筑了一个信息海量的信息资源库，满足个性化需求。基于新媒体的这些特性，大学生能更加方便、快捷、高效地获得丰富的知识和信息资源。一方面，新媒体技术以其快捷性、广泛性极大地拓展了学生获得信息的渠道和容量，尤其是新媒体的信息共享对于拓展学生的知识广度有很大的作用，能够帮助大学生尽快了解所学专业领域中最前沿的知识与信息，有助于专业知识结构的合理构建；另一方面，能够开阔青年学生的视野，拓展其知识面，学习和掌握专业领域之外的知识。基于计算机或者在线的网络教学使得课堂学习变得更加生动形象，新媒体比如网络为大学生提供了更多交流的机会，不再是基于课堂讨论的局限，可以在论坛和博客上和全世界的朋友一起研究交流。新媒体可以使大学生及时了解行业就业需求，从而根据就业需求及时调整自己的知识体系以适应压力渐大的就业竞争。

新媒体技术的运用不仅改变了大学生们的学习习惯和学习方式，而且也引起了大学生社会交往方式的变化。在网络时代以前，我们与远方的联系主要是通过写信、打电话等手段。电话往往会产生较为昂贵的资费，而通信的即时性又比较差。互联网络技术的广泛运用使得新媒体成为大学生进行社会交往的主要方式，借助微信、BBS、E-mail、QQ、博客、手机短信等新媒体，大学生在社会交往中更觉轻松和便捷，解决问题的方式更趋自由。以前由于地域阻隔难以相识，或是由于性格原因很难在现实生活中成为朋友的大学生，都可以在新媒体上，在虚拟通信的保护和支持下找到新朋友，极大地满足了大学生对社会交往的需求。而由于网络交友的目的比较单纯，也使得大学生们能够更加迅速地获得友谊。新媒体的特性给人一种相对安全、隐秘的感觉，使大学生在拥挤、无法保障隐私的现代城市中个人空间得到较好的保护。此外，在新媒体提供给大学生的"想象空间"里，虚拟环境和非直接身体接触的特性给人以安全感和疏离感，而一些在网络交往中产生的流行符号和网络语言也增加了人与人之间的认同感，拉近了彼此间的距离，同时，网络海洋中丰富的信息为大学生的社会人际交往提供了大量谈资，因此互联网成了大学生表达思想观点和倾诉心声的理想选择，虚拟空间活动在大学生日常生活中的分量加大，成为紧张学习生活的一个泄压阀。他们希望通过在线交流充分表达自己的想法和意愿，获得他人的尊重，同时期望与他人尤其是老师和学校管理者平等对话，解决他们遇到的问题。

新媒体技术的运用对大学生的休闲娱乐方式和娱乐内容也产生了重要影响。在新媒体技术到来之前，大学生们的休闲娱乐方式主要是体育活动和学校组织的第二课堂活动，内容是打篮球、参加文艺演出及各项技能比赛。如今，"随着媒体的兴盛、介入门槛极低的媒介的普及，所有的信息包括政治、宗教、哲学、艺术等形而上的内容，都变成了娱乐的泛化"[①]。这种泛娱乐化已经渗透到大学生生活的各个领域，为了追求商业利益，不择手段制造乐子，通过表现内容和形式的娱乐化来获取卖点，甚至不惜扭曲大众审美标准，来满足受众愉悦需求的"泛娱乐化"闲暇生活方式。大学生们的闲暇生活不再局限于图书馆和篮球场，从海外电视剧到五花八门的娱乐节目，从养眼的选秀节目到火爆的相亲节目，从调侃式的谈话节目到各种隐私大曝光，从恶搞、偷拍、"人肉"搜索到层出不穷的"事件门"。大学生的网络群聊替代了聚会，群里经常出现搞笑的 QQ 表情、性色彩浓厚的图片段子、幽默笑话和打情骂俏。

---

① 阎志斌：《泛娱乐化思潮对大学生思想政治教育的影响及其对策》，《柳州职业技术学院学报》2010 年第 3 期，第 122 页。

可以说，以互联网为代表的新媒体是把双刃剑，其开放性、虚拟性容易使大学生摆脱现实社会的诸多约束，放纵自己的行为，忘却社会责任，呈现出道德弱化现象。譬如，有些大学生热衷于虚拟交往而疏远了现实中的人际交往，造成了人际交往障碍，进而产生了逃避现实的心理倾向。有些大学生在完成作业或者论文的过程中以剪切复制的方式代替了学习和思考，不仅无益自己的成长，而且败坏了校园风气。大学生的这些消极行为方式值得思想政治教育工作者警惕。互联网交往能够使人消除直面交往的障碍，但同时也弱化了人际沟通能力；由于挤占了现实环境中人与人接触的时间，结果淡化了现实中的人际关系；并且网络世界中虚假的自我中心可能会产生自恋型情绪，使人产生一定的认知障碍和情绪障碍。而且网络交往具有虚拟性、非身体接触的方式，会产生人与人的疏离感和不可信任感。人们一方面在网络交往中排遣寂寞、获得安慰；另一方面又保持着脱离社会接触的孤独情绪。所以在网络交往中获得的心理安慰并未完全消弭人的寂寞，反而使人产生持续的孤独感。以上因素的影响，会使人产生对网络交往的依赖。而大学生休闲娱乐生活的泛娱乐化倾向，不经意间已经侵蚀了校园文化，致使部分大学生"成为娱乐的附庸，毫无怨言，甚至无声无息，成了一个娱乐至死的物种"①，久而久之便异化了大学生的人格，扭曲了大学生的价值观和审美观。网络影音、网络聊天、浏览新闻、更新空间和微博、虚拟社区、网络游戏等，在带来视觉和听觉的享受，体验感官快乐，获得本能自由的同时，却使大学生难免沉迷其中无法自拔。大学生在享受新媒体提供的丰富感官刺激的同时，也在接受传播内容的深刻影响。新媒体具有开放性，这种宽松无障碍的环境有利于大量有效资源的繁殖，却也同时为个人自私主义、道德相对主义等观念的生长提供了土壤，为网络色情、一夜情、网络暴力、网络赌博提供了传播通道，如果大学生克制力不强，人格修养不健全，就很容易产生信念动摇，造成身心堕落。

---

① 阎志斌：《泛娱乐化思潮对大学生思想政治教育的影响及其对策》，《柳州职业技术学院学报》2010年第3期，第125页。

第十二章
当代大学生精神需求的调适与引导

在现代社会，高校的最基本功能，就是通过有组织、有计划、有系统的教育，提高大学生的科学文化素质和思想道德素质，满足大学生成长成才的精神需求。科学文化知识教育是通过对文化的传承、选择和创造来完成的，它包括文化启蒙、基础文化知识传授、基本生活技能传授、科学文化知识传授、专业技能传授和文化价值观传授等。它的目的是把受教育者培养成"有文化的人"。思想道德教育是通过对现有政治制度确定的价值观念、政治信念、思想体系、道德规范等的灌输来完成的，它的目的是把受教育者培养成为有较高政治觉悟和良好思想道德品质，愿意为特定社会发挥积极作用的公民。学习科学文化知识，提升思想道德素质是大学生精神需求的核心内容。所以，高校应该想方设法去满足大学生这两方面的需求。

一 树立全员育人观念，构建"三位一体"的育人体系

首先，高校党政部门应率先意识到制度建设对于高校关注学生精神需求，实现校园文化建设的可持续发展意义重大。高校关注大学生精神需求，需要高校党政齐抓共管、明确义务、履行职责、密切协作，把是否关注和满足大学生精神需求，列为高等学校办学质量评估考核的重要指标，纳入高等学校党建工作和教育教学评估体系。例如，高校可通过不断健全和完善校园文化建设的领导体制和工作机制；逐步建立班导师、学生成长导师制度，通过师生间民主平等的交流互动，缩小师生距离，把握大学生的思想脉搏，了解大学生的思想动态和精神需求；还可通过学生满意度的教师测评制度，考

核高校教师对大学生思想观念、精神需求的关注度及影响力，通过完善制度，实现校园文化的科学化、规范化和长期化，使大学生核心价值观的培育，使校园文化建设的可持续发展具有依托。

其次，高校辅导员是对大学生进行思想政治教育的中坚力量，高校应当发挥辅导员贴近学生群体的优势，通过辅导员与学生群体的交流，了解大学生的精神需求。辅导员是大学生的精神导师，他们的言行举止对大学生的成长产生深远影响，辅导员只有自觉提高育人意识，通过加强自身的道德修养，以身作则，为人师表，言传身教，才能对大学生塑造健康的人格产生积极影响。作为大学生成长的主要引导者，在对大学生精神需求的引导与调适上，辅导员需要及时了解大学生的精神需求，为大学生满足自身精神需求提供正确的思想引导、心理辅导，对大学生的精神需求进行调适，长期跟踪大学生精神需求发展状况，通过直接与大学生的接触，收集大学生精神需求信息并定期向校领导及学科教师反映，以促进学校教育满足大学生的精神需求。

最后，教师的思想觉悟和素质水平影响着高校满足大学生精神需求工作的效果。学校学科教师需要认识到高校不仅是现代科学的高地，而且是人文精神的殿堂；高校培养的人才不仅应具备丰富的专业知识，而且应具备健全人格、健康身心和良好精神风貌。作为高校教育的主导者，教师需要强化育人的责任意识，不仅需要具备广博的学识以满足大学生的求知需求，而且需要具备深厚的人文情怀，引导大学生理性满足精神需求，实现大学生个体的全面和谐发展。高校需要不断提高师资队伍素质水平，激发教师工作热情，培育深厚的人文情怀，扎实的理论功底，具备广博的学识涵养，以满足当前教育发展的需求。

在满足大学生精神需求方面，高校只有形成以校党政领导、各院系辅导员及科任教师为主力的"三位一体"的育人体系，加强师德师风建设，才能为满足大学生精神需求提供保证。

二　开展丰富多彩的校园文化活动，
营造积极向上的校园文化氛围

大学文化包括精神文化、制度文化、环境文化、行为文化等多方面，其中精神文化是大学文化的核心。校园文化对大学生的德育具有激励、凝聚的功能。高校通过寻找思想政治教育与校园精神文化建设的契合点，开展内涵

丰富、形式多样的校园文化活动，以实现对大学生的精神需求，进行恰当地引导与调适。

（一）渗透德育，健全主体

当前，经济全球化日益发展，科技信息日益发达，社会日益开放，青年一代的思想观念、道德意识、价值取向受到了前所未有的冲击。大学生追求独立人格、自由发展、平等权益，他们的主体意识得到不断增强，甚至出现了大学生价值观取向的个人化倾向。人生观、价值观是一个人思想的总开关，决定大学生精神需求的内容及其追求方式，大学生的精神需求又进一步影响大学生的人格和身心发展。高校教育因此面临着新的机遇与挑战。

高校教育者必须从当前中国社会发展现状出发，选择正确的价值标准，对大学生的思想观念进行引导与调适。社会主义核心价值体系正是顺应当代中国社会发展需要而产生，具有实践性，具有塑造健康人格的功能，其目的是完成对人的塑造，把人塑造成有理想、有道德的社会主义建设者。人的塑造本质上是人格的塑造，而人格精神的核心是价值观、人生观。高校在价值观教育方面应以社会主义核心价值体系统领大学生精神生活，将德育渗透到教学及各种党团活动中，通过高校宣传工作、利用校园传媒力量营造主流舆论氛围。增强高校宣传工作的思想内涵，其有效途径就是做好先进典型的宣传报道，发挥其思想引领作用。高校党团组织是德育的先锋，应发挥贴近大学生群体的优势，鼓励党员团员创先争优、选树大批青年典型。高校应以树立榜样、弘扬先进为教育途径和手段，不仅可以借助校园媒体力量，如校报、校园手机报、校园网、校电台及电视台等媒体手段宣传《感动中国》节目中的或学生身边的先进人物，而且可以通过组织开展评选青年五四奖章、优秀共青团员、优秀共青团干部、五四红旗团支部和十佳学生社团、优秀学生社团干部、"校十佳青年教师""大学生自强之星"等活动，召开"五四表彰大会"，以贴近学生生活的例子进行先进性的宣传教育。

高校的人生观、价值观教育，一方面，要渗透在课堂教学过程中，做到德育与学科知识教学的有机结合，做到潜移默化，润物无声；另一方面，教师要引领学生走出课堂、走进社会、走进生活，使德育工作为青年学生所接受，进而引导大学生以正确的人生观、价值观为导向，在践行中理性追求自身的精神需求，科学地引导学生追求正面精神需求，为大学生的学习、生活及今后长远发展提供精神动力。

（二）丰富内涵，建立品牌

在校园文化建设的精神内涵上要以满足大学生多元化、多层次的精神需求为出发点和落脚点。高校校园文化活动不仅要考虑到大学生最基本、最普遍的求知需求的满足，而且要全面考虑大学生精神需求的其他方面，不断丰富校园文化活动的精神内涵，扩充校园文化活动所涵盖的内容。

高校通过校园精神文化建设满足大学生精神需求，内容不仅需要涉及学术科技方面以满足大学生的求知需求，而且还应涉及政治、社交、文娱、体育等各方面才能满足大学生多元化、多层次的需求。例如，高校团委重视大学生精神需求，可充分运用团学工作寓教于乐的特点、发挥凝聚功能，通过组织开展团支部立项、主题团日班会、社团活动、纪念五四青年节等丰富多样的活动形式，坚持用社会主义核心价值体系引导青年学生，满足大学生政治信仰需求；通过举办"挑战杯"全国大学生创业计划竞赛、百场学术讲座、师范生素质大赛、英语素质拓展、读书节等满足大学生提升自身文化素质的需求；通过举办高雅艺术进校园、校园十佳歌手赛、院校运动会等满足大学生文娱体育需求；通过开展社交礼仪选修课程满足学生渴望提高社交技能的需求；通过开展志愿服务月、研究生西部支教团项目、大学生志愿服务西部计划满足大学生奉献社会、成就自我的需求。大学生在高校教师的引导下不断充实自身精神生活，多元化、多层次的精神需求得以在内容丰富的校园文化活动中得到充分满足。

高校不仅需要不断丰富活动内涵，满足大学生多元的精神需求，而且还需要通过建立校园文化品牌活动实现校园精神文化建设的长期化、规范化，以满足大学生不断产生的新的高层次精神需求。例如，高校可设定"英语角"活动日，通过定期邀请外籍教师与学生互动交流，不断满足大学生对英语口语和西方文化的求知需求，并以此为契机，搭建大学生之间、大学生与教师之间交流沟通的平台。在满足大学生精神需求方面取得成就的高校，他们的工作可贵之处在于，教育者从实际出发，深入学生群体，关注大学生精神需求现状；在各项工作中充分尊重大学生的主体地位，实现文化活动的长期化、定期化；创立校园文化品牌，扩大校园文化活动的感染力，吸引广大在校大学生主动参与喜闻乐见的校园文化活动；通过在工作实践中关注需求、积累经验，以丰富活动内涵，较充分地满足了在校大学生多元的精神需求。

（三）拓展途径，创新载体

大学生多元的精神需求在高校校园文化活动的丰富内涵中得到满足，校园文化丰富的精神内涵的实现和发展离不开以载体为依托。增强校园文化的吸引力和感染力需要不断拓展教育途径、创新教育载体。校园文化载体可分为活动载体、社团载体、媒介载体、标识载体、环境载体。

寓教于乐的教育方法是对青年人，尤其是对大学生进行思想政治教育的有效途径。寓教于乐的教育方法是通过群众喜闻乐见的文化娱乐活动，其中包含思想政治教育内容和达到思想政治教育目的的方法。校园文化活动以充分满足大学生多元化、多层次的精神需求为切入点，精心设计、打造形式多样的活动，寓教于乐，实现思想政治教育功能。高校团委可以不同类型的学生组织，如，校学生会、社团联合会、青年志愿者协会及科学技术协会等各类学生组织为载体开展校园文化活动。各组织内部可下设学术科技类社团、文化艺术类社团、实践服务类社团、体育运动类社团，各类社团以各具特色的方式开展文化活动，学生可按自身兴趣与需求有选择性地参与。学生组织应以多样的活动方式，以社团为载体满足大学生的精神需求。

高校对大学生精神需求的引导与调适，要善于在拓展途径和创新载体中发挥高校具有的最丰富的教育教学资源优势，以满足大学生精神需求。当代社会是信息时代，当今校园文化是网络时代文化，高校对大学生精神需求的引导与调适，尤其需要充分认识信息网络技术的发展和普及所带来的机遇与挑战，合理地发挥新兴媒介载体对高校教育工作的功能，如校园网站、广播站、电视台、电台、校报是校园宣传工作的主要传播方式，高校对大学生精神需求进行引导与调适可充分利用校园媒介载体，营造正确的舆论氛围，坚持正确的传播导向。高校在这方面应做到与时俱进，通过向校内师生发送校园手机报及开通各院系、各大学生社团组织、各行政部门微博和博客的方式发布最新团学快讯，及时提供校园文化活动信息，同时充分利用网络互动性的特点与大学生进行网上的互动交流，在了解学生思想动态的基础上采取相应方式解决大学生的困惑，满足他们的成长需求，充分发挥网络等新兴媒体手段在大学生教育工作中的作用。

三　完善专业培养方案，增加实践课程的比例

随着社会现代化程度的不断提高，大学生的实践需求持续上升，然而，受传统教育观念影响，当前高校的实践教学开展并不充分，专业培养方案多以理论课程教学为主，特别是文史类学生的成绩评定是以笔试卷面成绩为主要标准，学生的实践需求难以在教学中获得满足。

实施实践教学是保证课程实效性的重要手段，是在校大学生理论与实践相结合，学以致用的主要渠道，然而，许多文史类课程面临学生重视度不足的困境。文史类课程，尤其是思想政治理论课旨在引导学生树立正确的人生观、科学观和世界观，增强学生的人文素养，是与学生个人长远发展关系最密切的课程，但当前高校的该类课程却普遍处于不受欢迎的状态，这很大程度上在于课程教学内容和教学形式不受大学生喜欢，未能满足大学生的实践需求。虽然部分教师尝试在课堂教学过程中开展实践教学，但是，由于体制的不完善，实践教学缺乏规范性、长期性，导致学生参与积极性不高，从而弱化了该类课程应有的育人效果。

在 2011 年全国高校实践育人工作经验交流会上，教育部副部长杜玉波强调："抓好高校实践育人工作意义重大，是全面落实党的教育方针的必然要求，也是提高人才培养质量的必然要求。要坚持把加强实践育人工作作为提高高等教育质量的切入点和突破口，作为创新人才培养的重要途径，着力做好转观念、重保障、求实效三方面工作，积极调动整合社会各方面资源，形成实践育人合力，着力构建长效机制，努力推动高校实践育人工作取得新成效。"[1] 高校作为人才培养的主阵地，有义务改革不符合当前社会发展需要的专业培养方案，而加大实践课程的比例，将实践教学列为独立课程，设立校内外实践基地，加大实践课程在课程培养目标中的学分比例，实现实践教学的充分开展，是教改的重要内容。高校教师应当有意识地引导大学生参加实践课程，调动学生参与的热情，明确参与实践课程的目的及意义，引导学生学以致用，结合现实生活中的具体问题，分析其中原因并引导学生考虑如何解决，从而满足大学生的实践需求。

借鉴国外实践育人的成功经验，我们建议将"服务学习"纳入高校

---

[1]　胡航宇：《构建实践育人长效机制》，《中国教育报》2011 年 9 月 23 日。

的课程体系，并将其定为必修课程，赋予一定的学分，学生只有通过考核获得该项学分才能毕业。"服务学习"（service-learning）始于 20 世纪 70 年代，从美国兴起。1990 年，美国制定了《国家和社区服务法案》（*Nationaland Community Service Act of* 1990），该法案指出："服务学习是一种学习方式，在这一过程中，学生主动参与精心组织的服务进行学习并得到发展，这种服务在社区中发生并满足社区的需要；服务学习与小学、中学、高等教育机构以及社区相协调，有助于形成公民责任感。服务学习与学生的学术课程相整合，并为学生规定时间对服务经验进行反思。"可见，"服务学习"具有使学生在教师指导下，通过从事社区服务而学习知识和技能，发展多方面能力，养成公民责任感和健全个性的课程与教学的取向。它是"社区服务"和"学术学习"（academic study）的整合，即把"学会服务"（learn to serve）和"在服务中学习"（serve to learn）两种行为加以整合。正如全美服务学习委员会主席、参议员格伦所言："服务学习在读、写、算 3R 教育之上又增加了关键的第四个 R：责任（responsibility）。"服务学习种类繁多：可以是学校服务学习，如辅导同伴、为年幼儿童的学习与生活提供帮助、清扫校园并进行垃圾分类、美化校园与教室等；亦可以是社区服务学习，如为福利院或养老院的孤寡老人提供帮助、为特殊学校的残疾儿童提供帮助、为医院或博物馆等公共场所提供帮助，参与各种保护环境的活动和各种维持交通安全的活动等。服务学习能使学生养成相互合作、体现人文关怀、参与公共事务和回报社会等良好素养。学生从实际的服务中体会到自己为社区做贡献的能力，可以激发学生继续参与服务活动的热情，并有助于学生了解社会和政治信息，理解社区的管理方式以及服务社区的方式。在这一系列活动中，学生逐渐形成对社会和国家的责任感。要增强学生的职业意识，可引导学生通过服务学习"做中学"的机会来了解职业，从而对未来的职业生涯有更真切的体验，在选择职业时会更现实。学生也在服务中获得更多的职业技能和沟通技能、更多的专业知识，形成更积极的工作态度和更强的职业意识。根据美国"服务学习"的经验，参与服务学习活动的学生不仅变得更负责任，而且将责任心上升为一种重要价值；他们倾向于将自己视为更具有社会能力，也被他人视为更可信赖，对他人也更具同情心；他们可以获得更多自信、更大自我效能感、更大活力，以及对多元文化更具有敏感性和对避免危险行为（如酗酒、吸烟等）具有更强的能力。

四 突出重点，推进大学生精神家园的建设

当前的中国，既面临着价值多元化、社会转型的冲击，也面临着信仰缺失、道德滑坡的阵痛。要实现中国梦，就必须要有道路自信、制度自信，而这首先需要对文化的自信，以此构建充实的、富有张力而非虚无缥缈的精神文化体系，构建国人的精神家园，作为国家社会发展的支撑。习近平高度重视文化自信的建设，2014年"两会"期间，他在参加贵州团审议时指出，"一个国家综合实力最核心的还是文化软实力，这事关精气神的凝聚，我们要坚定理论自信、道路自信、制度自信，最根本的还要加一个文化自信。"习近平在2014年3月底至4月初访欧期间，在巴黎联合国教科文组织总部系统阐释了传统文化与中国梦，指出，没有文明的继承和发展，没有文化的弘扬和繁荣，就没有中国梦的实现。在比利时欧洲学院演讲时他又指出，中国人独特而悠久的精神世界，让中国人具有很强的民族自信心。由此可见，推进大学生精神家园的建设，必须做好以下几个方面的工作。

（一）兼收并蓄综合创新，引导大学生树立文化自信

文化是民族的血脉，是人民的精神家园。中国共产党第十七届中央委员会第六次全体会议通过的《关于深化文化体制改革推动社会主义文化大发展大繁荣若干重大问题的决定》中明确指出：要培养高度的文化自觉和文化自信，提高全民族文明素质，增强国家文化软实力，弘扬中华文化，努力建设社会主义文化强国。当代大学生是传承和创新中华文化的重要力量，也是弘扬和引领社会主义先进文化的重要群体，是中国优秀传统文化迈向世界、走向未来的主要活动载体。在全面建成小康社会，实现中华民族伟大复兴的攻坚阶段，我国面临多元文化冲突，大学生文化自信建设已成为高校思想政治教育面临的时代课题。我们认为，引领大学生树立文化自信，首先必须着力加强社会主义先进文化建设，增强其吸引力和凝聚力；其次要不断弘扬中华民族的优秀传统文化，重新焕发其青春活力；最后要高度重视西方文化的渗透和影响。

加强社会主义先进文化建设是培育大学生文化自信的内在要求。先进文化作为人类社会发展的支撑，是一个社会文化体系的血脉和灵魂，是推动经济社会发展的强大动力，是综合国力的重要组成部分，是社会文明程度和发

展水平的重要标志。建设我国的先进文化一直是近 100 年来国人矢志不移的追求。早在 20 世纪 20 年代初，中国的马克思主义先驱者陈独秀，通过对中西文化的比较分析，提出当时中国的先进文化应该是"自由而非奴隶的""进步的而非保守的""进取的而非隐退的""世界的而非锁国的""实利的而非虚文的""科学的而非想象的"以及"科学与人文并重"的文化。20 世纪 40 年代，毛泽东在《新民主主义论》中通过对当时中国经济、政治和文化发展状况的科学总结，深刻阐述了新民主主义文化建设的内涵和前进方向，提出了"民族的科学的大众的文化，就是人民大众反帝反封建的文化，就是新民主主义文化，就是中华民族的新文化。"党的十六大报告对多年来中央关于文化问题的强调和关于"代表先进文化的前进方向"的思想进行了系统性总结，作出了科学的论述："在当代中国，发展先进文化，就是发展面向现代化、面向世界、面向未来的，民族的科学的大众的社会主义文化，以不断丰富人们的精神世界，增强人们的精神力量。"这一重要论述不仅指出了当代中国先进文化的本质内涵和根本特征，而且为新时期建设社会主义先进文化指明了方向。

面向现代化、面向世界、面向未来，表明了先进文化建设的前进方向。先进文化面向现代化的要求主要体现为文化内容的现代化和文化传播方式的现代化。我国是四大文明古国之一，有着悠久的历史文化传统，其中，既有一直推动中华民族不断前行的文化精华，又有羁绊中华民族前行的文化糟粕。如今，实现社会主义的现代化成为国人的理想追求，社会主义的现代化不仅要实现经济的现代化、政治的现代化，同时还必须要实现文化的现代化，单纯的物质现代化是跛足的，是不会持久发展的。正如江泽民指出的："我们搞社会主义现代化建设，我们的思想方法和思维方式也必须符合现代化建设的要求，本身也应现代化。"[①] 这一点已为资本主义国家的发展实践所证明。西方资本主义国家在向现代化进军的征途中，十分注重对传统文化的现代化改造，创造出与现代化相对应的思想观念。现代资本主义精神——新教伦理的发展兴起，就是现代化精神与现代化经济配套发展的。现代化的先进文化还要借助现代的传播方式以更好地满足广大人民群众的精神文化需求。苏联学者 B. B. 姆什韦尼耶拉泽曾经指出："今天，在科学和技术革命

---

① 中共中央文献研究室编《江泽民论有中国特色的社会主义（专题摘编）》，中央文献出版社，2002，第 272 页。

的时代，随着全世界认识的成就和科学的威望史无前例地增加，如果不使用科学的数据、计算机、模型设计和各种信息系统，任何理论都不能指望具有影响或得到普及。"[①] 虽然此说有言过其实之嫌，但是，却道出了文化传播与科学技术之间不可分割的密切关系。所以，我们"要努力掌握和发展各种现代化传媒手段，积极推动先进文化的传播。"[②] 先进文化面向世界的要求，就是指先进文化建设要博采世界各国文化之长，为我所用。当代中国的先进文化建设是在世界各国不同思想文化相互激荡的国际环境中进行的，它不可能离开世界文明大道而将自己封闭在一个孤立的文化圈中。邓小平在"南方讲话"中明确指出："社会主义要赢得与资本主义相比较的优势，就必须大胆吸收和借鉴人类社会创造的一切文明成果。"[③] 党的十五大报告也指出："我国文化的发展，不能离开人类文明的共同成果。要坚持以我为主、为我所用的原则，开展多种形式的对外文化交流，博采各国文化之长，向世界展示中国文化建设的成就。"只有博采世界各国文化之长，才能在世界各种思想文化的相互激荡中更好地发挥我们自己的特有优势，繁荣和发展我国的社会主义文化事业。当然，我们必须始终保持清醒的头脑，采取有力的措施和对策，自觉抵御西方资产阶级的思想文化、价值观念和生活方式的不良影响。先进文化要面向未来的要求，就是指先进文化建设要着眼于未来中国的发展目标，确定当代中国先进文化建设的航向。"当代中国是未来中国的前奏，当代中国先进文化是未来中国先进文化的先声。"[④] 当代中国先进文化建设要注意研究和应对未来社会发展可能提出的形形色色的课题，并作出预见性的判断，为未来中国的发展做好充分的智力准备。在这些问题中，有诸如科学技术的发展所产生的科技伦理问题（如克隆技术的适用范围问题、转基因食品的安全问题、网络信息传媒真伪问题，等等），也有社会发展所引发的人类自身的精神安全问题（如人类精神家园迷失问题、人类中心主义还是自然中心主义的问题，等等），诸如此类问题都是文化建设的核心问题，关系未来社会发展的方向，也关系人类的福祉。面向现代化、面向世界、面向未来从不同的维度规定了先进文化建设的任务，三者之间相互联系、相互渗

---

① 〔苏〕B. B. 姆什韦尼耶拉泽：《政治现实与政治意识——评当代西方当代政治学》，王浦劬译，中国社会科学出版社，1990，第46页。

② 中共中央文献研究室编《江泽民论党的建设》，中央文献出版社，2001，第503页。

③ 《邓小平文选》第3卷，人民出版社，1993，第373页。

④ 沈壮海：《先进文化论》，高等教育出版社，2003，第118页。

透，构成了一个有机的整体。其中，面向现代化是核心，是当代中国先进文化建设的根本指向，它规定了面向世界、面向未来的目的所在，面向世界、面向未来都是围绕着面向现代化进行的，受面向现代化的制约。

民族的、科学的、大众的社会主义文化既规定了先进文化的根本性质，又突出了先进文化的基本特征。先进文化的民族性包含两个方面的含义，一是指先进文化要汲取民族传统文化的养分，夯实文化发展的根基。越是民族的文化就越有价值，就越能走向世界，为全人类所共有。"文化的力量，深深熔铸在民族的生命力、创造力和凝聚力之中。"① 在人类发展史上，任何一种文化谱系的发展，都是在前人已有基础上的创新和发展，正如马克思所指出的："人们自己创造自己的历史，但是他们并不是随心所欲地创造，并不是在他们自己选定的条件下创造，而是在直接碰到的、既定的、从过去承继下来的条件下的创造。"② 当代中国的先进文化建设同样也是在中华民族的先辈们遗留下来的传统文化的基础上进行的，"传统不应仅仅被当作是障碍或不可避免的状况。抛弃传统应该看成是新事业的某种代价；保留传统则应算作是新事业的一种收益。传统应该被当作是有价值生活的构成部分"③。所以，毛泽东要求我们不能割断历史。应当总结从孔夫子到孙中山以来的珍贵的文化遗产。继承中华民族的传统文化要有正确的态度，分清其糟粕和精华，汲取其精华，摒弃其糟粕。二是指先进文化应当具有浓厚而显著的民族特色和民族风格。历史证明，一个民族要想生存和发展，就必须有自己的文化根基和文化形象。"国家要独立，不仅政治上、经济上要独立，思想文化上也要独立。"④ "民族文化是一个民族区别于其他民族的独特标识。"⑤ 不同的民族有不同的生活方式和自身独特的文化传统，这是区分不同民族的首要特点。恩格斯在谈到法国和德国的文学时曾说过一段极为精彩的话，他说："法国小说是天主教婚姻的镜子；德国的小说是新教婚姻的镜子"，⑥ 在法国人看来，德国小说是枯燥无味的，而在德国人眼里，法国小说是伤风败俗的。所以，当代中国的先进文化建设也应当体现民族元素、中国风格和中

---

① 《中国共产党第十六次全国代表大会文件汇编》，人民出版社，2002，第 37 页。
② 《马克思恩格斯选集》第 1 卷，人民出版社，1995，第 585 页。
③ 〔美〕E. 希尔斯：《论传统》，傅铿、吕乐译，上海人民出版社，1991，第 440 页。
④ 中共中央文献研究室编《十四大以来重要文献选编》（下），人民出版社，1999，第 2152 页。
⑤ 习近平 2014 年 2 月 17 日在省部级主要领导干部学习贯彻十八届三中全会精神全面深化改革专题研讨班开班式上的讲话。
⑥ 《马克思恩格斯选集》第 4 卷，人民出版社，1995，第 69 页。

国气派，这样的文化才具有强大的生命力。

　　先进文化的科学性首先表现在它的指导思想的科学性。当代中国的先进文化建设坚持以马克思主义为指导。江泽民在庆祝中国共产党成立 70 周年大会上的讲话中指出："坚持马克思列宁主义、毛泽东思想的指导地位，是我们立党立国的根本，也是社会主义文化建设的根本，决定着我国文化事业的性质和方向。只有这样，我们的文化建设才能沿着正确的道路健康发展、抵制和消除一切落后的、腐朽的思想文化影响，不断创造出先进的、健康的社会主义崭新文化，培养出适应社会主义现代化建设需要的有理想、有文化、有纪律的新人。"① 党的十六大报告也明确指出："在当代中国，发展先进文化，必须坚持马克思列宁主义、毛泽东思想和邓小平理论在意识形态领域的指导地位，用'三个代表'重要思想统领社会主义文化建设。"马克思列宁主义、毛泽东思想、中国特色社会主义理论体系深刻揭示了人类社会历史发展的规律性，是严密而完整的科学理论体系，是科学的世界观和方法论，坚持以这一理论为指导，才能保证我国社会主义文化的先进性。从我国现实的文化发展状况来看，文化的多元化和多样性是并存的。从文化表现形态上看，不仅存在着中国的传统文化、西方文化、社会主义文化之别，还存在着高雅文化、大众文化、民间文化之分，而且还存在民族文化、地区文化和社区文化、村镇文化、企业文化、校园文化、军营文化等不同形式的文化之间的差异；从文化性质上看，存在着先进与落后、科学与迷信、正确与错误、积极与消极的区别；从文化内容上看，存在着马克思主义与反马克思主义、社会主义与反社会主义之别。这些不同性质、不同内容和不同表现形式的文化相互渗透、相互影响，必然会使社会主义先进文化建设面临更加复杂的情形，给我们增添许多不可预料的问题和困难，甚至可能带来严重的后果。对此，江泽民强调："一个党，一个民族，一个国家，特别是像我们这样的大党，这样十多亿人口、由 56 个民族组成的多民族大国，必须有正确的理论指导和强大的精神支柱。现在我们处在改革开放和现代化建设这样深刻的社会变革之中，社会关系和社会经济面貌正在发生巨大的变化。我们党要担负起领导这场伟大变革的历史责任，必须有正确的理论指导和强大的精神支柱。否则整个党和国家就不可能有强大的凝聚力，就会成为像旧中国那

样的一盘散沙，我们也就不可能有强大的力量。"① 以马克思列宁主义、毛泽东思想和中国特色社会主义理论体系为指导的中国先进文化，能够成为凝聚和激励全国各族人民的重要力量，在全社会形成共同的理想信念，在广大人民群众中树立正确的世界观、人生观和价值观，有效地抵制形形色色的非马克思主义、反马克思主义思想文化的侵蚀，巩固社会主义的思想文化阵地。先进文化的科学性还表现在"它以科学的发展、创新和科学知识的普及、科学精神的弘扬为重要内容。"② 科学技术是人类认识和运用自然规律、社会规律能力的集中反映。人类社会的发展史表明，"科学技术是第一生产力"，人类社会的每一次重大飞跃，都与科学技术的重大发明与运用密不可分，而伴随着社会进步的是文化事业的飞速发展，由此可见，科技进步和创新不仅是生产力发展的关键因素，也是推动文化发展的重要因素。因此，大力普及科学知识、弘扬科学精神对于推进我国的科技进步和创新意义深远。这不仅是生产力发展的根本要求，也是发展先进文化的必然要求。"我们要坚持用科学思想、科学精神武装全党同志和全国人民，努力提高全社会的科学文化水平。……要高举科学的旗帜。坚决反对迷信，反对反科学、伪科学的活动。……要把科技知识、科学思想、科学精神、科学方法的宣传和普及工作，作为精神文明建设的重要内容不断加强起来。"③

先进文化的大众性既表明了先进文化建设的主体是广大人民群众，又表明了先进文化服务的主体是广大人民群众。当代中国的先进文化的建设事业是亿万人民群众共同创造的事业，广大人民群众是先进文化建设的主体。广大人民群众不仅是物质财富的创造者，也是精神财富的创造者。他们的生产实践为创造精神财富提供了必要的物质前提，为先进文化产品的生产提供了丰富的素材。所以，"中国社会主义文艺发展和繁荣的最深刻根源，在中国人民的历史创造活动之中。"④ 在当代中国的先进文化建设中，必须深入到广大人民群众的劳动实践中去，尊重广大人民群众的劳动成果和首创精神，集中群众的智慧，创作出更多更好地反映人民群众心声的优秀文化作品。人民需要文化，文化更需要人民。来源于人民群众又服务于人民群众是社会主义文化的本质要求。"为人民服务""为社会主义服务"的"二为"方针，

---

① 中共中央文献研究室编《江泽民论党的建设》，中央文献出版社，2001，第120页。
② 沈壮海：《先进文化论》，高等教育出版社，2003，第100页。
③ 中共中央文献研究室编《江泽民论科学技术》，中央文献出版社，2001，第159页。
④ 中共中央文献研究室编《十四大以来重要文献选编》（下），人民出版社，1999，第2150页。

始终是我国先进文化建设的根本方向。因此，我们"要充分发挥人民在文化建设中的主体作用，调动广大文化工作者的积极性，更加自觉、更加主动地推动文化大发展大繁荣，在中国特色社会主义的伟大实践中进行文化创造，让人民共享文化发展成果。"① 面向大众，从群众中来，到群众中去，这是当代中国先进文化永葆生机和活力的源泉所在。

中华民族的优秀传统文化是文化自信的重要源泉。中华民族传统文化是中华文明演化而汇集成的一种反映民族特质和风貌的民族文化，是民族历史上各种思想文化、观念形态的总体表征，是指居住在中国地域内的中华民族及其祖先所创造的，为中华民族世世代代所继承发展的，具有鲜明民族特色的，历史悠久、内涵博大精深、传统优良的文化。也被理解为狭义的所有中国公民的文化，是指华人社会继承自中国文化后不断演化、发展而成的特有文化。中华民族的传统文化博大精深，包括独具特色的语言文字、浩如烟海的文化典籍（经、史、子、集）、嘉惠世界的科技工艺（天文、地理、数学、医学、四大发明）、精彩纷呈的文学艺术（先秦散文、汉赋、唐诗、宋词、元杂剧、明清小说，彩瓷、青铜纹饰、建筑、雕塑、书法、绘画、音乐、戏曲）、充满智慧的哲学宗教（原始儒家、原始道家、中国佛教哲学、宋明理学，道教、佛家）、完备深刻的道德伦理（仁爱孝悌、谦和好礼、诚信知报、精忠爱国、克己奉公、修己慎独、见利思义、勤俭廉正、笃实宽厚、勇毅力行）。传统文化是中华民族在中国古代社会形成和发展起来的比较稳定的文化形态，是中华民族智慧的结晶，是中华民族的历史遗产在现实生活中的展现。这个思想体系蕴含着丰富的文化科学精神，主要体现在三个方面：一是凝聚之学，中国传统文化是内部凝聚力的文化，这种文化的基本精神是注重和谐，把个人与他人、个人与群体、人与自然有机地联系起来，形成一种文化关系；二是兼容之学，中国传统文化并不是一个封闭的系统，尽管在中国古代对外交往受到限制，还是以开放的姿态实现了对外来佛学的兼容；三是经世致用之学，文化的本质特征是促进自然、社会的人文之化，中国传统文化突出儒家经世致用的学风，它以究天人之际为出发点，落脚点是修身、治国、平天下，力求在现实社会中实现其价值，经世致用是文化科学的基本精神。

---

① 中共中央文献研究室编《十七大以来重要文献选编》（上），中央文献出版社，2009，第28页。

要培育大学生的文化自信就必须提高对弘扬中华民族的传统文化重要性的认识。中华民族的传统文化促进了人类文明的发展和进步。习近平总书记在 2013 年 3 月 17 日十二届全国人大第一次会议闭幕会上的讲话中指出："中华民族具有 5000 多年连绵不断的文明历史，创造了博大精深的中华文化，为人类文明进步作出了不可磨灭的贡献。"就其对世界所产生的影响来看，内容之丰富和地域之广泛令人惊叹。汉唐以后，中国传统文化，包括儒释道思想以及文字、绘画、建筑、雕刻等，传入了日本，使得日本文化打上了深深的中国烙印，从外在的房屋建筑到内在的思想道德都渗透着中华文化的精髓。在韩国，中华民族传统文化的影响也已经深入韩国人的生活之中，以至韩国被西方国家称为是儒教国家的活化石。中国文化不但对韩国、日本，而且对东南亚、南亚一些国家如菲律宾、新加坡、越南等国家和地区产生了深远的影响，并由此形成了世所公认的以中国文化为核心的东亚文化圈。不仅如此，而且中华民族传统文化在明清之际，通过西方耶稣会士，通过东学西渐，还传播到欧洲一些国家。中国的四大发明（火药、指南针、印刷术、造纸术）先后传到西方后，对于促进西方资本主义社会的形成和发展，起到了重要作用。中国的儒家文化在法国、德国、美国等国家也受到推崇，法国哲学家伏尔泰就在礼拜堂里供奉着孔子的画像，把孔子奉为人类道德的楷模。德国哲学家莱布尼茨认为，正是中国的发现，才使欧洲人从宗教的迷惘中觉醒过来。雅斯贝尔斯称颂儒家文化，在人类文明的"轴心时代"就已发扬光大；它又是中国绵延 2500 年之久而文化动力不断、哲学慧根犹存的精神源泉。美国《华盛顿邮报》曾撰文指出："虽然孔子活在两千多年前，但他的教诲对今天世界的生活仍然具有重要的指导意义。"世人对中华民族传统文化的赞赏，点燃了整个世界研究和学习中华民族传统文化的热情。2004 年 11 月 21 日，全球第一所孔子学院在韩国首都首尔挂牌。今天，孔子学院已经遍布世界。截至 2013 年年底，全球已建立 440 所孔子学院和 646 个孔子课堂，分布在 120 个国家（地区），遍布亚洲、欧洲、美洲、非洲、大洋洲世界五大洲。①

要培育大学生的文化自信就应当搭建中华民族传统文化教育的平台。首先，在现有的基础上进一步扩大孔子学院和国学院的规模，实行本科、硕士、博士连读的方式，专门培养面向科研院所和高校的高层次国学人才，以

---

① 资料来源：《中国报道》2014 年 3 月 10 日。

弥补当前传统文化人才稀缺的局面。其次，参照思想政治理论课教学模式，在高校开设全校性公共必修课，相关专业要开设与传统文化相关的指定课程，如建筑学专业应该开设《中国古代建筑》，地理学应该开设《中国古代地理》。

（二）提升社会主义核心价值观的传播效果，凝聚社会共识

认同，在心理学上通常指主体认识和情感的一致性。弗洛伊德认为"认同是建立在一个重要的情绪的共同性质之上的"[①]。即认同是个体对他人或群体在感情上、心理上趋同的过程。在社会学上，认同主要指社会群体的共同意识。涂尔干认为："社会成员平均具有的信仰和感情的总和，构成了他们自身明确的生活体系，我们可以称之为集体意识或共同意识。"[②] 这种共同意识便是社会成员对其共有的理想、信念、主导价值观的自觉认同。我们认为，认同是一种综合概念，是指主客体通过相互作用引起主体的心理、思想、行为与社会规范或社会期待趋于吻合的过程，是主体对客体做出的一种反应。认同包括认知认同、情感认同和行为认同。

文化是人类改造客观世界和主观世界的精神成果，它通过人们的生活方式体现出来，是人们生存和发展不可或缺的基本要素，文化认同是每个民族和国家都必须重视的工作，正如亨廷顿所说"文化认同对于大多数人来说是最有意义的东西"。文化认同是人们在一个民族共同体中长期共同生活所形成的对本民族最有意义的事物的肯定性体认，其核心是对一个民族的核心价值观的认同；是凝聚这个民族共同体的精神纽带，是这个民族共同体生命延续的精神基础。因而，文化认同是维系民族生存、促进民族发展、凝聚民族共识，达成民族愿望的最深层的基础。正如习近平在中共中央政治局第十三次集体学习时的讲话时所指出的："核心价值观是文化软实力的灵魂、文化软实力建设的重点。这是决定文化性质和方向的最深层次要素。一个国家的文化软实力，从根本上说，取决于其核心价值观的生命力、凝聚力、感召力。培育和弘扬核心价值观，有效整合社会意识，是社会系统得以正常运转、社会秩序得以有效维护的重要途径，也是国家治理体系和治理能力的重

[①]　车文博：《弗洛伊德主义原著选辑》（上卷），辽宁人民出版社，1988，第377页。

[②]　〔法〕埃米尔·涂尔干：《社会分工论》，渠东译，生活·读书·新知三联书店，2000，第42页。

要方面。历史和现实都表明，构建具有强大感召力的核心价值观，关系社会和谐稳定，关系国家长治久安。"美国人类文化学者本·尼迪克特认为："一种文化，就像一个人，或多或少有一种思想与行为的一致模式，每一文化之内，总有一些特别的，没有必要为其他类型的社会所分享的目的，在对这一目的的服从过程中，每一民族越来越深入地强化着它的经验，并且与这些内驱力的紧迫性相适应，行为的异质项就会采取愈来愈一致的形式。"①

根据美国心理学家、传播学家霍夫兰德（C. Hovland）的认知说服理论，主体对某种文化的认同表现为态度的转变，这种转变是一个系统工程，既受文化传播者可信度和专业性的影响，又受文化传播的艺术和方式、方法的影响，同时受接受者原有的态度和各种人格因素及当时环境状况的制约。因此，在构建文化认同机制的过程中，我们必须全面细致地安排这些因素在这个机制中的地位和作用，以便让这些因素协调一致地发挥作用，从而使文化认同机制良性运转。在这样前提下，我们在高校促进社会主义核心价值观文化认同时，应当构建以"增强社会主义核心价值观的理论说服力为前提、满足大学生自身的价值需要为目的、活化社会主义核心价值观的传播方式为媒介、优化社会主义核心价值观的传播环境为条件"的社会主义核心价值观的文化认同机制。

对于社会主义核心价值观传播内容的设计，不能简单地理解成在语言文字上简单化、通俗化即可。没有好的"外形"，传播的内容就会显得枯燥乏味。社会主义核心价值观传播应该通过受众喜闻乐见的形式将传播内容展示出来，从而最大限度地形成社会共识。

第一，用故事题材向大学生传播社会主义核心价值观。从大众传播的角度来看，故事是人类传播活动中一种普遍的讲述方式，甚至可以说没有故事传播，就无从谈起文化的传播。从叙事学角度看，故事化讲述可以让受众感受到亲近和容易接受。故事传播具有通俗易懂、贴近生活、情节感人、反映问题最直接、最现实，有吸引力和冲击力。习近平在2013年全国宣传思想工作会议上的重要讲话中强调："要精心做好对外宣传工作，创新对外宣传方式，着力打造融通中外的新概念新范畴新表述，讲好中国故事，传播好中国声音。"社会主义核心价值观最终的传播目标是要内化为社会大众的共同意识，最终促进社会主义和谐社会的建设和发展。然而，如果社会主义核心

---

① 郑晓云：《文化认同论》，中国社会科学出版社，1992，第50页。

价值观的传播只是进行纯粹理论性灌输，会使受众产生反感和排斥心理，不利于受众的接受和认同，因而社会主义核心价值观的传播内容需要借助适当的故事题材加以有效传达。因为故事本身的曲折感和生动性能最大限度吸引大学生的注意力，也能最大限度地弱化社会主义核心价值观纯粹理论性宣传带来的单调，社会主义核心价值理念就会在生活化、具象化的故事表达中牢牢"黏住"大学生的眼球、"拴住"大学生的心。

第二，用先进典型向大学生传播社会主义核心价值观。榜样是时代的先锋和社会的楷模，是一定社会核心价值观的人格化表现。运用榜样进行价值观教育，生动形象，说服力强，容易使人们产生情感共鸣，在耳闻目睹榜样事迹中获得启迪，在接受榜样的感染中自然而然地尊崇和认同一定社会的核心价值观。党的十七大报告指出，要充分发挥道德模范榜样的作用，推动公民道德建设深入发展，促进社会主义核心价值观建设。在传播社会主义核心价值观的过程中，我们要树立更多可亲、可敬、可信、可学的先进楷模，善于将社会主义核心价值观人格化，把抽象的社会主义核心价值观化为活生生的具体形象，让人们更加生动形象地理解和把握社会主义核心价值观的本质特征，自觉地认同和践行社会主义核心价值观。以现实生活中活生生的先进人物事迹进行社会主义核心价值观传播，以避免传播过程中的枯燥性和教条性。将先进人物在日常生活中一些感人至深的情节以生动活泼、情理并茂的形式展示在大学生面前，更容易使他们感同身受，产生情感共鸣。近年来，国家运用大众传播媒介等宣传工具推出的"最美乡村医生""最美村官""最美乡村教师""感动中国十大人物""全国道德模范"等先进人物及其先进事迹就备受人们喜爱，他们是踏踏实实地遵行社会主义核心价值观的实践者，他们的事迹令广大受众感动不已，并激发强烈的"见贤思齐"的动力。他们之所以令人感动，是因为他们和普通的人民大众有着一样的喜怒哀乐，与普通的人民大众贴得很近，同时他们身上也呈现出光辉的个人魅力，使受众从内心感觉这些先进人物是可敬、可信、可学的，从而明白社会主义核心价值观所要讲的"理"，认同传播内容，达成理性共识，自觉自愿、积极主动地在社会主义核心价值观的指导下进行实践活动。

第三，用优秀影视作品向大学生传播社会主义核心价值观。优秀影视作品题材多样，内容覆盖面广，集思想性、艺术性、教育性和娱乐性于一身，对思想活跃、闲暇时间相对较多的大学生具有很强的吸引力。优秀影视作品通过寓教于乐、以情感人、以理服人、贬恶扬善、滋养心灵的方式对升华大学生的思想道德素质，纯洁心灵，树立正确的价值观具有积极的作用。当前，随着人们对精神文化需求的日渐旺盛，党中央、国务院采取了一系列措施加大精神生产的力度，我国影视业得以迅猛发展，电影、电视剧已经成为当今中国最活跃，最有影响力的文艺形式，影视作品正以其巨大的魅力吸引、感染着广大大学生，对他们的价值取向、生活态度等产生潜移默化的影响，用影视作品来阐述、说明社会主义核心价值观的精神实质已成为大势所趋。因此，要坚持以社会主义核心价值观为指导，综合考虑大学生的年龄、情感等方面的特点，遴选适合大学生观看的影视作品。例如，电影《我的1919》《开国大典》等在激发大学生的爱国主义情感，引导他们以实际行动报效祖国方面就发挥了很好的作用。反映大学生村官生活的电影《女大学生部落》《春晓》等就为大学生们更好地扮演社会角色提供了有益的启示。总之，影视作品可以通过披露和谐社会进程中的人生经历，从民生视觉折射国家和民族的变化，以不同人群的人生经历解读社会的发展和变迁的方式，将社会主义核心价值观的深刻内涵融入其中，引发大学生对剧中人物的经历、命运进行深入思考并有所顿悟，从而进一步深化受众对社会主义核心价值观和构建社会主义和谐社会的认识。

（三）加强爱国主义教育，培育民族责任意识

在中国的历史长河中，"爱国"一词，早在秦统一中国之前就已有之。《战国策·西周》就有"周君岂能无爱国哉"的说法，《汉纪·惠帝纪》也有"封建诸侯各世其位，欲使亲民如子、爱国如家"的道德要求，《晋书·刘聪传》也记载："臣闻古之圣王爱国如家，故皇天亦佑之如子。"可见，早在国家的雏形时期，爱国的意识就已经存在了。至于"爱国"的概念，可以先从"国"的定义开始。"从口从或"是东汉许慎在《说文解字》一书中对"国"下的定义。这里我们可以看出，特定共同的生活区域其实就是"国"最初的含义。我们经常说"爱国"其实爱的就是"国家"与"祖国"，"爱国"需要把两个方面统一起来。"国家"不是自然产生的，它是阶级矛盾不可调和的产物，是统治阶级维护统治的工具，它包含领土、主权、政权等。而"祖国"则是包含一定地域的、自然条件的、历史的、民族的、文化的综合体，是社会因素和自然因素的统一。由此看来，"爱国"既要热爱"国家"，也就是热爱主权、热爱人民、热爱故土；也要热爱"祖国"，即社会和自然因素。当然，这里所说的"国家"必须能充分代表国民利益，必须是符合历史发展趋势，否则，说爱"国家"就是一种欺骗了。

　　然而，爱国与爱国主义是两个不完全等同的概念，从"主义"这个词本身的含义上理解：是对客观世界、社会生活以及学术问题等持有的系统理论和主张。与爱国相比，爱国主义的内涵更加系统而深刻。爱国主义是指个人或集体对自身所属国家的一种积极和认同的态度和行为。爱国主义是情感、信念与行为的统一。爱国主义表现的是对祖国的一种发自内心的深厚感情，但是我们应看到这种感情是个人对与祖国关系的认识的感性阶段，爱国情感只是爱国主义中的一部分。爱国信念则是建立在爱国情感的基础上，如果说爱国情感是一种感性认识，那么爱国信念更多体现的是理性，它往往表现为理论或者思想。因此，爱国主义不能只是停留在情感的层面，必须把爱国建立在对国际形势，对国家的历史、文化充分了解的基础上，将感性的爱国情感上升为理性的爱国信念。但是"思想本身根本不能实现什么东西。思想要得到实现，就要有使用实践力量的人"①，无论爱国情感还是爱国信念，他们都属于某种意识，必须通过实践，思想意识才有可能变成现实，离开了实践，爱国情感和信念只会存在于意识阶段，失去了存在的意义。因此，爱国主义必须在爱国情感和信念的基础上，最终体现为爱国主义行为。虽然因为个体的差异因素，不是所有人的爱国主义都是遵循从爱国情感到爱国信念再到爱国行为这种模式，但是，总体上来说，从情感到信念，最后转化为爱国主义行为是爱国主义的常见模式，这也符合认识论的基本规律。加强对大学生的爱国主义教育也要遵循此种模式，以促进爱国主义在大学生心中扎根。

　　第一，创新大学生爱国主义教育的内容。我国的爱国主义教育贯穿国民教育的全过程，但是，中小学与大学的爱国主义教育内容并无太大的区别，大多比较强调感性体验和实践认知而忽视理性教育。这种片面地强调感性体验和实践认知的爱国主义教育模式，与大学生爱国主义教育活动的特性和要求是不相契合的。高校对大学生进行爱国主义教育固然要以激发和培养青年大学生的爱国主义热情以及相应的行为规范为出发点和着眼点，但在达成这一教育目的和要求的路径、方式上，则应与面向社会或中小学的爱国主义教育有所不同。对大学生爱国主义教育的目标任务不能仅仅定位在培养大学生的爱国主义热情和相应的行为规范方面，而应对大学生进行科学的和系统的

---

① 《马克思恩格斯文集》第1卷，人民出版社，2009，第320页。

爱国主义理性教育，培养青年大学生爱国主义的理性认知和科学的思维方式。也就是说，大学生爱国主义教育应该从以养成教育为重点，提升到以理性教育为重点，让大学生在维护民族尊严、保护民族利益、表达人民意志的过程中，既有爱国的激情，更有大国的理性，使这种"人类最高的道德"转化为一种推动社会进步的力量，让"爱国心"落在实处，让"爱国情"转化为民智、民力，从而为实现国家富强、人民幸福发挥作用。

首先，要增加开阔国际视野的教育。必须教育和引导大学生客观理性地思考经济全球化下中国的国际地位和前途命运。世界各国紧密相连，谁也阻挡不了全球化的趋势。而威胁人类生存的金融危机和环境问题等共同问题越来越多，这些都需要各国共同去解决。中国离不开世界，世界也离不开中国。同时，要在爱国主义教育中结合国际热点问题。通过对国际热点问题的分析，让大学生及时明了问题发生的过程，并且能洞悉其发生的深层规律。另外，应有必要的国外优秀文化教育。我们可以给大学生开设专门课程介绍某些具代表性的国家的情况，特别是各国的优秀文化，并引导大学生对这些国家进行客观公正的评价，同时站在全球视野的角度合理评估我国的国际地位。实际上，对大学生进行爱国主义教育，就是要让他们意识到国外同样拥有优秀的文化，培养他们形成谦虚好学的心态。

其次，要强化国家利益观的教育。全球化时代，各国经济紧密相连。在这样的大背景下，发生国际冲突时，部分大学生往往使用"抵制外国商品"等非理性的方法。这说明爱国不能只停留在情感的非理性层次，而应升华为理性的爱国信念，应站在世界的高度来考虑问题。是否维护国家利益是爱国行为的重要判别标准，因此，要将国家利益作为爱国主义教育的重要内容，即在教育和引导的过程中由始至终贯穿国家利益高于一切的理念的教育，教育学生学会分析国情、拓宽国际视野、寻求国际合作。要以深知国情为基础，既要向大学生介绍我国改革开放30多年来取得的巨大成就，从而增强民族的自信心和自豪感；又要让大学生了解我国仍是发展中国家，经济发展水平不高，从而提高他们的危机感和历史责任感，将爱国情感转化为理性的爱国行为，以推动社会的进步。也要以促进国内社会发展为目标，懂得发展才是硬道理。现在我国是发展的关键期，我们必须紧紧抓住这一机遇，坚持发展不放松。为了实现国家的稳步发展，我们要赢取和平发展的环境。通过概括改革开放以来的经验，教育和引导大学生客观公正地评价国家现实，推动国内社会发展，以维护国家利益为宗旨切实解决问题，这才是爱国主义教育的应有之义。还要明晰国家间的共同利益。全球化使世界各国紧密联系在一起，相互依存，谁也离不开谁。金融危机、环境污染等问题已不能单靠某个国家或某几个国家就能解决，而是关系世界各国人民的共同利益，因此，也只有靠各国通力合作才能攻克这些问题。只有这样，爱国主义教育才能达到目的。

最后，要突出承担大国责任意识教育。随着经济的发展，中国已经在国际上变成主角。为了更好地维护国家的长远利益，中国要发展就必须做负责任的大国。负责任的大国，就要对世界的和平勇于承担责任；就要理性地从全局角度出发，克服盲目冲动；就要学会协调国际矛盾，和平共处。只有这样，中国的发展才能最大可能地减少冲突和矛盾。我们要引导大学生从全局出发，以客观公正的心态看待历史，坚持和平友好的外交政策，增强为人类做贡献的使命感和责任感。我们需要做到：办好自己的事情，发展好自己的经济、政治、文化；维护世界和平与稳定、善于处理国际矛盾；和世界上绝大多数的国家保持友好的关系；应对如恐怖主义、气候问题、环境问题等国际共同难题。

第二，改进爱国主义教育的方式方法。方式方法是爱国主义教育的桥梁和纽带，是爱国主义教育效果好坏的决定性因素。方式方法科学、得当，就能抓住爱国主义教育过程中的主要矛盾和矛盾的主要方面，就能取得事半功倍的效果；反之，则会出现事倍功半的结果。进入 21 世纪以来，我们大学生所处的时代出现了许多新特点和新变化，我们应当因应时代的新变化，对爱国主义教育的方式方法进行改进，综合运用各种有利条件提升爱国主义教育的实效性。

首先，要善于借力互联网络。网络改变了人们交流和沟通的方式，大学生是网络最积极的参与者和使用者，有人将当代大学生称为"E 代"青年，他们通过网络表达自己的爱国热情和民族情结。但是由于网络的虚拟性及监管的缺失，其中经常会充斥着非理性的狂热与冲动，而且这种情绪容易相互影响，甚至被利用，从而走向极端。这样不仅不利于树立我国责任大国的形象，还会损害国家的长远利益。因此，大学生爱国主义教育必须充分利用互联网优势，建立互联网教育基地。一方面加强校园网的建设，使校园网成为对大学生进行爱国主义教育的有效平台。高校应加大经费及人员投入，建设好校园网，发挥校园网进行爱国主义教育主阵地的作用。同时，对校园网的内容及时更新，通过开辟专栏、吸引学生在网上进行讨论，还可以将优秀的爱国主义影视作品作为在线视频，供大学生随时点播，让他们在潜移默化中接受教育。高校还可以把"中国青年网""九一八网"等现有的优秀的爱国主义教育主题网站，直接与校园网链接，丰富校园网爱国主义教育的内容。另一方面要在网络开辟多种形式的在线交流，密切关注大学生的网上思想动态。结合大学生的思想实际，邀请知名专家学者通过"网上聊天室"等方式加强同大学生的沟通交流。通过论坛、贴吧等形式及时对大学生提出的问题进行解答。针对突发事件及时发布具有说服力的评论，并对事件进行跟踪报道，合理地引导大学生的网上情绪。此外，还必须加强网络监管。各高校要结合自身情况，制定新形势下信息发布、监管的制度及相关办法，通过科研技术手段杜绝信息中的"反动文化""垃圾文化"，在网上构筑"信息关口"。严控信息来源，加强检查，及时删除反动信息，防止有害信息进入校园。

其次，要以重大事件为契机，因势利导展开教育。重大事件的发生往往对一个国家或者民族的命运产生重大影响，这种事件或者成为推进一个国家或民族向上发展的转折点，如新民主主义革命；或者成为一个国家或民族走向衰败的导火索，如鸦片战争。因此，重大事件孕育着重要的爱国主义教育的资源，是进行爱国主义教育的重要契机。对大学生进行爱国主义教育要抓住大学生关注的现实事件，以重大事件为题材，深入剖析事件，引导大学生尽可能把消极因素控制在萌芽状态，坚持正确的行为方式。近年来发生的诸多重大事件都为对大学生进行爱国主义教育提供了大好时机。如：2008年，北京奥运会和残奥会在筹备过程中，有超过10万人的青年志愿者参与，其中青年学生人数约占志愿者总数的70%左右。① 可见，通过奥运会和残奥会，青年学生表现出了强烈的爱国情感，这是对大学生进行爱国主义教育的最好题材。此外，又如抵制家乐福事件；奥运圣火境外传递受阻事件；新疆乌鲁木齐"7·5事件"；中菲黄岩岛事件等，都是对大学生进行爱国主义教育的重大题材。在面对这些事件时，部分大学生通过网络发表了一些言辞激烈甚至不负责任的言论，有的还举行了游行示威活动。对此我们不仅要看到大学生的这种发自内心的爱国情感，更要让大学生知道不能只凭一时的冲动，仅停留在"口头爱国"，而应该把爱国情感升华为坚定的爱国信念，转化为正确的爱国行为。

① 2008奥运会有哪些故事？http：//zhidao.baidu.com/question/50933238.html。

最后，要重视心理健康教育辅导工作。加强大学生心理健康教育辅导工作有两个目的，一方面是要增强他们的心理承受能力。所谓心理承受能力是个体对逆境引起的心理压力和负面情绪的承受与调节的能力，主要是对逆境的适应力、容忍力、耐力、战胜力。一定的心理承受能力是个体良好的心理素质的重要组成部分。大学生在面对我国与他国发生摩擦冲突时，其接受和承受程度反映了大学生的心理承受水平。如果事件本身超越了大学生的心理承载限度，大学生爱国情感的表达方式就会出现问题，就会言论失控、行为失当，造成事与愿违的结果，这对解决摩擦冲突是十分不利的，最终也损害了国家的利益。所以，对大学生进行爱国主义教育必须重视心理健康辅导工作，提高大学生的心理承受能力，特别是面对突发事件时的心理承受能力，将自己朴素、真挚的爱国情感用理性平和的方式表达出来。另一方面是要培养良好的国民心态。一个国家的国民心态会影响大学生爱国意识的养成。一个国家的历史和现实决定了将形成什么样的国民心态，当国民心态和国家的发展无法相适应时，就会影响国家的发展，甚至影响国家的前途和命运。在社会转型期，我国国民心态比较复杂，既要面对综合国力日益增强，国际地位日渐提高的现实，又要承受近代中国百年屈辱史的过去。两方面鲜明的对比，使得部分大学生无法以理性平和的心态去交流沟通，有的骄傲自大、无视他国；有的过度自卑、崇洋媚外；有的始终难以忘怀中国近代屈辱史，对其他国家怀着敌视心态。这些都使他们陷入非理性的情绪中，最终不利于我国的发展及国际的交往。因此，对大学生进行爱国主义教育，就要培育他们充满理性、平和、包容的心态。

（四）加强"三自信"教育，坚定社会主义理想信念

党的十八大报告指出：中国特色社会主义道路，中国特色社会主义理论体系，中国特色社会主义制度，是党和人民长期奋斗、创造、积累的根本成就。全党同志要倍加珍惜、长期坚持和不断发展党历经艰辛开创的这条道路、这个理论体系、这个制度，坚定道路自信、理论自信、制度自信，奋力夺取中国特色社会主义新胜利。道路关乎党的命脉，关乎国家前途、民族命运、人民幸福。在中国这样一个经济文化十分落后的国家探索民族复兴道路，是极为艰巨的任务。大学生作为实现人民幸福、民族复兴、国家富强的重要依靠力量，尤其需要"道路自信、理论自信和制度自信"，才能树立坚实的责任感和使命感，发挥主人翁精神，自觉自愿地为实现"中国梦"贡

献聪明才智。

首先，要增强大学生的道路自信。增强大学生道路自信的关键是要让他们明白中国特色社会主义道路的历史发展的必然性。党的十八大报告指出："中国特色社会主义道路，就是在中国共产党领导下，立足基本国情，以经济建设为中心，坚持四项基本原则，坚持改革开放，解放和发展社会生产力，建设社会主义市场经济、社会主义民主政治、社会主义先进文化、社会主义和谐社会、社会主义生态文明，促进人的全面发展，逐步实现全体人民共同富裕，建设富强民主文明和谐的社会主义现代化国家。"中国特色社会主义道路发展的历史必然性，包含选择中国特色社会主义道路的唯一性。

选择中国特色社会主义道路的唯一性是由我国独特的发展历程所决定的。我国曾经通过封建主义制度创造过具有重要影响的封建王朝，但是，由于封建主义制度自身不可调和的矛盾，封建主义的旧中国终于寿终正寝。面临内忧外患的中国急需重新开辟一条发展道路以救国救民，为此，无数仁人志士前赴后继积极寻找挽救中华的道路。那些轰轰烈烈的救亡图存运动虽然有些取得过短暂的成功，但是最终都失败了。发端于"五四运动"的新民主主义革命从此开辟了中国发展的新道路，中国共产党领导中国人民经过北伐战争、土地革命战争、抗日战争和解放战争，终于在 1949 年推翻了国民党政府的反动统治，取得了新民主主义革命的胜利。1949 年，第一届中国人民政治协商会议的召开，标志着人民民主革命的伟大胜利和社会主义阶段的开端。当时，由于中国共产党缺乏经验，因此照搬了苏联模式进行国家建设，这对百废待兴的新中国来说别无选择，这帮助我们度过了最困难的时期，也帮助我们建立了工业体系，但是，随着我国社会主义事业的不断发展，这种模式的弊端也愈发明显，如何摆脱这种模式的束缚，走适合自己的发展道路又一次摆在了中国共产党的面前。邓小平认为，过去照搬苏联模式，带来很多问题，现在要解决好这个问题。对此他总结道："无论是革命还是建设，都要注意学习和借鉴外国经验。但是，照抄照搬别国经验、别国模式，从来不能得到成功。这方面我们有过不少教训。把马克思主义的普遍真理同我国的具体实际结合起来，走自己的道路，建设有中国特色的社会主义，这就是我们总结长期历史经验得出的基本结论。"① 十一届三中全会后，从此走上了具有中国特色的社会主义道路。

---

① 《邓小平文选》第 3 卷，人民出版社，1993，第 2~3 页。

　　中国特色社会主义道路发展的巨大成就为增强大学生的道路自信提供了强有力的现实依据。从经济领域来看，我们牢牢把握"发展"这个硬任务，始终坚持以经济建设为中心，社会主义市场经济体制逐步完善，经济结构不断优化升级，综合国力不断迈上新台阶。1978 年以来，我国国内生产总值年均实际增长超过 9%，是同期世界经济年均增长率的 3 倍多，我国经济总量上升为世界第二。我们依靠自己力量稳定解决了 13 亿人的吃饭问题，人民生活总体上达到小康水平。按照世界银行的划分标准，我国已经由低收入国家跃升至世界中等偏下收入国家行列，彻底改变了贫穷落后的面貌。从政治领域来看，我们大力发展社会主义民主政治，人民当家做主的权利得到保障。政治体制改革不断深化，人民代表大会制度、中国共产党领导的多党合作和政治协商制度、民族区域自治制度以及基层群众自治制度日益完善，中国特色社会主义法律体系基本形成，依法治国基本方略有效实施，社会主义法治国家建设取得重要进展，公民有序政治参与不断扩大，人权事业全面发展。爱国统一战线发展壮大，政党关系、民族关系、宗教关系、阶层关系、海内外同胞关系更加和谐。从社会领域来看，科教文卫体各项事业欣欣向荣，硕果累累。"科教兴国"战略得到有效落实，科技创新能力大幅度增强，一批重大科技成果相继问世，自主知识产权拥有数越来越多。"知识改变命运，教育成就未来"的观念深入人心，我国教育普及程度明显提高，城乡免费九年制义务教育全面实现，高等教育总规模、大中小学在校生数量位居世界第一，办学质量不断提高。"2007 年，高等教育毛入学率达到23.0%；高中阶段教育毛入学率为 66.0%；初中教育毛入学率为 98.0%；全国小学净入学率达到 99.5%。"[1] 培养了数以千万计的德才兼备的专业技术人才。文化事业生机益然，文化产业空前繁荣，国家文化软实力不断增强，人们精神世界日益丰富，全民族文明素质明显提高，中华民族的凝聚力和向心力显著增强。医疗卫生服务体系建设不断强化，医疗体制改革也做了积极的探索，新型农村合作医疗制度改革的试点工作逐步推开，多层次医疗保障体系初步形成。"居民预期寿命由 1981 年的 67.8 岁提高到 2005 年的73.0 岁。"[2] 体育事业获得了前所未有的发展和进步，北京成功举办了第 29

---

① 国家统计局综合司：《大改革　大开放　大发展——改革开放 30 年我国经济社会发展成就系列报告之一》，http：// www. gov. cn/gzdt/2008 – 10/27/content_ 1132281. htm。

② 国家统计局综合司：《大改革　大开放　大发展——改革开放 30 年我国经济社会发展成就系列报告之一》，http：// www. gov. cn/gzdt/2008 – 10/27/content_ 1132281. htm。

届夏季奥运会。竞技体育取得历史性突破和连续跨越，全民健身运动蓬勃发展，越来越多的人投入到强身健体的体育运动和锻炼当中，体质得到加强。

中国特色社会主义道路发展的美好前景激励着大学生们奋勇向前。自中国共产党提出建设有中国特色的社会主义道路以来，一代接一代的中央领导集体在总结前人的经验教训的基础上，不断丰富和完善对中国特色社会主义的认识，使人们对中国特色社会主义道路的前进方向和目标有了越来越清晰的认识。党的十二大报告中非常明确地提出"大力推进社会主义物质文明和精神文明的建设"，[①] 指出"精神文明和物质文明在社会主义建设中的关系是十分密切的"，"物质文明的建设是社会主义精神文明的建设不可缺少的基础。社会主义精神文明对物质文明的建设不但起巨大的推动作用，而且保证它的正确的发展方向。两种文明的建设，互为条件，又互为目的。"[②]从此，"两个文明一起抓，两手都要硬"成为中国特色社会主义的特有标识。随着社会出现阶层分化，不同的利益主体政治诉求愈发突出，建设社会主义政治文明的任务提上议事日程。十六大报告提出，"发展社会主义民主政治，建设社会主义政治文明，是全面建设小康社会的重要目标。"[③] 十六大通过的新党章也作出了建设社会主义政治文明的决定，这是我们党在全国代表大会的文件中，第一次明确地将政治文明与建设社会主义物质文明和精神文明一起，确定为中国特色社会主义建设的三大基本目标，至此"三个文明"的理论成为全党的共识，成为指导中国特色社会主义建设的重要指导思想。在十七大报告中，胡锦涛就实现全面建设小康社会奋斗目标提出五个方面的要求，正式提出了"建设生态文明"的概念，他说，"建设生态文明，基本形成节约能源资源和保护生态环境的产业结构、增长方式、消费模式。"至此，在中国特色社会主义社会已经着力实施的物质文明、精神文明、政治文明三大文明建设的基础上，党中央又提出必须重视的第四个文明——生态文明建设。在党的十八大报告谈及全面建成小康社会时，胡锦涛强调要"加快建立生态文明制度，健全国土空间开发、资源节约、生态环境保护的体制机制，推动形成人与自然和谐发展现代化建设新格局。""四个文明"的提出使人们对中国特色社会主义道路的认识实现了从抽象到具

---

① 《中国共产党第十二次全国代表大会文件汇编》，人民出版社，1982，第35页。

② 《中国共产党第十二次全国代表大会文件汇编》，人民出版社，1982，第36页。

③ 江泽民：《全面建设小康社会，开创中国特色社会主义事业新局面》，人民出版社，2002，第553页。

体的转化，为真正建成中国特色社会主义奠定了坚实的基础。

其次，要增强大学生的理论自信。党的十八大报告指出："中国特色社会主义理论体系，就是包括邓小平理论、'三个代表'重要思想、科学发展观在内的科学理论体系，是对马克思列宁主义、毛泽东思想的坚持和发展。"中国特色社会主义理论体系是在改革开放的历史进程中创立和发展起来的，创造性地探索和系统回答了什么是马克思主义、怎样对待马克思主义，什么是社会主义、怎样建设社会主义，建设什么样的党、怎样建设党，实现什么样的发展、怎样发展等一系列重大问题。增强大学生对中国特色社会主义理论体系的自信，关键是要持续增强中国特色社会主义理论体系的说服力。马克思主义认为："理论一经掌握群众，也会变成物质力量。理论只要说服人，就能掌握群众；而理论只要彻底，就能说服人。所谓彻底，就是抓住事物的根本。"[1] 我们认为，中国特色社会主义理论体系的根本在于实践。因为，中国特色社会主义理论体系源于中国共产党人运用马克思主义理论指导中国的社会主义建设的实践，是中国特色社会主义现代化建设实践的理论总结，它能否成为人民群众的理论信念取决于是否能够经受住实践的检验。30 多年来，世界在变化，我国的改革开放和现代化建设在前进，人民群众的伟大实践在发展，一系列新情况和新问题不断出现，如果这些问题得不到科学的解答，势必影响大学生对中国特色社会主义理论体系的信任度。

面对不断出现的新情况和新问题，中国特色社会主义理论体系只有不断地实现创新和发展，丰富和完善自身，才能解开大学生们思想上的"扣子"。创新是马克思主义理论十分重要的理论品质。中国特色社会主义理论体系本身就是马克思主义中国化的重要理论成果，是马克思主义理论与中国社会主义现代化建设伟大实践相结合的产物，它的三大理论形态——邓小平理论、"三个代表"重要思想和科学发展观的产生就是理论创新的产物。马克思、恩格斯多次指出，马克思主义的理论不是教条，而是行动的指南；对马克思主义理论中一般原理的实际运用"随时随地都要以当时的历史条件为转移"。列宁也指出，马克思的理论"所提供的只是总的指导原理，而这些原理的应用具体地说，在英国不同于法国，在法国不同于德国，在德国又不同于俄国"。马克思主义经典作家的这些论述告诉我们，他们的学说始终严格地以客观事实为根据，而实际生活总是在不停地变动之中。这种变动的

---

① 《马克思恩格斯选集》第 1 卷，人民出版社，1995，第 9 页。

剧烈和深刻，近100多年来达到了前人难以想象的程度。因此，马克思主义只有与本国国情结合、与时代发展同步、与人民群众共命运，才能焕发出强大的生命力、创造力、感召力。当前，萦绕大学生心头的不仅有许多现实的问题，如，收入分配不公、官员腐败、社会道德败坏、生态失衡等，更有众多深层次的理论问题，如，"中国特色社会主义的主体内容和发展规律是什么？中国特色社会主义的基本特征是什么？中国特色社会主义的经济制度和发展模式有何特征？中国特色社会主义的民主政治应当是一种什么样的政治？中国特色社会主义的核心价值有哪些？中国特色社会主义获得巨大成功的深刻原因是什么？如何进一步推进中国特色社会主义现代化事业？中国特色社会主义与社会初级阶段是什么关系？它与苏联社会主义模式有哪些相同点和不同点？中国特色社会主义与民主社会主义有何本质区别？中国特色社会主义与资本主义是一种什么关系？从世界社会主义历史或国际共产主义运动的角度看，中国特色社会主义的历史意义何在？"① 科学地回答这些问题，就需要我们党继续推进理论创新和理论发展，为中国特色社会主义现代化建设事业提供思想保障。

最后，要增强制度自信。十八大报告指出："中国特色社会主义制度，就是人民代表大会制度的根本政治制度，中国共产党领导的多党合作和政治协商制度、民族区域自治制度以及基层群众自治制度等基本政治制度，中国特色社会主义法律体系，公有制为主体、多种所有制经济共同发展的基本经济制度，以及建立在这些制度基础上的经济体制、政治体制、文化体制、社会体制等各项具体制度。"中国特色社会主义制度具有许多资本主义制度无可比拟的优势。中国特色的社会主义制度坚持的民主集中制原则，实现了高效有序的政治运行。民主集中制是我国社会主义国家的政体，又是党的根本组织制度和领导制度，它最大限度地动员人民群众，实现集中力量办大事。人民代表大会制度、中国共产党领导的多党合作和政治协商制度、民族区域自治制度以及基层群众自治制度，既充分尊重和保障个人民主权利，又能最大限度地把广大人民群众调动起来，形成共同意志，从而造成国家权威和个人自由的有机统一的局面。以公有制为主体、多种经济成分共同发展的基本经济制度，使生产社会化与资本主义私人占有形式之间的矛盾被限制在一定

---

① 俞可平：《推进中国特色社会主义的理论创新——在第二届全国社会主义论坛上的致辞》，http://theory.people.com.cn/GB/49167/5756812.html。

范围内。资本主义制度的深刻社会矛盾主要是生产社会化与资本主义私人占有形式之间的矛盾，解决矛盾的方法主要是在国内调节资本主义生产关系；在国际上推动经济全球化，缓解生产相对过剩。美国国际金融危机和欧洲主权债务危机实例表明，这两种手段的运用都无法从根本上解决资本主义基本矛盾。正如美国学者大卫·科兹、巴希尔·戈特等人所指出的，当前的金融风暴是资本主义的新自由主义形式作用的结果，说明"资本主义当前的自由统治及其对所有社会结构的全球化适应性已经走向末路"①，就连"金融大鳄"索罗斯也表示："（华尔街的危机）是我所说的市场原教旨主义这一放任市场和让其自动调节理论的结果。"② 中国特色社会主义制度能有效加强宏观调控，克服市场经济缺陷可能引发的经济较大波动，实现经济快速、协调、可持续的发展。

增强大学生的制度自信，不仅要让大学生充分认识到中国特色社会主义制度的突出优势，而且要通过自觉的改革，不断地完善中国特色社会主义制度。从历史与逻辑相结合的角度来看，一个国家采取什么样的制度，主要取决于这个国家的历史文化传统、现实国情和国际环境等基本因素，最为重要的是，这个国家所处的发展阶段以及所面临的主要任务。近代以来中国社会的历史条件和国际环境，决定了实现"中国梦"就需要我们的社会制度既能实现广泛而有效的社会动员，把人民的积极性调动起来，增强社会的活力，又能将有限的力量集中起来，在短时间内改变落后面貌。因此，人民选择了社会主义制度，并在实践中形成了一整套相互衔接、相互联系的实现机制。这个制度与苏联的社会主义制度、自由资本主义制度相比较，具有明显优势。正如邓小平同志所说："社会主义同资本主义比较，它的优越性就在于能做到全国一盘棋，集中力量，保证重点。"③ "社会主义国家有个最大的优越性，就是干一件事情，一下决心，一作出决议，就立即执行，不受牵扯……这方面是我们的优势，我们要保持这个优势，保证社会主义的优越性。"④ 但是，由于多方面的原因，该制度的优势并没有得到充分的发挥，急需通过进一步的改革和完善才能使其优势得以充分发挥。例如，公平和正义是社会主义制度的本质特征，可是这些年来，收入分配不公却成为困扰人

① 〔美〕巴希尔·戈特：《今天的资本主义已走到末路》，《参考消息》2008 年 10 月 9 日。
② 国纪平：《过度创新与金融风暴》，《人民日报》2008 年 11 月 5 日。
③ 《邓小平文选》第 3 卷，人民出版社，1993，第 16～17 页。
④ 《邓小平文选》第 3 卷，人民出版社，1993，第 240 页。

们已久的严重问题，根据国家统计局2014年1月20日公布的数据，2013年全国居民收入基尼系数为0.473。自2003年以来，基尼系数一直都处于0.473以上的高位[1]，已经超过了国际公认的0.40的贫富差距警戒线，一些专家据此认为，贫富差距过大甚至可能成为引发社会问题的导火索。因此，我们要努力顺应时代发展潮流，充分吸收和借鉴人类社会创造的一切制度文明成果，包括西方国家的具体管理体制，大胆进行制度创新，不失时机地深化重要领域制度改革，不断破除妨碍科学发展、影响和制约社会主义制度优越性发挥的体制机制上的弊端，着力构建充满活力、富有效率、更加开放和有利于科学发展的体制机制，形成更加完善的社会主义市场经济体制、政治体制、文化体制和社会体制。

五　开展媒介素养教育，引导大学生正确利用媒介

当今社会是一个媒介无比发达的社会，媒介已经渗入人类社会生活的每一个角落，"与媒介为友"成为人们的一种生活方式，媒介"从根本上改变了人们的生活方式、思维方式、与周围世界打交道的方式，即人们很难做到真正自发地、不受媒体文化影响和媒体描述方式所干预地来认识和观察世界"。[2] 而大学生是接触媒介较多的一个群体，但与迅猛发展的媒介群体比较起来，当代大学生的媒介素养却显得"寒酸"。面对海量信息，他们只见媒介不见人，只见信息不见思想，越来越觉得荷马、杜甫、莎士比亚、爱因斯坦等名人贤士"于我如浮云"，而把光盘等各种流行媒介当作真正的"福音书"。一些大学生想象不出除了听流行歌曲、看电视、读都市报、打电子游戏、网上聊天之外，还有什么更好的享受。因此，提升大学生的媒介素养应当成为高校校园文化建设的必修课。

"媒介素养"这个词是舶来品。依据鲁宾的观点，对媒介素养的分析主要有三个层面，即能力模式、知识模式和理解模式。就能力模式而言，指公民所具有的获取、分析、评价和传输各种形式的信息的能力，侧重的是对信息的认知过程。知识模式观点认为，媒介素养就是关于媒介如何对社会产生

---

[1]　2013 中国基尼系数近 10 年最低　统计局称符合国情，国家统计局网站 2014 年 1 月 20 日，http://www.dzwww.com/xinwen/xinwenzhuanti/2008/ggkf30zn/201401/t20140120_9331736.htm。

[2]　蒋原伦：《媒体文化消费时代》，中央编译出版社，2004，第 98 页。

功能的知识体系，其侧重点是信息如何传输。而理解模式的观点声称，所谓媒介素养就是理解媒介信息在制造、生产和传递过程中受到来自文化、经济、政治和技术诸力量的强制作用，侧重的是对于信息的判断和理解能力。英国的媒介教育学家大卫·帕金翰则认为：媒介素养是指人们面对各种媒介信息时的解读能力、认知能力以及应变能力和个人在社会生活中运用媒介信息的能力等。1992年美国媒体素养研究中心对"媒介素养"作了如下定义：媒介素养是指人们在面对不同媒体中各种信息时所表现出的信息的选择能力、质疑能力、理解能力、评估能力、创造和生产能力以及思辨的反应能力。综上所述，我们认为，所谓媒介素养就是指正确地、建设性地享用大众传播资源的能力，能够充分利用媒介资源完善自我，参与社会进步。主要包括公众利用媒介资源动机、使用媒介资源的方式方法与态度、利用媒介资源的有效程度以及对传媒的批判能力等。

提升大学生的媒介素养必须通过有针对性的媒介素养教育完成。媒介素养教育是大众传媒时代下的一种新的教育主张，其目标是使大学生获得"新数字公民时代"的全面素质，其重点是引导大学生正确理解传媒和传播，批判性、建设性和创造性地享用传媒信息资源及其文化观念。大学生媒介素养教育的宗旨就是对大学生这个特定的群体传递媒介知识，培养媒介意识，形成良好的媒介能力，养成高尚的媒介道德。进而使大学生获得分析、辨别和内化媒介信息的能力，使其能充分利用媒介资源进行自我完善和发展，从而成为能够通过媒介更准确地传递信息的人，参与和谐社会的建设与发展。它强调人们在面对媒介信息时所应具有的媒介利用能力和媒介评判能力，用辩证思维看待媒介及媒介信息，并能够借助媒介的优势为自身发展和社会发展服务。

大学生媒介素养教育必须受到高校的高度重视。高校作为教育科研和实践的重要场所，在媒介素养教育的实施过程中占有举足轻重的地位。然而，从我国高校开展媒介素养教育的现状来看，只有设有新闻传播与教育等相关专业的院校才开设了媒介素养教育的课程，其余院校则稍有提及。要提高大学生的媒介素养，只靠新闻传播专业是很难普及媒介素养教育的，因此，教育主管部门必须从全局的高度，充分认识大学生媒介素养教育的积极意义，加大对媒介素养教育的投入，组织多层次的师资培训、学术交流等活动。高校要建立由学校领导带头，宣传部、教务处、学工处、团委等各部门组成的工作领导小组，统一安排布置协调工作，将媒介素养教育纳入思想政治教育的轨道。该小组应当致力于建立科学的媒介素养教育管理机制、设计媒介素养教育实施方案、建设媒介素养教育校内外基地、制订考评和操作办法、建立健全媒介素养教育保障机制，等等。

从具体操作来看，当务之急是要做好两件事。第一，高校应创办相关专业，加强师资队伍建设。我国的媒介素养教育刚刚起步，专业师资短缺。我国部分高校已经开设了传媒教育的硕士学位，但尚未有媒介素养教育的本专科专业。为了今后媒介素养教育的普及以及中小学媒介素养教育的师资建设，一些有条件的高校可以考虑开设相关专业。由于目前高校实施媒介教育的教师大多是新闻传播学专业教师，他们具有扎实的理论基础和丰富的实践经验。而媒介素养教育是在全校范围内开展的课程，仅仅依靠这部分师资力量是远远不够的，还需要对其他、特别是人文社科类教师进行媒介素养教育的相关培训，了解媒体和媒介素养教育，掌握相关的专业知识，从而担负起对大学生进行媒介素养教育的重任。第二，必须让媒介素养教育走进大学课堂，使课堂成为大学生接受媒介素养教育的主渠道和主阵地。高校应统编或自编媒介素养教育教材，将媒介素养课程作为学生的必修课或公选课，明确教学任务和培养目标，系统地进行讲授。此外，学校还可以利用校内传播媒介如校园广播、校园网和校园闭路电视等为学生提供了解媒介、使用媒介的平台，让大学生对媒介的社会功能、媒介信息的本质和新闻特性有明确的认识，建立起自己对各种信息的解构力、影视内容的接受力和对网络的运用力，以提升大学生认识、分析、分辨媒介现象的能力。

附　录
重塑理想精神[*]

　　马克思在《〈政治经济学批判〉序言》中说："物质生活的生产方式制约着整个社会生活、政治生活和精神生活的过程。不是人们的意识决定人们的存在，相反，是人们的社会存在决定人们的意识。"随着改革开放实践的不断发展，我国政治经济体制、社会阶层结构和人们的生产生活方式都发生了深刻的变革，这一变革促成了精神生活领域的深刻变化，这种变化集中体现在精神生活的核心即价值观上。人们的价值观由一元到多元的转变是如此的明显，以至于一些人在前进的道路上迷失了方向，整个社会处于分歧日渐增多而共识日益减少的矛盾和冲突中。正确认识和处理好价值多元与共同理想的关系，树立社会主义核心价值观的主导地位，是减少冲突，凝聚共识，实现"中国梦"的根本前提。

　　价值目标是理想信念和实践行动的中介。价值目标的确立，既有利于坚定人们的理想信念，又成为人们的行动指南。人的价值观来源于一定的社会环境，如果社会环境相对比较单纯，那么，不同个体之间的观念差异就会缩小；反之，如果社会环境呈现出结构上的复杂性，那么，不同个体之间的观念差异就会扩大。改革开放之前，中国的社会结构相对比较单纯，所以，人们价值观的差异不大，常常可以看到一呼百应的壮观景象。而在改革开放之后，这种情况发生了很大的变化。从社会结构的角度看，改革开放使社会结构发生了显著变化。一是社会经济成分的多样化；二是社会组织形式的多样化；三是物质利益和分配形式的多样化；四是就业方式和生活方式的多样

---

　　[*]　本文为廖志诚教授在《和谐社会的精神维度》（该文为他与其他两位学者合作撰写并发表于《福建日报》求是版 2005 年 12 月 27 日）一文的基础上改写而成。

化。这四个"多样化"对当代中国人的思想发生了广泛而深刻的影响。不同社会阶层的分化导致了价值观的分化。比如，企业家、知识分子、工人、农民等不同的阶层在改革开放之后，价值观呈现出很大的差异性。同时，在同一阶层内部，由于阶层内部利益的分化，同样导致了价值观的多样化，有时候还可能表现为激烈的冲突。

从动态的角度看，计划经济向市场经济的转轨使得人们的交往日益频繁，社会由"静"而"动"；生活方式越来越丰富，人们的自我意识也越来越发达；经济全球化使民族历史的时代让位给世界历史的时代，各民族之间的文化对话、交流日益频繁。各种价值观念的碰撞、冲突更加激烈，增加了个体价值目标选择的自由度，激发了价值主体个体性特征的张扬，从而使得主体的价值取向也越来越多样化。过去那种"八亿人民一种声音"的时代已经一去不复返了，"嘈杂"成了我们这个时代的一个特征。虽说这也可以理解为一种社会进步，但是，仅有"嘈杂"是不够的，"多"总是统一于"一"之中，作为一个社会共同体，不可能缺乏其内在的某种价值统一性。缺乏统一性的多样性必然导致相对主义盛行和价值理想的覆灭。当前社会上耻言理想、蔑视道德、躲避崇高、告别革命、诋毁传统、不要纪律、见义不为、见死不救、唯利是图等现象的蔓延并非偶然。这些现象与我们向往的和谐社会是背道而驰的。因为，人类社会的发展史证明，一个民族，物质上不能贫困，精神上更不能贫困；只有物质和精神都富有，才能成为一个具有强大生命力和凝聚力的民族，也只有这样，我们的社会才能成为一个和谐的社会，才能为实现"中国梦"营造良好的社会环境。

因此，着眼于"中国梦"的实现和人的全面发展，我们必须自觉地走出狭小的自我天地，而与他人、集体和社会建立起融洽和谐的关系，并在这种关系中，进一步认识、丰富和完善自己。因为"只有在集体中，个人才能获得全面发展其才能的手段。也就是说，只有在集体中才可能有个人自由。"当然，当每一个人走出自我狭小的天地，置身于他人、集体、社会中，为他人、集体、社会所容纳和赏识的同时，又能保持独特的个性和自主意识，那将会是一种美妙的境界，而这种境界恰恰又是和谐社会的基本特质。

如何达到这种境界呢？从根本上看，在走出自我狭小的天地之后，我们在自我价值的追求过程中还必须重塑全社会所认同的理想精神。因为，理想精神不仅是人类认识和实践活动的精神力量，也是推动社会进步的精神动力。重塑理想精神，既应立足于现实生活又应超越于现实生活。这种理想精神应当是从现实出发的个人对自身价值的意识，是对自己前途、命运的关注，成为鼓励人们快乐地执着于追求价值理想的一种动力。

由此观照现实生活，我们就会发现，当理想精神被当作现实的对立物，成为群体否定个人、个人否定自己的借口，成为被一些人利用的工具的时候，受伤害最深的莫过于那些背负理想、激情满怀的年轻人了。作家岳建一对此作了这样的描述："我们曾以童贞般的信念，赴艰蹈苦，追求过英雄主义的无英雄、生命价值的无价值、为真理而奋斗的无真理。我们深信'从此站起来了'，却唱喏着'万寿无疆'跪了下去。我们放歌'从来就没有什么救世主'，却'无限热爱、无限信仰、无限崇拜、无限忠于大救星'，我们曾以整个生命，'砸碎的只是锁链，获得的将是整个世界'，而砸碎的只是青春、希望、天赋人权乃至最卑微的生存尊严，获得的竟是沉重的精神锁链。'不要说我们一无所有'——除了闹剧过后留下的精神废墟，我们确实已经一无所有。"当理想与现实的反差真真切切地摆在年轻人面前时，他们的精神危机出现了。这就直接引发了 20 世纪 70 年代末 80 年代初那场"人生的路为什么越走越窄？"的大讨论，这场大讨论从人本身出发，对原有的价值提出了质疑，对乌托邦式的理想精神进行了颠覆，使理想精神从天上回到了人间，从外在压力回到内在的感悟和觉醒，从群体回到个体。

然而，在市场经济大潮的冲击下，一些年轻人却又走向了另一个极端，理想精神成为孤立的个人自身价值的体现。他们把理想精神仅仅作为个人的信仰而完全抛弃了群体与他人，其结果使得理想精神世俗化、工具化，工具变成了价值。工具的价值化使所有人类历史上对精神的追求——古希腊求真、求美；古希伯来坚持信仰；中国自古以来的仁爱精神，都变得无足轻重。功利主义的盛行使人们趋于媚俗，于是主导人们生活的价值观全面向虚无滑落。幸福观变成福禄寿，英雄观变成江湖大侠，生活观充斥着严重的痞子化和虚无主义。低级庸俗下流的寻乐主义、东方神秘主义，使邪教的产生有了土壤。他们更加关注世俗生活、崇尚物质、追求时尚、专注眼前，传统的乌托邦式社会理想被终结，传统的神圣化的理想主义遭到反叛，导致理想信念淡漠，精神家园失落。因此，"功利主义"和"实用主义"成为这个时代的重要特征。人没有了理想精神，社会就失去规范，冲突便不断产生，安全就没有保障。罪与非罪，守法与违法，公与私的混淆，价值观预期的紊乱，将会使社会无序和文明衰退，和谐也就无从谈起。

原有的理想精神被彻底颠覆，新的理想精神却被工具化与世俗化，中国社会潜伏了近百年的伦理失落和精神危机在市场经济的初期充分爆发。著名学者许纪霖指出："当代中国人承受着双重的痛苦，一种是不发达之苦；另一种则是信仰失落之苦。从某种意义上说，后一种痛苦更为深刻，更为可怕，更为折磨人。"

所以，重塑的理想精神，它不应只是对当下现实的消极被动的反映，而应是力图改变现实的一种超越。这种超越，是对短期利益个体生命局限的超越，是对未来的寄托、对理想的憧憬和对真、善、美的向往。的确，历史上很多仁人志士为理想而英勇献身的精神使人肃然起敬，但我们不能因此就认为所有为"理想"而献身的精神都值得赞颂，"二战"时日本的"神风"自杀飞机，"9·11事件"中的基地组织成员，这些精神难道不应遭到谴责与痛恨吗？因而，我们重塑的理想精神，不能只顾主观动机与精神状态，还要注重它的导向与后果。一种理想精神要以其内在的价值感染人，就必然与人类公认的伦理准则相一致。唯有此，其立意才高，其影响才远，才能与时俱进成为人类的终极关怀，才能成为实现"中国梦"的精神支柱。

古往今来，人们永远的价值追求，就是"至善"，从亚里士多德的"至善就是幸福"开始，"至善"就成为人们永恒不变的幸福观与价值观。"至善"的本质在于和谐，这种和谐包括人与人、人与自身、人与自然的和谐。钱穆认为"由于人生至善，而达至于宇宙至善，而天人合一，亦只合一在这个'善'字。"正是在对这种和谐的追求中，体现出人类对理想价值的永恒追求。

在当前分歧日广，共识日稀的过渡时代，我们尤其应当提倡"真、善、美"的价值理想。"真"的具体要求是"求真务实"，反映事物本身的本质，敢于说真话、办实事。社会主义核心价值观的重要内容之一便是"诚信"，此诚信便是"真"的具体表现。诚信是中华民族的传统美德，它要求为人要诚实、待人要诚恳、对待事业要忠诚，对待朋友要讲信义、守信用。眼下，我们社会生活的各个领域诚信缺失的状况令人忧心忡忡，已经成为社会进步的障碍。尤其是大学校园里大学生诚信缺失的现象时有发生，考试作弊、作业抄袭、随意毁约、玩弄爱情等，败坏了校园风气，玷污了大学生的美好形象。"善"的具体要求是"与人为善"，行善事，积善德，友善待人，和睦相处。社会主义核心价值观要求做人要"友爱"。此友爱便是"善"的具体表现。我国伦理传统是私德相当发达，所以习惯奉行以"爱有差等"

的原则来处理公共道德生活，依据对象与自己亲疏远近的不同来承担不同的道德责任，这对于流动性空前增强、交往范围不断扩大、公共生活领域越来越大的当今社会必将产生不良影响甚或是侵害（如"搭便车""开后门"、破坏生态、污染环境等），因此要求我们要改变观念，奉行以"博爱无类"的原则来处理公共道德生活，培养"心中有他人"的公德理念，填补公德缺失带来的缺憾。当前，最重要的是要培养公民的责任意识，树立"和谐社会人人有责"的观念，努力营造"人人为我，我为人人"的良好氛围。"美"的具体要求是"和谐"，包括人与自身的和谐、人与人的和谐以及人与自然的和谐。其中人与自身的和谐又是上述两种和谐的基础和前提。所以，我们提出"和谐人"建设的命题。所谓"和谐人"建设，就是指要把人塑造成品质高尚、人格健全、身体健康、学有所成的社会主体，能够积极参与千变万化的社会生活，正确面对各种挑战，妥善处理各种矛盾关系，用自己所学去为实现"中国梦"做贡献，从而在奉献中实现并且升华自己的人生价值。

　　培育大学生"真、善、美"的价值理想，是大学的神圣使命。高等学校是众望所归的教育场所，担负着为人的一生开启智慧、引领航向的崇高使命。捷克伟大的教育家、西方近代教育理论的奠基人夸美纽斯认为：学校就是造就人的工场。德国著名的教育理论家赫尔巴特认为：教育有两个目的，一方面是可能的与职业选择相关的目的；另一方面是必然的培养善良人的目的。一个人无论从事什么职业都必须具有一定的完善的道德品质，所以说，道德教育是教育的最高目的，学校绝不可用知识教学代替道德教育。高校不仅具有传递知识的功能，而且具有培养大学生为人处世、与人交往和相互学习、促进人的社会性发展的功能。如果高校承载了过多的功能，如经济功能、政治功能等，那么学校就不再是学校而是"学店"。近代著名教育大家夏丏尊先生对此进行过深刻的批判。他在《教育的背景》一文中说："现在的学校教育是学店的教育，教育者与被教育者的中间但有知识的教授，毫无人格上的接触，简中一句话，教育者是卖知识的人，被教育者是买知识的人罢了。机械的大家买来卖去，试问这种知识有什么用处？"先生所言极是，看看近年来部分高校的发展事实便知。一些高校放弃了其作为大学的理念和操守，过度考虑"为稻粱谋"的现实利益，而忽视了"为天下忧"的历史责任和使命，逐渐沦为工人、技师等实用人才的"生产厂"和贩卖文凭的"批发商"。这不仅与大学自身的使命和责任相违背，也与大学自身的性质和规律相冲突。因此，就这一点而言，大学不仅应当具有自己的理想和信念，而且应当毫不妥协地坚守和捍卫自身的理想和信念，真正承担起育人、求知、引领时代和社会方向的历史责任和重担。

英国诗人狄更斯在《双城记》里这样写道："这是最好的时代，这是最坏的时代，这是智慧的时代，这是愚蠢的时代；这是信仰的时期，这是怀疑的时期；这是光明的季节，这是黑暗的季节；这是希望之春，这是失望之冬；人们面前有着各样事物，人们面前一无所有；人们正在直登天堂，人们正在直下地狱。"我们所处的时代似乎也可以这样来形容，但是，事实是，时代是无所谓好坏的，我们永远活在当下，却总有人向往生活在别处，于是总是用"挑刺"的眼光看待现实，用"愤青式"的语言宣泄着对这个时代的不满。其实，我们这个时代并不缺乏义愤填膺的"愤青"，而真正需要那些坚守内心、执着信仰、把持理性，不被横流的物欲所蛊惑的"明白人"，这是我们作为一个平凡人应当明白的朴实道理，把我们的大学生们都培养成"明白人"应当是大学笃定的办学宗旨。

参考文献

著作部分

1.《马克思恩格斯选集》第1～4卷，人民出版社，1995。

2.《马克思恩格斯全集》第1卷，人民出版社，1956。

3.《马克思恩格斯全集》第2卷，人民出版社，1957。

4.《马克思恩格斯全集》第3卷，人民出版社，1960。

5.《马克思恩格斯全集》第12卷，人民出版社，1962。

6.《马克思恩格斯全集》第20卷，人民出版社，1971。

7.《马克思恩格斯全集》第47卷，人民出版社，1979。

8.《马克思恩格斯全集》第49卷，人民出版社，1982。

9.《列宁选集》第1～4卷，人民出版社，1995。

10.《列宁全集》第25卷，人民出版社，1990。

11.《毛泽东选集》第1～4卷，人民出版社，1991。

12.《毛泽东文集》第2卷，人民出版社，1993。

13.《毛泽东文集》第6卷，人民出版社，1999。

14.《毛泽东文集》第7卷，人民出版社，1993。

15.《毛泽东文集》第8卷，人民出版社，1999。

16.《邓小平文选》第1～2卷，人民出版社，1994。

17.《邓小平文选》第3卷，人民出版社，1993。

18.《江泽民文选》第1～3卷，人民出版社，2006。

19.《建国以来毛泽东文稿》第6册，中央文献出版社，1992。

20. 《邓小平年谱（1975～1997）》（下），中央文献出版社，2004。

21. 《邓小平年谱（1975～1997）》（下），中央文献出版社，2004。

22. 《中国共产党第十七次全国代表大会文件汇编》，人民出版社，2007。

23. 《中国共产党第十六次全国代表大会文件汇编》，人民出版社，2002。

24. 中共中央文献研究室编《十五大以来重要文献选编》（中），人民出版社，2001。

25. 中共中央文献研究室编《十五大以来重要文献选编》（下），人民出版社，2003。

26. 中共中央文献研究室编《十四大以来重要文献选编》（上），人民出版社，1996，

27. 中共中央文献研究室编《十四大以来重要文献选编》（中），人民出版社，1997。

28. 中共中央文献研究室编《十四大以来重要文献选编》（下），人民出版社，1999。

29. 中共中央文献研究室编《十三大以来重要文献选编》（下），人民出版社，1993。

30. 中共中央政策研究室编《江泽民论社会主义精神文明建设》，中央文献出版社，1999。

31. 中共中央文献研究室编《江泽民论有中国特色的社会主义（专题摘编）》，中央文献出版社，2002。

32. 中共中央宣传部编《毛泽东邓小平江泽民论弘扬和培育民族精神》，学习出版社，2003。

33. 中华人民共和国教育部、中共中央文献研究室编《毛泽东邓小平江泽民论教育》，中央文献出版社，2002。

34. 中共中央宣传部编《毛泽东邓小平江泽民论思想政治工作》，学习出版社，2000。

35. 中共中央文献研究室编《毛泽东邓小平江泽民论世界观人生观价值观》，人民出版社，1997。

36. 中共中央文献研究室编《习近平关于实现中华民族伟大复兴的中国梦论述摘编》，中央文献出版社，2013。

37. 教育部思想政治工作司组编《加强和改进大学生思想政治教育重要文献选编》（1978～2008），中国人民大学出版社，2008。

38. 冯秀军：《社会变革时期中国大学生道德价值观调查》，教育科学出版社，2013。

39. 林泰：《问道：改革开放以来的社会思潮与青年思想政治教育研究》，中国社会科学出版社，2013。

40. 谭德礼：《当代大学生思想特点及成长成才规律研究》，人民出版社，2012。

41. 李路路：《中国大学生成长报告2012》，中国人民大学出版社，2013。

42. 张栋贤、谢爱华：《中国梦与大学生成人成才》，暨南大学出版社，2013。

43. 公茂虹：《读懂中国梦》，人民出版社，2013。

44. 景中强：《马克思精神生产理论研究》，中国社会科学出版社，2004。

45. 童世骏等：《当代中国人精神生活研究》，经济科学出版社，2009。

46. 陈赟：《现时代的精神生活》，新星出版社，2008。

47. 郑永廷、罗姗：《中国精神生活发展与规律研究》，中山大学出版社，2012。

48. 李文成：《追寻精神的家园》，北京师范大学出版社，2007。

49. 许纪霖：《寻求意义：现代化的变迁与文化批判》，生活·读书·新知三联书店，1997。

50. 张慧君、方杲、侯治水：《马克思视阈的精神生活与全面建设小康社会》，长春出版社，2011。

51. 雷启立、孙蔷：《在呈现中建构：传媒文化与当代中国人精神生活研究》，上海文化出版社，2007。

52. 蓝吉富、刘增贵：《中国人的精神生活与礼俗》，黄山书社，2012。

53. 孙抱弘：《从"人"到"好人"——公共生活与青少年品德养成》，黑龙江教育出版社，2013。

54. 李辉：《当代大学生理想信念形成的特点及机制研究》，中国书籍出版社，2013。

55. 荆学民：《当代中国社会信仰论》，人民出版社，2008。

56. 王玉樑：《理想·信念·信仰与价值观》，陕西人民出版社，2001。

57. 刘建军：《马克思主义信仰论》，中国人民大学出版社，1998。

58. 杨德广：《中国当代大学生价值观研究》，上海教育出版社，1997。

59. 俞吾金：《意识形态论》，上海人民出版社，1993。

60. 张岱年、方克立：《中国文化概论》，北京师范大学出版社，1994。

61. 贺善侃：《当代中国转型期社会形态研究》，学林出版社，2003。

62. 张光慧：《大学生网络思想政治教育机制创新研究》，中国言实出版社，2009。

63. 傅忠贤等：《科学发展观视域下高校思想政治教育创新研究》，四川大学出版社，2010。

64. 徐国亮：《思想政治教育学——基于新视野的系统分析》，山东大学出版社，2006。

65. 毕红梅：《全球化视野中的思想政治教育》，中国社会科学出版社，2006。

66. 黄希庭、郑涌等：《当代中国大学生心理特点与教育》，上海教育出版社，1999。

67. 王勤：《非理性的价值及其引导》，中共中央党校出版社，2001。

68. 陈平原：《读书的"风景"：大学生活之春花秋月》，北京大学出版社，2012。

69. 尚重生：《"90后"大学生姿态》，华中科技大学出版社，2013。

70. 程晓玲：《恋爱、婚姻与职业——大学生心理学16讲》，浙江大学出版社，2008。

71. 杨晓慧：《当代大学生成长规律研究》，人民出版社，2010。

72. 常秀鹏：《大学生活启示录》，河北人民出版社，2009。

73. 赵军、王斌：《立志 修身 成才——做合格大学生》，西南交通大学出版社，2012。

74. 张艳涛：《知识与信仰：当代大学生精神世界研究》，中国文史出版社，2014。

75. 林永乐：《大学生精神信仰实证研究》，厦门大学出版社，2013。

76. 余德刚：《当代大学生科学精神与人文精神融合问题研究》，西南财经大学出版社，2011。

77. 郑承军：《理想信念的引领与建构——当代大学生的社会主义核心价值观研究》，清华大学出版社，2010。

78. 谢宏忠：《大学生价值观导向》，社会科学文献出版社，2010。

79. 孙慧玲、张应杭：《困惑与思考——新时期思想政治教育若干热点问题探讨》，中国社会科学出版社，2004。

80. 李素霞：《交往手段革命与交往方式变迁》，人民出版社，2005。

81. 王武召：《社会交往论》，北京大学出版社，2002。

82. 孟伟、张岩鸿、王连喜：《转型期思想政治工作问题研究》，人民出版社，2004。

83. 欧阳友权：《网络传播与社会文化》，高等教育出版社，2005。

84. 朱力：《变迁之痛——转型期的社会失范研究》，社会科学文献出版社，2006。

85. CCTV《对话》栏目组：《对话：中国社会转型中的焦点问题》，新华出版社，2007。

86. 刘祖云：《从传统到现代：当代中国社会转型研究》，湖北人民出版社，2000。

87. 鱼小辉：《社会转型期的若干社会问题探究》，中国社会科学出版社，2004。

88. 赵晖：《社会转型与公民教育：中国公民教育目标与内容体系的建构》，人民教育出版社，2007。

89. 孙立平：《转型与断裂：改革以来中国社会结构的变迁》，清华大学出版社，2004。

90. 张晓明等：《2007 年：中国文化产业发展报告》，社会科学文献出版社，2007。

91. 胡惠林：《中国国家文化安全报告》，山西人民出版社，2005。

92. 杨信礼：《科学发展观研究》，人民出版社，2007。

93. 黄凯锋：《当代中国价值观研究》，学林出版社，2007。

94. 刘建军等：《信仰书简：与当代大学生谈理想信念》，中国青年出版社，2012。

95. 郭玉锦、王欢：《网络社会学》，中国人民大学出版社，2005。

96. 徐晓萍、金鑫：《中国问题报告》，社会科学文献出版社，2004。

97. 童世骏等：《当代中国人精神生活研究》，经济科学出版社，2009。

98. 陈春莲：《健康精神生活研究——基于和谐社会的视野》，中央编译出版社，2012。

99. 王岩：《整合·超越：市场经济视域中的集体主义》，中国人民大学出版社，2003。

100. 叶南客等：《文化中国——先进文化的建设与创新》，南京大学出社，2004。

101. 孙晶：《文化霸权理论研究》，社会科学文献出版社，2004。

102. 沈壮海：《先进文化论》，高等教育出版社，2003。

103. 夏兴有：《建设中国特色社会主义文化》，解放军出版社，2003。

104. 唐帼丽：《传统中国的文化精神》，中国社会科学出版社，2003。

105. 孟繁华：《众神狂欢——世纪之交的中国文化现象》，中央编译出版社，2003。

106. 郭德宏、易炼红：《先进文化论》，湖南人民出版社，2002。

107. 顾晓鸣：《有形与无形：文化寻踪》，上海人民出版社，1989。

108. 黄鸣奋：《需要理论及其应用》，中华书局，2004。

109. 侯惠勤、姜迎春、黄明理：《冲突与整合——如何认识我国社会主义改革实践过程对人们思想的影响》，中国人民大学出版社，2004。

110. 段忠桥：《当代国外社会思潮》，中国人民大学出版社，2001。

111. 侯惠勤：《正确世界观人生观的磨砺》，南京大学出版社，2002。

112. 韩庆祥、亢安毅：《马克思开辟的道路》，人民出版社，2005。

113. 景中强：《马克思精神生产理论研究》，社会科学文献出版社，2004。

114. 舒志定：《人的存在与教育——马克思教育思想的当代价值》，学林出版社，2004。

115. 《中国新闻周刊》：《重构中国精神》，文汇出版社，2005。

116. 林和生：《悲壮的还乡——精神家园忧思录》，四川人民出版社，2005。

117. 兰久富：《社会转型时期的价值观念》，北京师范大学出版社，1999。

118. 冯刚：《高校思想政治教育创新发展研究》，中国人民大学出版社，2009。

119. 袁贵仁：《马克思的人学思想》，北京师范大学出版社，1996。

120. 袁贵仁：《人的哲学》，工人出版社，1987。

121. 骆郁廷：《精神动力论》，武汉大学出版社，2003。

122. 宋兴川：《大学生精神信仰的特点及其相关因素的研究》，北京师范大学博士学位论文，2003。

123. 柳立敏：《论人的精神追求何以可能》，东北师范大学博士学位论文，2011。

124. 王玉霞：《当代中国人的精神需求研究》，北京交通大学博士学位论文，2008。

125. 侯志水：《马克思社会交往理论的当代阐释》，吉林大学博士学位论文，2006。

126. 靳国军：《精神利益论》，云南师范大学博士学位论文，2004。

127. 〔德〕卡尔·雅斯贝尔斯：《现时代的人》，社会科学文献出版社，1992。

128. 〔美〕大卫·艾尔金斯：《超越宗教——在传统宗教之外构建个人精神生活》，上海人民出版社，2007。

129. 〔美〕塞缪尔·亨廷顿、彼得：《全球化的文化动力——当今世界的文化多样性》，新华出版社，2004。

130. 〔美〕塞缪尔·亨廷顿：《文明的冲突与世界秩序的重建》，新华出版社，1999。

131. 〔美〕弗兰克·G.戈布尔：《第三思潮——马斯洛心理学》，上海译文出版社，2001。

132. 〔日〕绫部恒雄：《文化人类学的十五种理论》，国际文化出版公司，1988。

133. 〔美〕丹尼尔·贝尔：《资本主义文化矛盾》，江苏人民出版社，1988。

134. 〔美〕安德里斯·M.卡扎米亚斯等：《教育的传统与变革》，文化教育出版社，1981。

135. 〔美〕西摩·马丁·李普塞特：《政治人——政治的社会基础》，上海人民出版社，1997。

136. 〔美〕英格尔斯：《人的现代化》，人民出版社，1983。

137. 〔美〕亚伯拉罕·马斯洛：《人的潜能和价值》，华夏出版社，1987。

138. 〔美〕亚伯拉罕·马斯洛：《动机与人格》，华夏出版社，1987。

139. 〔美〕爱德华·希尔斯：《论传统》，上海人民出版社，1991。

140. 〔德〕约尔根·哈贝马斯：《交往行动理论》第1卷，重庆出版社，1993。

141. 〔英〕安东尼·吉登斯：《现代性的后果》，译林出版社，2000。

142. 〔法〕爱弥尔·涂尔干：《道德教育》，上海人民出版社，2001。

143. 〔美〕L.J.宾克来：《理想的冲突——西方社会中变化着的价值观念》，商务印书馆，1983。

144. 〔美〕阿列克斯·英格尔斯：《人的现代化》，四川人民出版社，1985。

145. 〔苏〕安·谢·马卡连柯：《马卡连柯全集》第4卷，人民教育出版社，1957。

146. 〔美〕尼尔·波兹曼：《娱乐至死》，广西师范大学出版社，2004。

147. 〔美〕马克·波斯特：《第二媒介时代》，南京大学出版社，2000。

148. 〔英〕约翰·汤林森：《文化帝国主义》，上海人民出版社，1999。

149. 〔美〕赫伯特·马尔库塞：《单向度的人》，上海译文出版社，1989。

150. 〔德〕卡尔·雅斯贝尔斯：《当代的精神处境》，生活·读书·新知三联书店，1992。

151. 〔加〕查尔斯·泰勒：《自我的根源：现代认同的形成》，译林出版社，2001。

152. 〔德〕鲁道夫·奥伊肯：《生活的意义与价值》，上海译文出版社，1997。

153. 〔英〕罗素：《人类的知识》，商务印书馆，1983。

154. 马克思：《马克思1844年经济学—哲学手稿》，人民出版社，1985。

论文部分

1. 金春：《马克思关于人的精神需求理论与社会主义和谐社会的构建》，《求实》2007年第4期。

2. 王杰恩：《满足精神需求，构建和谐社会》，《东岳论丛》2005年第3期。

3. 仲彬：《发展社会主义市场经济与提高人的精神需求质量》，《南京政治学院学报》1999年第2期。

4. 仲彬：《社会主义市场经济条件下人的精神需求的特点》，《南京师大学报》（社会科学版）1999年第5期。

5. 仲彬：《精神需求及其内在矛盾刍议》，《南京政治学院学报》2000年第1期。

6. 仲彬：《社会主义市场经济条件下人的精神需求层次探析》，《学海》1998年第4期。

7. 曲玉波：《经济发展与精神需求》，《东北财经大学学报》2002年第1期。

8. 李大兴：《社会转型期人的精神需要问题探析》，《北京社会科学》2002年第4期。

9. 张艳国：《论精神需求》，《天津社会科学》2000年第5期。

10. 刘继、李志良：《论人的精神需要》，《齐齐哈尔社会科学》1994年第1期。

11. 丁立卿：《从"抽象人性观"到"具体人性观"——〈1844 年经济学—哲学手稿〉"人性观"考察》，《北方论丛》2014 年第 1 期。

12. 王婷：《马克思政治解放思想与人的自由而全面发展》，《北方论丛》2014 年第 1 期。

13. 严宏：《马克思主义大众化的现实价值：以人的需要为视角》，《科学社会主义》2010 年第 5 期。

14. 郁顺华、毕玉芳：《大学生精神需求与思想政治教育》，《江苏高教》2008 年第 5 期。

15. 王琼玉：《发挥大学德育的功效 提升大学生的精神需求》，《理论观察》2003 年第 2 期。

16. 郁顺华：《大学生精神需求：高校德育的出发点》，《思想教育研究》2009 年第 9 期。

17. 温梅、吴子国、赵艳萍：《大学生精神生活中存在的问题及应对》，《中国成人教育》2007 年第 5 期。

18. 张兵、王玉梅：《对当代大学生精神生活的调查和思考》，《当代教育论坛》（宏观教育研究）2007 年第 9 期。

19. 王琼玉：《发挥大学德育的功效 提升大学生的精神需求》，《理论观察》2003 年第 2 期。

20. 刘新跃：《大学生思想状况和精神文化需求情况分析》，《安徽农业大学学报》（社会科学版）2004 年第 2 期。

21. 路洪昌：《人的精神需求与宣传思想工作》，《党政干部学刊》2009 年第 2 期。

22. 张奕欣：《论大学生精神需求的引导与调适——基于马克思主义人的全面发展学说》，《漳州师范学院学报》（哲学社会科学版）2013 年第 2 期。

23. 金芙蓉：《精神需求和思想政治教育创新探究》，《学校党建与思想教育》2010 年第 33 期。

24. 廖志诚：《现状与反思：当代大学生宗教信仰问题研究——基于福建省属高校的调查》，《福建论坛》（人文社科版）2012 年第 3 期。

25. 张炜：《大众文化与和谐视阈——关于和谐社会的大众文化精神需求的几个问题》，《经济与社会发展》2006 年第 9 期。

26. 王幺玲：《试析网络传媒对精神需求的影响》，《中国报业》2012 年第 14 期。

27. 薛海：《思想政治教育关注人的精神需要的意义探究》，《学校党建与思想教育》2010 年第 7 期。

28. 刘晓晨：《"90 后"大学生的精神需求及其引导策略》，《学理论》2013 年第 17 期。

29. 张岱年：《精神生活与精神境界》，《甘肃社会科学》1994 年第 5 期。

30. 张岱年：《文化传统与民族精神》，《学术月刊》1986 年第 12 期。

31. 仲呈祥：《文化自信的力量》，《求是》2011 年第 7 期。

32. 云杉：《文化自觉　文化自信　文化自强——对繁荣发展中国特色社会主义文化的思考（上）》，《红旗文稿》2010 年第 15 期。

33. 云杉：《文化自觉　文化自信　文化自强——对繁荣发展中国特色社会主义文化的思考（中）》，《红旗文稿》2010 年第 16 期。

34. 云杉：《文化自觉　文化自信　文化自强——对繁荣发展中国特色社会主义文化的思考（下）》，《红旗文稿》2010 年第 17 期。

35. 云杉：《文化自信：传承、开放与超越》，《理论学习》2010 年第 10 期。

36. 费孝通：《反思·对话·文化自觉》，《北京大学学报》（哲学社会科学版）1997 年第 3 期。

37. 王南湜、侯振武：《文化自觉、文化自信、文化自强何以可能》，《毛泽东邓小平理论研究》2011 年第 8 期。

38. 邱柏生：《论文化自觉、文化自信需要对待的若干问题》，《思想理论教育》2012 年第 1 期。

39. 张雷声：《文化自觉、文化自信与社会主义核心价值体系》，《思想理论教育导刊》2012 年第 1 期。

40. 雷骥：《文化、文化自觉与思想政治教育的关系辨析》，《学校党建与思想教育》2012 年第 7 期。

41. 李立国：《文化自塑与文化自信——我国大学文化传承创新的当代使命》，《清华大学教育研究》2011 年第 3 期。

42. 张杰：《以高度的文化自觉和文化自信推动大学文化建设》，《求是》2012 年第 9 期。

43. 孙燕青：《文化自觉与文化自信视野下的传统文化定位》，《哲学动态》2012 年第 8 期。

44. 刘士林：《中华文化自信的主体考量与阐释》，《江海学刊》2009 年第

1 期。

45. 靳凤林：《文化自信：民族复兴的精神支柱》，《道德与文明》2011 年第 5 期。

46. 邹之坤、刘丽红：《从马克思的交往实践观看人的发展》，《学习与探索》2005 年第 1 期。

47. 彭萍萍：《马克思恩格斯的世界交往理论及其当代价值》，《当代世界与社会主义》2007 年第 2 期。

48. 张颖春：《马克思有社会交往"理论"吗?》，《理论探讨》2007 年第 6 期。

49. 张锦智、秦永雄：《主体间性问题与马克思的社会交往理论》，《理论探索》2005 年第 4 期。

50. 王祖红：《对马克思交往理论的基本认识》，《长白学刊》2005 年第 5 期。

51. 范宝舟：《论马克思交往理论的基本特征》，《武汉大学学报》（人文科学版）2003 年第 5 期。

52. 项松林：《马克思的社会交往理论与现时代》，《重庆师范大学学报》（哲学社会科学版）2003 年第 4 期。

53. 陈旭玲、刘京：《评哈贝马斯的"交往异化论"》，《求索》2002 年第 5 期。

54. 阳海音：《论哈贝马斯的交往行为合理化理论》，《晋阳学刊》2007 年第 6 期。

55. 洪波：《哈贝马斯交往行为理论的解释学基础》，《马克思主义与现实》2007 年第 1 期。

56. 江丹：《"知识就是力量"的哲学内涵与时代思考》，《湖北经济学院学报》（人文社会科学版）2007 年第 5 期。

57. 尚新建：《论"知识就是力量"——培根对人与自然关系的重新界定》，《中国青年政治学院学报》2007 年第 6 期。

58. 日月河：《和谐就是力量——兼评培根的"知识就是力量"》，《自然辩证法研究》2005 年第 10 期。

59. 杨樽：《也谈"知识就是力量"》，《现代传播——北京广播学院学报》1995 年第 4 期。

60. 庞跃辉：《关于知识价值论的哲学思考》，《广西大学学报》（哲学社会科学版）2003 年第 1 期。

61. 陈嘉明：《知识论研究的问题与实质》，《文史哲》2004 年第 2 期。

62. 刘玉珂、龚维华、冯慧春：《知识价值论观点述评》，《湖湘论坛》2000 年第 1 期。

63. 张同生：《关于知识的价值和对它的评价》，《贵州大学学报》（社会科学版）1990 年第 2 期。

64. 刘长明：《知识贫困是一切贫困之源——知识价值论新视角》，《文史哲》1998 年第 4 期。

65. 苏富忠：《知识价值论》，《烟台大学学报》（哲学社会科学版）2005 年第 4 期。

66. 卜卫：《论媒介教育的意义、内容和方法》，《现代传播——北京广播学院学报》1997 年第 1 期。

67. 李莉：《青少年媒介素养教育的思考》，《海南师范大学学报》（社会科学版）2010 年第 4 期。

68. 曹海峰：《新媒介语境下大众文化研究的再思考》，《求索》2009 年第 10 期。

69. 刘晗、石义彬：《文化帝国主义的内涵阐释与价值选择——汤姆林森文化传播思想研究之一》，《吉首大学学报》（社会科学版）2013 年第 5 期。

70. 余秀才：《全媒体时代的新媒介素养教育》，《现代传播》（中国传媒大学学报）2012 年第 2 期。

71. 戈登·沃克、梁海东：《"综合休闲参与理论框架"及其对跨文化休闲研究的影响》，《浙江大学学报》（人文社会科学版）2012 年第 1 期。

72. 罗伯特·斯特宾斯、刘慧梅：《休闲与幸福：错综复杂的关系》，《浙江大学学报》（人文社会科学版）2012 年第 1 期。

73. 王芳、亢雄：《休闲：社会福利的拓展与国民幸福感的增加》，《学术探索》2011 年第 2 期。

74. 方旭红：《休闲方式与时代精神建构》，《苏州大学学报》（哲学社会科学版）2009 年第 2 期。

75. 蒋奖、秦明、克燕南、应小萍：《休闲活动与主观幸福感》，《旅游学刊》2011 年第 9 期。

76. 章辉、周勤勤：《休闲与审美的关系》，《中国社会科学院研究生院学报》2012 年第 1 期。

77. 张东辉、刘海霞：《亚里士多德、费希特和马克思论休闲》，《湖南科技大学学报》（社会科学版）2012 年第 2 期。

78. 刘肖：《超越表象：对"娱乐至死"命题的批判性思考》，《新闻界》2007 年第 4 期。

79. 吴斐：《以〈娱乐至死〉的视角审视当今电视的娱乐化》，《东南传播》2009 年第 3 期。

80. 林艳艳、曹光海、李建伟：《大学生爱情观研究》，《中国健康心理学杂志》2008 年第 3 期。

81. 周育林、肖海雁、武义：《论转型期大学生的爱情观教育》，《山西农业大学学报》（社会科学版）2011 年第 2 期。

82. 郑雅维、吕健：《大学生爱情观的哲学思考》，《中国成人教育》2007 年第 12 期。

83. 单玉：《"服务学习"与负责任公民的生成——美国学校教育方法的启示》，《当代青年研究》2004 年第 3 期。

84. 赵立芹：《服务学习在美国》，《上海教育》2004 年第 21 期。

85. 杨晓丽：《美国学校教育的服务学习理论及启示》，《前沿》2008 年第 7 期。

86. 黄蓉生、白显良：《社会主义核心价值观的提炼与表达》，《高校理论战线》2011 年第 11 期。

87. 宫源海：《主体性、世界观与社会主义核心价值观建设》，《山东社会科学》2011 年第 12 期。

88. 周运江：《浅析社会主义核心价值观的内涵》，《理论与当代》2012 年第 1 期。

89. 杨明：《国家与公民：社会主义核心价值观概括的基本路径》，《红旗文稿》2012 年第 4 期。

90. 廖志诚：《大众传媒与社会主义核心价值体系的传播》，《理论探索》2011 年第 4 期。

91. 廖志诚：《高校社会主义核心价值体系建设中的若干关系研究》，《福建农林大学学报》（哲学社会科学版）2011 年第 5 期。

92. 张建：《论坚定中国特色社会主义理论自信的挑战与对策》，《毛泽东思想研究》2013 年第 3 期。

93. 田心铭：《论马克思主义的理论自觉和理论自信》，《马克思主义研究》2012 年第 10 期。

94. 宋福范：《中国特色社会主义道路是中华民族伟大复兴之路》，《中国党政干部论坛》2012 年第 12 期。

95. 包心鉴：《坚定中国特色社会主义的道路自信、理论自信、制度自信》，《学习论坛》2012 年第 12 期。

96. 吴大兵：《试论中国特色社会主义制度自信的三个维度》，《桂海论丛》2013 年第 4 期。

97. 陈锡敏、张云莲：《加强"90 后"大学生理想信念教育的指导和研究——"90 后"大学生理想信念教育专题研讨会综述》，《思想理论教育导刊》2011 年第 3 期。

98. 黄丽春、郝登峰：《论精神动力的现代价值》，《中州学刊》2004 年第 3 期。

99. 黄蓉生：《论国际化背景下大学生理想信念教育》，《高校理论战线》2011 年第 4 期。

100. 祖嘉合：《试论"90 后"大学生理想信念教育的高层引领》，《教学与研究》2011 年第 4 期。

101. 冯秀军：《新时空境遇中的当代大学生理想信念教育》，《教学与研究》2011 年第 4 期。

102. 李辉：《大学生理想信念教育的现代性审视》，《思想教育研究》2008 年第 5 期。

103. 李慎明：《把理想信念教育作为学习践行社会主义核心价值体系的重中之重》，《毛泽东邓小平理论研究》2010 年第 2 期。

104. 钟发亮：《"90 后"大学生理想信念教育途径探究》，《思想理论教育导刊》2011 年第 12 期。

105. 张骥：《论马克思主义意识形态对多样化社会思潮的引领机制》，《马克思主义研究》2011 年第 4 期。

106. 金芙蓉：《精神需求和思想政治教育创新探究》，《学校党建与思想教育》2010 年第 33 期。

107. 陈秀丽：《多元社会思潮背景下增强社会主义意识形态吸引力》，《学术交流》2010 年第 12 期。

108. 潘玉腾：《中国传统社会核心价值观大众化的经验与启示》，《福建师范大学学报》（哲学社会科学版）2010 年第 1 期。

109. 潘玉腾：《推进社会主义核心价值体系大众化的路径选择》，《福建师范大学学报》（哲学社会科学版）2009 年第 1 期。

110. 余玉花：《论文化软实力观》，《思想理论教育导刊》2009 年第 3 期。

111. 冯周卓：《以马克思主义意识形态建设推进社会主义核心价值观认同》，《道德与文明》2009 年第 6 期。

112. 杨建义：《论社会主义核心价值体系的文化属性和建设路径》，《福建师范大学学报》（哲学社会科学版）2008 年第 1 期。

113. 吴潜涛：《用中国特色社会主义核心价值体系引领大学生成长成才》，《思想理论教育导刊》2007 年第 11 期。

114. 陈桂蓉：《传统危机意识的现代价值及其反思》，《福建师范大学学报》（哲学社会科学版）2007 年第 6 期。

115. 孙富林：《论马克思主义"需要理论"之意蕴要义》，《南京政治学院学报》2004 年第 6 期。

116. 雷骥：《论马克思主义需要理论在实际工作中的应用》，《河南师范大学学报》（哲学社会科学版）2004 年第 2 期。

117. 骆郁廷：《论精神动力的整合》，《武汉大学学报》（人文科学版）2004 年第 1 期。

118. 郝登峰、刘梅：《论精神动力及其激发》，《学校党建与思想教育》2003 年第 3 期。

119. 骆郁廷：《"精神动力"范畴分析》，《武汉大学学报》（人文科学版）2003 年第 4 期。

120. 骆郁廷：《精神动力的层次及其结构》，《思想理论教育导刊》2003 年第 12 期。

121. 骆郁廷：《现代社会条件下精神动力的价值》，《社会主义研究》2003 年第 6 期。

122. Birnie, S. A., Horvath, P. Psychological predictors of Internet social communication. Journal of Computer Mediated Communication . 2002.

123. Bryant, J. A., Sanders-Jackson, A., Smallwood, A. M. K. IMing, text messaging, and adolescent social networks. Journal of Computer Mediated Communication . 2006.

124. Greenfield, P. M., Gross, E. F., Subrahmanyam, K., Suzuki, L. K.,

Tynes, B. （n. d. ）. Teens On the Interact: Interpersonal Connection, Identity, and Information. Information Technology at Home . 2007.

125. Grinter, R. E. , Palen, L: Instant messaging and teen life. In: Proceedings of CSCW 2002 .

126. Hu, Y. , Wood, J. F. , Smith, V. , Westbrook, N. Friendships through IM: Examining the relationship between instant messaging and intimacy. Journal of Computer Mediated Communication . 2004.

127. Lindsay, H. , Shaw, B. A. , Grant, L. M. In defense of the internet: The relationship between internet communication and depression, loneliness, self-esteem, and perceived social support. Cyber Psychology and Behavior. 2002.

128. Peris, R. , Gimino, M. A. , & Pinazo, D. Online chat rooms: Virtual spaces of interaction for socially oriented people. Cyber Psychology and Behavior . 2002.

129. R. A. Stebbins. The Idea of Leisure: First Principles, New Brunswick: Transaction Publishers, 2012.

130. C. Rojek. The Labour of Leisure: The Culture of Free Time, London: Sage, 2010.

131. R. A. Stebbins. "Boredom in Free Time," Leisure Studies Association Newsletter , Vol. 2003.

132. R. A. Stebbins. "Leisure Abandonment: Quitting Free Time Activity That We Love," Leisure Studies Association Newsletter, Vol. 2008.

133. R. C. Mannell, D. A. Kleiber, M. Staempfli. "Psychology and Social Psychology and the Study of Leisure," A Handbook of Leisure Studies. New York: Palgrave Macmillan, 2006.

后　记

　　本书是我主持的 2011 年度教育部人文社会科学研究专项任务项目（马克思主义中国化时代化大众化）"困境与超越——社会转型期大学生精神需求问题研究"（立项编号为 11JD710094）和福建省教育厅人文社科规划重点项目"文化大发展视野下大学生精神生活研究"（立项编号为 JA12083S）的最终研究成果。

　　在开展课题研究的 3 年多时间里，我们为了了解大学生们精神需求的真实情况，课题组成员兵分六路奔赴福建省六地市，选取了 9 所省属本科院校，发放了 3750 份调查问卷，并且走访大学生 500 余人次，获得了非常宝贵的第一手资料，我们借助电脑软件对这些资料进行了分析研究，客观真实地描述了当代大学生精神需求的基本概况，指出了存在的问题，也提出了相应的对策。我们的研究成果最终被教育部评审专家组评定为"优秀"，成为全国同期结项的仅有的 8 项优秀研究成果之一。

　　在课题研究过程中，我得到了许多同行和专家学者的无私帮助。当我的研究陷入僵局一筹莫展之时，我的导师，中山大学社会科学教育学院院长、博士生导师李辉教授为我指点迷津，使我茅塞顿开；海南大学李辽宁教授富有创意的见解为我的研究开阔思路；福建师范大学杨建义教授和谢宏忠教授经常和我一起探讨与本课题相关的学术前沿，为我提供即时学术资讯；孟迎芳博士则为我处理调查数据提供了技术支持，从而使得该课题的研究能够顺利推进。他们毫无保留，全力相助，使我获益良多，在此，我要对这些专家学者致以诚挚的谢意！

　　课题的研究能够顺利推进，我也要感谢福建师范大学马克思主义学院的领导和同事们。因为领导的厚爱和同事们无私地分担我分内的工作，才使得我有一年的时光来到国内著名学府——中山大学进修学习。在这一年里，我不再为家庭和单位里似乎永远都干不完的各种杂事而烦恼，不再为时断时续的思路而苦恼，而是可以自如地利用完整的时间，专心致志地醉心于课题研究工作。我还要感谢我在中山大学访学期间所结识的同学们，他们都是被教育部选中的青年骨干教师国内访问学者，他们来自全国不同的高校、不同的学科，在各自的研究领域都小有成就，与他们在一起学习交流，宛如百川归海，常常能激荡起朵朵浪花，给予我许多来自不同学科的灵感和研究问题的新视角。

在课题研究过程中，我的研究生们做了许多具体的工作，没有她们的参与，我的课题研究不可能如此顺利，本书也不可能如期与读者见面。事实证明，她们不仅是我的学生，而且还是我最得力的研究助手，我要特别感谢王秋艳、陈玲、吴娟、林琛、徐晶晶、雷晶晶、陈津津、倪颖、薛昉、刘久凌等，她们有些全程参与了课题的研究，有些参与了课题立项之初的问卷设计，有些参与调查问卷的数据处理，有些参与了课题研究成果的文字编辑和整理。总之，她们做了许多看似简单却又烦琐的必不可少的工作，她们是我最值得信赖的人。在此，我也只能说声谢谢。希望她们已经从中学会了课题研究的基本规范，除此之外，我似乎什么也给不了她们。

当然，家人永远是我坚强的后盾。没有他们的默默奉献和坚定支持，已入不惑之年的我就不可能再有重回校园享受学生时代生活的机会。在过去的一年里，为了让我心无旁骛地完成课题，年迈的父母不远千里从老家来到人生地不熟的省城，毫无怨言地为我操持家务；贤惠善良的妻子则在保证做好教书育人和烦琐的学校办公室工作的同时，一边承担辅导孩子功课、引导孩子健康成长的重任，一边还要履行赡养父母的孝道；幽默风趣的儿子虽然学习成绩有待进一步提高，却也给家里增添了无限的欢乐。对于他们，无论作为儿子、作为丈夫还是作为父亲，我都亏欠很多很多，唯有通过不断地努力做出些许成绩来报答他们，才能得到一丝宽慰，此书的问世就当作是一种努力吧。

本书在写作过程中参考、借鉴和引用了同行们的研究成果，有些已经在文章中加以注明，但是难免挂一漏万，在此，我一并致以诚挚的谢意。

图书在版编目（CIP）数据

困境与超越：当代大学生精神需求研究/廖志诚著.—北京：
社会科学文献出版社，2014.11
　（马克思主义理论与现实研究文库）
　ISBN 978 - 7 - 5097 - 6537 - 1

　Ⅰ.①困…　Ⅱ.①廖…　Ⅲ.①大学生 - 信仰 - 研究 - 中国
Ⅳ.①G641.2
　中国版本图书馆 CIP 数据核字（2014）第 224716 号

·马克思主义理论与现实研究文库·

困境与超越
——当代大学生精神需求研究

著　　者/廖志诚

出 版 人/谢寿光
项目统筹/王　绯
责任编辑/孙燕生

出　　版/社会科学文献出版社·社会政法分社（010）59367156
　　　　　地址：北京市北三环中路甲 29 号院华龙大厦　邮编：100029
　　　　　网址：www. ssap. com. cn
发　　行/市场营销中心（010）59367081　59367090
　　　　　读者服务中心（010）59367028
印　　装/三河市尚艺印装有限公司

规　　格/开　本：787mm×1092mm　1/16
　　　　　印　张：20.75　字　数：356 千字
版　　次/2014 年 11 月第 1 版　2014 年 11 月第 1 次印刷
书　　号/ISBN 978 - 7 - 5097 - 6537 - 1
定　　价/79.00 元